Die Manchester and Glasgow Road

(Band 2)

Auf diese Weise nach Gretna Green

Charles G. Harper

Writat

Diese Ausgabe erschien im Jahr 2023

ISBN: 9789359254531

Herausgegeben von
Writat
E-Mail: info@writat.com

Inhalt

ICH

Der Bahnhof LONDON ROAD MARKIERT HEUTE DEN BEGINN DES ZENTRUMS VON MANCHESTER. Bislang war der Long-Long-Strand zwar belebt und überfüllt, aber wenn auch nicht gerade vorstädtisch, so war er doch vor allem im Einzelhandel belebt. Hier jedoch, wo die Eisenbahn Reisende aus London herbringt, sieht man Manchester als die große Stadt der riesigen Lagerhäuser: den Ort, der nicht mehr produziert, sondern in großen Mengen und im Großhandel mit den in einem abhängigen Kreis von Städten produzierten Waren handelt.

Von der London Road kommen Sie sofort nach Piccadilly, das nicht im Geringsten dem Piccadilly in London ähnelt; Und schon befinden Sie sich mitten im Trubel von Manchester. Für den Geschäftsmann, der mit dem Express von London nach London fährt und sich lediglich von seiner Zeitung aufrafft, um auszusteigen und dann ein Taxi von diesem Bahnhof zu einem der anderen Bahnhöfe oder zu seinem Geschäft zu nehmen, hat das alles vielleicht keine große Bedeutung Termine; Aber wenn man die Straße von London aus mit dem Fahrrad hinunterfährt und so nach Manchester gelangt, versteht man die große Baumwollmetropole so, wie sie im Verhältnis zum Rest des Landes wirklich ist. Für einen solchen Reisenden sind der Lärm, die Menschenmassen, die wütende Energie und die großen rußigen Gebäudehaufen nicht wenig schrecklich. In Manchesters Straßen gibt es viel gute moderne Architektur, aber ein schwarzer Mantel verdeckt alles. Und doch ist der Himmel, obwohl er im Allgemeinen bewölkt ist, da das Klima in Manchester tränenreich ist, nicht mit Rauchkränzen übersät, und Fabrikschornsteine sind kein Merkmal von Manchester selbst. Die rußigen Ablagerungen steigen unmerklich vom äußeren Stadtring in die Luft, und obwohl sie am Himmel nicht sichtbar sind, lassen sie Ziegel, Stein und Terrakotta sehr bald zu einem matten, monotonen Ton erscheinen. Der Regen, der die Stadt wäscht, reicht nicht aus, um ihre Rußschicht zu entfernen. Die Schwärze Manchesters ist das erste Merkmal, das sich dem Fremden einprägt. Es beeindruckte den ersten Schah von Persien, der England besuchte, sehr: Nasr-ed-din, der 1873 kam und anschließend einen Bericht über seine Reisen schrieb. „In der Stadt Manchester", schrieb er, „sind die Häuser, Türen und Mauern der Stadt aufgrund der großen Zahl an Manufakturen schwarz wie Kohle, und die Hautfarbe, die Gesichtszüge und die Kleidung der Menschen sind alle schwarz." Die gesamten Damen dieses Ortes tragen meistens schwarze Kleidung, denn sobald sie weiße oder farbige Kleidungsstücke anziehen, sind sie plötzlich schwarz!"

SCHWARZES MANCHESTER

Dies ist nicht ohne malerische Übertreibungen, und die Bürger von Manchester werden sich in dieser tintenschwarzen Haut kaum wiedererkennen , aber es wird als Reisegeschichte dienen und der ungeschärften Klinge der Wahrheit eine schärfere Schärfe verleihen . Die schwärzeste Schwärze von allen ist jedoch das große Gebäude der Krankenstation in Piccadilly, dessen dunkle Farbe der Bruder der dunkelsten Nacht ist. Nur lange Jahre haben es zu diesem Farbreichtum gebracht. Ein solches Schwarz konnte die Kunst nicht hervorbringen; So langweilig und lichtabsorbierend es auch ist, das Gebäude sieht aus wie eine Radierung vor dem Himmel, und seine dorische Architektur in dieser Beschichtung würde wahrscheinlich jeden alten Griechen in Erstaunen versetzen, der das Privileg hätte, die Erde noch einmal zu besuchen und zu sehen, was die moderne Zeit aus antiken Modellen gemacht hat . Aber die Krankenstation, die in diesen Tagen inmitten des Straßenlärms schlecht platziert ist, soll derzeit entfernt werden, und dieser schönste Ort der Stadt soll die Heimat einer Kunstgalerie und einer öffentlichen Bibliothek werden.

Auf dem breiten Bürgersteig vor der Krankenstation stehen Statuen, und zwar sehr schöne. Doch der jüngste Neuzugang, der von Königin Victoria, ist kein Erfolg. Den Menschen in Manchester gefällt es nicht – und das zu Recht nicht. Die sitzende Bronzefigur der Königin ist eine schlechte Kopie von Onslow Ford der bekannten Statue von Alfred Gilbert in Winchester und sitzt auf einem großen, stuhlähnlichen Thron mit Baldachin, der entlang der Straße ein lächerliches Objekt darstellt, das einem ähnelt riesiger Großvatersstuhl. Die Figur ist das wahre Bild der Senilität. War Onslow Ford schließlich ein verbitterter Satiriker seiner Zeit und des Empire? Das Schreckliche sieht so aus, als ob es ihm gelungen wäre, den Verfall darzustellen, der in den letzten Jahren des viktorianischen Zeitalters eingesetzt hatte: jener glorreichen, die Welt prägenden Ära, deren Denkmal und Grabinschrift das zweite Jubiläum im Jahr 1897 war. Hier sehen Sie das müde, gealterte Gesicht, die Hände, die Reichsapfel und Zepter kraftlos halten ; und man kommt nicht umhin zu denken, dass dies wirklich typisch für diese Zeit ist. Angesichts weiterer zehn Jahre viktorianischer Einsiedlerherrschaft, in der sich alteingesessene Missbräuche um einen seit langem besetzten Thron drängen, spinnwebenartige Methoden eifersüchtig umarmt werden, unverschämte Premierminister, ob vom Typus des altberedten Mannes oder des ebenso schädlichen Mannes der lodernden Indiskretionen, und die Das langsam aufgebaute Imperium wäre schnell dem Zerfall entgegengegangen. Ein passenderes Denkmal als dieses für das moderne Manchester, das in der Gegenwart und in der Zukunft lebt, wäre eine Statue des patriotischen Königs, unter dessen Herrschaft im neuen Jahrhundert die Nation und das Imperium, Gott gefällig, eine neue Geburt erleben werden .

Piccadilly weicht der Market Street, dann der Victoria Street und der Deansgate, die, obwohl sie einen der Zugänge zur Kathedrale bildet, nicht nach einem Würdenträger des Dekanats benannt ist, sondern nach einem Dene oder Dekan – also einer Mulde – , die *einst* abfiel der Zusammenfluss der Flüsse Irwell und Irk. Hier, an diesen beleidigten Flüssen, einst reißenden Strömen, jetzt aber von stygischer Schwärze, und die in Tunneln und unter unzähligen Brücken hindurchfließen, liegt der eigentliche Kern von Manchester, dessen lange Geschichte kaum etwas über die Taten von Königen und Königinnen oder romantische Bräuche enthält von Feudalherren; aber es handelt sich um eine Zusammenfassung eines viel romantischeren und menschlicheren Interesses: die Geschichte des Aufstiegsstrebens eines Volkes durch die entmutigenden Zufälle der Jahrhunderte. Dem zufälligen Wanderer ist es nicht vergönnt, diese Romantik wahrzunehmen, da sie sich in den düsteren und schmutzigen Außenbezirken oder im alltäglichen Gedränge und Aufruhr des zentralen Verkehrs vorstellt; Aber es ist trotzdem da, und ich weigere mich, Manchester im Besonderen oder die Straße im Allgemeinen nur in Bezug auf die Topographie zu behandeln; Denn der Weg und die Orte, zu denen er führt, umfassen in ihrem Umfang die gesamten Interessen und Sympathien der Menschheit: das Blut und die Tränen, die Freuden und Sorgen der Zeitalter.

II

Mittelpunkt DES ALTEN Manchester standen die Pfarrkirche, später die Stiftskirche, heute die Kathedrale, und das Herrenhaus, das heute das Chetham's Hospital ist. Obwohl die Bürgersteige überfüllt sind und die großen Bahnhöfe Exchange und Victoria in der Nähe liegen, ist es immer noch ein Ort mit engen Gassen, deren einzigartige Namen bereits ein ausreichender Beweis für die Antike wären, auch wenn jedes Haus darin wieder aufgebaut wurde . Keine moderne Behörde würde einer Durchgangsstraße den Titel „Hanging Ditch" oder „Smithy Door" geben, aber das sind hier die Namen, zusammen mit Long Millgate, Hunt's Bank und Withy Grove. Ländliche Namen, die meisten davon, und nach der alten Wassermühle in Millgate würde man vergeblich suchen, und in Withy Grove wachsen ebenso wenig Haselnüsse wie in dem Hazel Grove, den Sie bereits kennen.

DAS GEBÄUDE VON MANCUNIUM.

[*Aus dem Fresko von Ford Madox Brown.*

Dieser Ort, an dem die Kathedrale und das Krankenhaus stehen und wo die engen Gassen mit seltsamen Namen auf und ab führen und sich um unerwartete Ecken winden, ist in der Tat von sehr hohem Alter. Vor eintausendachthundertdreißig Jahren, nach allgemeiner Meinung, also im Jahr 78 N. CHR. , kamen die Römer unter der Herrschaft von Agricola an diesen Ort, wo heute die Flut des modernen Manchester am stärksten fließt. Sie fanden eine rote, felsige Klippe an der Stelle, an der sich heute Hunt's Bank befindet, mit Blick auf die zusammenfließenden Flüsse, und rundherum waren Wälder und Sümpfe und zweifellos die uralten Vorfahren jener Withy Grove, nach denen Withy Grove im späteren Mittelalter benannt wurde . Der einzige Vertreter dieser alten, reichlich vorhandenen Sümpfe in der Nähe von Manchester ist Chat Moss, heute zwar ein sehr vernachlässigbares Moor, aber noch vor kurzer Zeit, als die Eisenbahn begann, ein gewaltiges Phänomen, mit dem man rechnen muss. Aber der Felsvorsprung mit Blick auf Irk und Irwell war nicht unbewohnt. Ein Stamm Briten hatte sich dort niedergelassen; Zweifellos sehr sicher gegen Feinde ihres eigenen Kalibers , aber als die Römer kamen und die Situation wünschenswert fanden, war ihr Tag vorbei.

Über die Einnahme dieses Palisadenlagers durch die Briten ist kein Bericht erhalten. Wir wissen nichts darüber, was mit den Ureinwohnern passiert ist, und es ist eine so ferne Spekulation, dass ich mir ziemlich sicher bin, dass niemand im modernen Manchester jemals einen Moment darüber nachgedacht hat. Auch hat kein römischer Historiker berichtet, wie viele der großen Soldaten des Imperiums unter der Last ihrer Rüstungen sanken und im Sumpf umkamen, als sie das eroberten, was angeblich vom britischen *Maencenion* entworfen worden war . Die Römer lateinisierten auf ihre übliche Weise den einheimischen Namen des Ortes, und so entstand aus dem, was sie *Mancunium nannten* , nach vielen zwischenzeitlichen Änderungen „Manchester".

Wir wissen nichts von all diesen Vorgängen, aber der Bau von *Mancunium* ist im ersten Teil der Reihe wunderschöner und interessanter Fresken von Ford Madox Brown im Rathaus von Manchester eindrucksvoll dargestellt, und zwar mit einer ebenso sicheren und sachlichen Note wie obwohl es aus persönlicher Beobachtung stammte. Es war der präraffaelitische Weg. Auf dem Bild sehen Sie die schuftenden Sklaven, die an den massiven Mauern arbeiten, die die römische Stadt umschließen. ein behelmter Zenturio auf der obersten windigen Höhe, der ihre Operationen leitete. Ich weiß nicht, was mich am meisten beeindruckt: die gusseisernen Falten seines vom Wind verwehten Umhangs oder die riesigen Muskeln seiner nackten Beine, die wie Pennyrollen hervorstehen. Sie waren ein großes Volk, die Römer, und ihre muskulöse Wadenentwicklung war offenbar erstaunlich.

wunderbare Geschichte zu erzählen : wie ihre Stadt mit einem Riesen, Sir Tarquin, entstand, zu dessen Besonderheiten die Geburt eines kleinen Kindes gehörte jeden Morgen zum Frühstück, so wie ein moderner Mensch Sardellen auf Toast essen würde. Schließlich wurde er von Sir Lancelot de Lake, einem der Ritter von König Artus, getötet, woraufhin die Bevölkerung, die dieser Kontrolle enthoben war, zu wachsen begann, und hier haben wir jetzt, nach Ablauf von sechzehn oder siebzehn Jahrhunderten, eine Ansammmlung von einschließlich Salford, mit etwa einer dreiviertel Million Seelen . Ein alter geschnitzter hölzerner Boss an der Decke des

Ausschussraums des Chetham's Hospital spielt auf diese Legende an und zeigt einen riesigen Kopf, der ein Kleinkind verschlingt.

Und so gehen wir weiter zur normannischen Zeit und zu der Zeit, als die Familie von Greslet oder Gresley das Herrenhaus von Manchester von dieser großen Persönlichkeit, Roger von Poictou , erwarb, dem im gesamten großen Gebiet mehr oder weniger ein Herrenhaus gehörte des Landes, das ihm zwischen dem Ribble und dem Mersey gehörte, war eine Kleinigkeit. Die Gresleys behielten jahrhundertelang ihren Besitz, der schließlich durch die Heirat von Joan Gresley mit einem Mitglied der West-Familie an sie überging. Von da an besaßen die Wests, die als Barons de la Warre geadelt wurden, die herrschaftlichen Rechte von Manchester, bis sie sie 1579 für 3.000 Pfund an einen gewissen John Lacy verkauften, der seinerseits 1596 an Nicholas Mosley, Stadtrat von London, verkaufte , bei einem Gewinn von lediglich 500 £. Nachdem sie das Herrenhaus zweihundertfünfundvierzig Jahre lang innehatten, verkaufte die Familie Mosley in der Person von Sir Oswald Mosley es für 200.000 Pfund an die neu gegründete Corporation of Manchester. Es war eine riesige Summe, aber Sir Oswald war in seiner Generation kaum weise.

Obwohl es an einem äußerlich so modernen Ort wie Manchester seltsam erscheinen mag, steht das alte Herrenhaus der Gresleys und De la Warres immer noch im Zentrum der großen Stadt. Es ist in der Tat identisch mit keinem anderen Gebäude als der Reihe von Gebäuden, die vor langer Zeit als Chetham's Hospital und Bibliothek neben der Kathedrale genutzt wurden, und hier ist die spätere Geschichte davon.

Der letzte der Manchester De la Warres war ein Mann mit einer Begeisterung für das religiöse Leben. Im Jahr 1373 wurde er Rektor von Manchester und gründete im Jahr 1422 die Pfarrkirche, die heute die Kathedrale ist, neu, machte sie zu einer Stiftskirche und stellte seinen angrenzenden Baronialsaal für die Zwecke seines Priesterkollegiums zur Verfügung . Diese Einrichtung wurde zur Zeit Eduards des Sechsten aufgelöst und enteignet, und die College-Gebäude wurden dem Earl of Derby überlassen, der diese alte herrschaftliche Residenz als sein Stadthaus nutzte. Sein Nachfolger, unter der Herrschaft von Königin Elizabeth, stiftete das College neu, das zu Beginn der Commonwealth-Ära erneut aufgelöst wurde, als die Kirche zu einem presbyterianischen Versammlungshaus wurde.

Dann sah Humphrey Chetham , Manchesters berühmtester Wohltäter, der bereits die Gründung einer freien Schule plante, die College-Gebäude leer und verlassen stehen und ihm übergeben werden. Er starb 1653 und erlebte daher den Beginn seiner Schule nicht mehr; aber durch sein Testament von

1650 hatte er Treuhänder für den Kauf des Colleges ernannt, und schließlich wurde 1658 seine Schule „ Chetham's Hospital" eröffnet. Er ordnete an: „Ihr Jungen sollt Lesen, Schreiben, Summieren und alle Arten von Einfallsreichtum lernen", und sein Wille wird bis zum heutigen Tag an derselben Stelle und in denselben Gebäuden befolgt; Die Chetham-Gelehrten trugen sogar das gleiche malerische, aber gepflegte Kostüm, das sie bei der Gründung der Institution trugen: dunkelblaue Stoffjacke und Kniebundhosen mit silbernen Knöpfen und einer seltsamen kleinen muffinförmigen Mütze.

DIE HALLE, CHETHAMS SCHULE.

CHETHAMS SCHULE

Die Gebäude des Krankenhauses und der Bibliothek leiden äußerlich auf erschreckende Weise unter der rußigen Atmosphäre, aber die verschiedenen Innenräume sind wunderbar interessant, sowohl an sich als auch aufgrund ihrer Lage inmitten von Umständen wie denen einer gigantischen Handelsstadt, in der sich klösterliche Gebäude befinden, was durchaus zu erwarten ist Oxford oder Cambridge werden nicht gesucht. Die Gebäudegruppe hat drei Nutzungen überdauert: als Herrenhaus aus der Baronialzeit; als Sitz einer religiösen Bruderschaft; und zweihundertfünfzig Jahre lang als Schule. Das alte Hospitium oder Gästehaus ist der Schlafsaal der Jungen, in dem in der Ferne hundert hübsche kleine Feldbetten zu sehen sind: die alte Küche, die den alten Herren des Ortes seltsame und oft böse Abendessen bereitete und versorgte Die Priester des Kollegiums sind mit ihren nicht allzu klösterlichen Mahlzeiten – abgesehen von ihrer enthaltsamen Fischgerichte am Freitag – noch immer in Gebrauch und verströmen um die Mittagszeit die appetitlichsten Düfte ; und das Refektorium ist jetzt teilweise das Quartier des Gouverneurs; während der Baronialsaal, in dem De la Warres seinen sehr bedeutenden Staat hatte, heute der Speisesaal ist. Es ist eine noble Wohnung, dieser alte Saal mit seinen dicken Mauerwerkswänden, seinen gotischen Fenstern und dem Fachwerkdach. Eine Büste von Chetham ist an der Wand über einem ehemaligen Kamin angebracht, der die ältere zentrale Feuerstelle oder Kohlenpfanne in der Mitte der Halle ersetzte. Elektrische Beleuchtung ersetzt ältere Beleuchtungsmethoden und bringt überall mit schöner Wirkung alte Täfelungen , bemalte Geräte und Bilder zum Vorschein. Über den Kreuzganggängen, in dem ehemaligen Wohnheim der Priester, befindet sich Chethams Bibliothek in alten Pressen, die denen im Bodleian in Oxford und der Universitätsbibliothek in Cambridge sehr ähneln. Was einst das Zimmer des Aufsehers der Priesteranstalt war, ist heute der Lesesaal. Im Lesesaal der Chetham- Bibliothek wissenschaftliche Bücher zu lesen und sich auf die Suche nach neugierigem Wissen zu begeben, ist sicherlich ein wunderbares Privileg, denn in diesem exquisiten Raum, reich mit Eichenholz getäfelt , mit gestreiftem schwarz-weißem Putz und Fachwerkdach, und Mit prächtigen farbigen und vergoldeten Wandgemälden bewirtete der berüchtigte Dr. Dee, Direktor des Colleges im elisabethanischen Zeitalter, unter anderem Sir Walter Raleigh; und zweifellos blickte er hier im Namen seines Gastes in seine mystische Kristallkugel, um zu sehen, was die Zukunft für diesen Höfling, Krieger, Entdecker und Abenteurer bereithält. Verriet es nichts von der düsteren Zelle im Turm, in der dieser unglückliche Mann Jahre der Gefangenschaft verbringen sollte? Wachsten und schwanden nicht feindliche Schatten in diesem Kristall, um ihn zu warnen, dass Tower Hill und die Axt des Häuptlings seinen Faden durchschneiden würden?

CHETHAMS BIBLIOTHEK

Wenn historische Assoziationen ausreichten, um eloquentes Schreiben ins Leben zu rufen, dann sollte der heutige Lesesaal der Ursprung vieler Literatur sein; aber der Student, der hierherkommt, wird den Ort ganz für sich allein haben, abgesehen von gelegentlichen Gruppen gaffender Besucher, die von

einem Chetham- Schüler herumgeführt werden, denn Chetham- Bibliothek
ist eher reich an Wälzern mit schwarzer Schrift und an Werken, von denen
sich die Forschung reichlich ernährt in der aktuellen Literatur. Man möchte
nicht, dass diese klösterliche Abgeschiedenheit geändert wird. In
Manchester, wo auf allen Seiten das Leben brodelt, eine Ecke zu finden, die
noch nicht bewohnt ist, einen Ort, an dem man das Ticken einer Uhr hören
kann, ist zu entzückend, als dass man darauf verzichten könnte. Es gibt
tatsächlich nur einen anderen Ort in Manchester, an dem ähnliche
Bedingungen herrschen, und das ist das große Palastgebäude der Ryland's
Library, in dem unschätzbar seltene Bücher, Manuskripte und Einbände zu
finden sind.

Die Kathedrale von Manchester grenzt an das Chetham's Hospital. Auch
wenn es heute eine Kathedrale ist, ist das Gebäude aufgrund der Gründung
des modernen Bistums Manchester nur eine verherrlichte Pfarrkirche, und
keiner der vielen Anbauten, die in den letzten Jahren an ihm vorgenommen
wurden, reicht aus, um es zu etwas anderem zu machen. Es bleibt sozusagen
ein nebensächliches und nicht wesentliches Merkmal der großen Stadt.

Ich nehme an – die intensive Rivalität zwischen Manchester und Liverpool
ist in so vielen Richtungen eine Sache, mit der man rechnen muss –
Manchester wird sich mit dieser Lage nicht lange zufrieden geben,
insbesondere seit bekannt geworden ist, dass die neue Kathedrale von
Liverpool jetzt aus ihren Grundmauern ragt , soll alle anderen hinsichtlich
der Größe übertreffen. Der Fremde in Manchester würde sicherlich nie auf
die Idee kommen, dass die Kirche, die er direkt vor der Exchange-Station
sieht, den Rang einer Kathedrale hätte; und tatsächlich ist dies nur aufgrund
moderner kirchlicher Einrichtungen der Fall, die durch das Wachstum großer
moderner Industriegemeinden zweckmäßig geworden sind.

MANCHESTER KATHEDRALE, VON DEANSGATE.

MISERERE-SITZ, MANCHESTER-KATHEDRALE: DER
HAUSIERER UND DIE AFFEN.

Manchester gehörte bis 1541 zur Diözese Lichfield und wurde dann nach
Chester verlegt. aber seit 1847 ist es ein unabhängiger Sitz. Die Menschen in
Manchester hatten ausreichend Zeit, sich dieser zusätzlichen Würde bewusst
zu werden , aber der Fremde schafft es überhaupt nicht, sich die Idee
anzueignen, und obwohl er den Bischof als vollwertigen Bischof wahrnimmt
– abgesehen davon, dass er nur durch Wahl ein „Oberbischof" ist –, kann er
nicht helfen mit der Feststellung, dass seine Kathedrale nur eine
Suffragankathedrale ist. An einem kleineren Ort wäre es ein imposantes
Gebäude, aber hier wird es von den benachbarten Bahnhöfen und den hoch
aufragenden Lagerhäusern in den Schatten gestellt. Sie sieht, wie bereits
erwähnt, nichts weiter als eine Pfarrkirche aus, und zwar eine sehr schwarze
Pfarrkirche. Es ist überwiegend im Stil der Senkrechtgotik gehalten, von der
Außenfassade ist jedoch kaum etwas wirklich alt, da der Turm 1868 wieder

aufgebaut wurde und seitdem viele Elemente hinzugefügt wurden. Die Schönheit der Kirche liegt hauptsächlich im Inneren. Der Innenraum ist dunkel, aber das Kirchenschiff mit seinen hohen, schlanken Säulen aus rotem Sandstein wirkt besonders anmutig. Dies ist kein Ort für eine Architekturgeschichte des Bauwerks, aber zumindest die alten geschnitzten Miserere-Sitze können erwähnt werden, zumal sie aufgrund ihrer Handwerkskunst und ihrer Erfindungsreichtum zu den schönsten des Landes gehören. Wie – und doch wie unähnlich! – die Bildwerbung für ein Patentarzneimittel, die hier namenlos bleiben soll: „Jedes Bild erzählt eine Geschichte", und aus diesen urig-humorvollen Darstellungen lässt sich viel Unterhaltung ableiten. Die drei Beine des Menschen, die auf einem abgebildet sind, spielen auf die Verbindung der Stanleys, Earls of Derby (die Könige von Man) mit der „alten Kirche" an, wie Manchester-Männer die Kathedrale immer noch liebevoll nennen. Auf einem anderen ist ein Elefant mit einer Burg auf dem Rücken zu sehen, aber die Beine des Elefanten sind wie die eines Pferdes gelenkig, und der Designer wusste offensichtlich wenig über die Struktur von Elefanten. Ein weiteres Thema ist der Fuchs, der mit einer Gans davonläuft. Zwei weitere zeigen die Zwillingssportarten Bullen- und Bärenjagd. Ein sehr humorvolles Beispiel zeigt einen Hausierer , der übrigens eingeschlafen ist und von Affen ausgeraubt wird, der die Schmuckstücke und Kleidungsstücke aus seinem Rucksack nimmt und anprobiert, während ein anderer eifrig in seinen Haaren nach dem üblichen Spiel der Affen sucht Im Zoologischen Garten kann man jeden Tag beim Suchen beobachtet werden. Eine weitere sehr aufwendige Schnitzerei stellt eine Dudelsack spielende Sau und eine Gruppe kleiner Schweine dar, die zur Musik tanzen. Ein Pilger, der trinkt und versehentlich den Krug fallen lässt, ist eine leider verstümmelte Szene. Eine Partie Backgammon in einem Gasthaus; die Hinrichtung des Fuchses durch Eulen und Türme; die Rache des Hasen, wo der Hase den Jäger am Spieß röstet; und eine Hirschjagdszene runden das Set ab. In letzterem Fall wird die Jagd als beendet oder „erledigt" dargestellt; und ist wahrscheinlich als Wortspiel mit dem Namen des ersten Direktors des College, Huntingdon, gedacht.

III

DIE Geschichte Manchesters ist hauptsächlich die Geschichte der Textilindustrie. Bereits zur Zeit Eduards des Zweiten gab es in Manchester eine Mühle zur Herstellung von Wollstoffen , und in der darauffolgenden Regierungszeit steigerte eine Ansiedlung flämischer Weber den Handel weiter. In der Regierungszeit Heinrichs des Achten wurde Manchester als „die schönste , am besten gebaute , schnellste und bevölkerungsreichste Stadt von ganz Lancastershire " und „gut bewohnt, bekannt für den Handel mit Leinen und Wolle " beschrieben ; Aber die Baumwollindustrie, die am Ende des 16. Jahrhunderts eingeführt wurde, entwickelte sich zu keiner großen Sache, bis weitere zweihundert Jahre vergangen waren.

KRIEGE UND TUMULTE

In der Zwischenzeit wurde die Geschichte inszeniert. Zu Beginn der Cromwellschen Kriege erklärte Manchester das Parlament, und die Royalisten belagerten die damals ummauerte Stadt zweimal, jedoch erfolglos. Aber das waren nur vorübergehende Vorfälle. Überall in England kämpften zu dieser Zeit kahlköpfige Männer mit säuerlichem Gesicht und in dezenter Kleidung gegen Männer mit Locken von fröhlichem Gesicht und gottlosen Gesprächen, die Kleidung von extravagantem Schnitt und Farbe trugen . Die eine Seite kämpfte für das Parlament, die andere für den König, aber der Streit ging tatsächlich tiefer. Es war ein Idealkonflikt. Aber sie kämpften andernorts mit größerer Heftigkeit und Blutvergießen, und Manchester setzte, so gut es konnte, seine schicksalhafte Aufgabe fort, Wäsche für alle Frommen und Ungläubigen zu liefern, ob Royalisten oder Republikaner, die über das Nötigste zum Kauf verfügten.

Wieder einmal lernte Manchester etwas über Kriegsführung kennen, denn Prinz Charles und seine Highlander kamen im November 1745. Die Sympathien der Stadt waren weitgehend auf seiner Seite, die Glocken der „ T'owd Church" wurden geläutet und eine großartige Beleuchtung erhellte die Straßen – wie große Beleuchtungen damals verstanden wurden: Die moderne Market Street, in der die Geschäfte abends beleuchtet sind, würde diese Beleuchtung wahrscheinlich auf ein trauriges Flackern reduzieren. Dreihundert Männer aus Manchester marschierten mit Prinz Charlie unter dem Kommando von Colonel Townley nach Süden. Innerhalb einer Woche marschierten sie zurück, und als sie wieder nach Manchester kamen, stellten sie fest, dass sich die Stimmung vor Ort dramatisch verändert hatte: Der Mob bedrängte sie auf dem Rückzug nach Preston. Colonel Townley und einige seiner unglückseligen Männer wurden auf dem Kennington Common gehängt.

Was der Handel von Manchester war und wie in alten Zeiten Waren dorthin gebracht und von dort versandt wurden , geht aus Aikins Beschreibung aus dem Jahr 1795 hervor:

„Als sich der Handel in Manchester auszudehnen begann, hielten die Chapmen Gruppen von Packpferden und begleiteten sie mit Waren in Packungen in die Hauptstädte, die sie öffneten und an Ladenbesitzer verkauften, während sie das, was nicht verkauft wurde, in kleinen Läden in den Gasthöfen unterbrachten. Die Packpferde brachten Schafwolle mit, die auf der Reise gekauft und an die Hersteller von Kammgarn in Manchester oder an die Tuchmacher in Rochdale, Saddleworth und West Riding of Yorkshire verkauft wurde. Zur Verbesserung der Turnpike-Straßen wurden Wagen aufgestellt und die Packpferde abgeschafft; und die Chapmans ritten nur aus, um Befehle zu erhalten, und trugen Muster in ihren Taschen bei sich. In den vierzig Jahren von 1730 bis 1770 wurde der Handel durch die Praxis, diese Reiter durch das ganze Königreich zu schicken, stark vorangetrieben.“

Ein solches Unterfangen wäre zu einem früheren Zeitpunkt nicht möglich gewesen, da die Autobahnen rund um Manchester erst aus dem Jahr 1750 stammen: Die früheste war die Autobahn von Preston nach Lancaster, die nach dem Gesetz dieses Jahres gebaut wurde. Auf dem Abschnitt von Preston nach Garstang wurden bis zum 1. Februar 1875 Mautgebühren erhoben, auf dem Abschnitt von Garstang nach Lancaster bis zum 1. November 1882. Der Weg von Manchester nach Bolton wurde 1752 mit einem Schlagbaum versehen, und es wurden keine Mautgebühren mehr erhoben aufgenommen am 1. November 1871.

Vom 16. bis zur Mitte des 18. Jahrhunderts waren die Straßen von Lancashire weniger Straßen als vielmehr matschige Straßen, sehr schmal und voller Spurrillen, Schlamm und Wasser. Sogar die Hauptroute nach Schottland war nicht besser, und das war auch damals kaum nötig, denn Transportmittel auf Rädern waren fast gänzlich unbekannt. Wie wir gesehen haben, transportierten Packpferde alle Waren, die jemals verschickt wurden, praktisch gesehen waren die meisten Gemeinden jedoch in sich geschlossen. Ihre Bedürfnisse waren gering und einfach und konnten leicht aus eigenen Mitteln gedeckt werden; während Reisepflichtige ihren Weg zu Pferd machten; Nur wer von kräftigem Körperbau und guter Gesundheit ist, kann solche Reisen unternehmen und ist trotz der Schwierigkeiten des Weges froh, hier und da einen Wegabschnitt zu finden, der grob mit groben Platten aus lokalem Mühlsteinsplitt gepflastert ist.

Aber auch wenn die Wege unglaublich schmutzig waren, leisteten die Gasthöfe am Ende jedes Tagesausflugs einen Beitrag dazu, den ermüdeten Reiter für seine Mühen zu entschädigen . Die Gasthöfe in Lancashire waren damals, wie Holinshead im Jahr 1577 schrieb, außergewöhnlich gut, da jeder Gast „sicher in sauberen Laken liegen musste, in denen noch niemand gewohnt hat". Offensichtlich wollten die Wirte ihren Gewinn aus der „Unterhaltung" ziehen, die sie für Mensch und Tier boten, denn das Bett des Reiters kostete ihn nichts, aber „wenn er zu Fuß geht , muss er einen Penny bezahlen." Einfache Gaststätten im Stil von Getränkeläden wurden in Manchester und Preston nicht geduldet; denn in Manchester war es verboten, Bier zu brauen oder zu verkaufen, es sei denn, der Brauer oder Verkäufer konnte „zwei ehrliche Beddis " herstellen , während Preston noch strenger war: Unterkünfte für vier Männer und vier Pferde waren das nicht reduzierbare Minimum.

Das alte Gasthaus „Seven Stars" in Withy Grove ist alt genug, um unter diese Verordnung zu fallen, was auch das malerische alte Haus am Market Place, das heute „Wellington" heißt, und das noch malerischere „Bull's Head" betroffen haben muss. " in Greengate, Salford.

Mit dem von Aikin erwähnten Aufschwung des Handels zwischen 1730 und 1770 erstreckten sich Manchesters Interessen auf das gesamte Königreich, und sein Handel wurde durch die zu dieser Zeit wachsende Nachfrage nach guten Straßen nicht nur hier, sondern allgemein im gesamten Königreich erheblich gefördert das Land. Straßenverbesserungen, die durch Turnpike Acts ermöglicht wurden, begannen ab etwa 1710 häufig und waren zwischen 1730 und 1770, als 420 Gesetze verabschiedet wurden, sehr zahlreich und wichtig. In dieser Zeit wuchs das Geschäft so stark, dass Packpferde nicht mehr ausreichten, um die zunehmende Menge an Gütern zu transportieren, und immer häufiger kamen Wagen zum Einsatz; während der Druck der Dinge so groß war, dass es die Direktoren für notwendig hielten, London und andere Zentren in häufigeren Abständen zu besuchen . Auf diese Weise wurde 1754 der Manchester and London Flying Coach gegründet.

1760 begann der Export von Baumwollwaren; denn mit dem ersten versuchsweise Einsatz von Maschinen in der Weberei war die Produktion über den möglichen Verbrauch des Landes hinaus gestiegen. Die erste Verbesserung gegenüber der primitiven Form des Handwebens war die Erfindung des Fliegenschiffchens im Jahr 1738. Diese Erfindung verdoppelte die Kräfte des Webers; Doch 1768 folgte die Erfindung der „Spinning-Jenny" durch James Hargreaves, die die Produktion um das Achtfache steigerte.

DER „BULLENKOPF", SALFORD.

Die Bevölkerung von Manchester und Salford war zu diesem Zeitpunkt auf fast 40.000 angewachsen, und der Bedarf vor Ort war in gleichem Maße gestiegen. Doch obwohl viel getan worden war, um die Straßen im ganzen Land und in Lancashire zu verbessern, waren die Straßen in unmittelbarer Nähe von Manchester selbst im Jahr 1760 immer noch so schlecht, dass im weniger als zehn Meilen entfernten Worsley zwar Kohle abgebaut wurde, diese jedoch nicht transportiert werden konnte Die Stadt wurde mit einem Transportmittel auf Rädern erreicht, musste aber von langen Lastpferden in Ladungen von 280 Pfund transportiert werden. Kohlen waren an der Grubenmündung billig – normalerweise 10 *Tage.* die Ladung – aber die Beförderung kostete in der Regel einen Schilling mehr.

Erfindungen brechen nicht über eine Welt herein, die kein Bedürfnis danach verspürt. Das Bedürfnis wurde vielleicht nur blind gespürt, aber die Notwendigkeiten der Zeitalter wurden dennoch gedeckt, sobald sie entstanden waren. Darin sieht der denkende Mensch fast mehr als in allem anderen ein geordnetes System der Existenz, das in anderen Richtungen durch die Brutalitäten und Ungerechtigkeiten einer unvollkommenen Welt zu leugnen scheint.

DER BRÜCKENWASSERKANAL

Zu dieser Zeit wuchs der Kohleverbrauch in Manchester so schnell und die Schwierigkeiten bei der Vermarktung waren so groß, dass der wohlhabende Herzog von Bridgewater, Besitzer der Gruben in Worsley, auf die Idee kam, sich noch weiter zu bereichern Gleichzeitig förderte es das Wachstum von Manchester durch den Bau eines Kanals von Worsley aus, über den Kohlen billig und schnell transportiert werden konnten. Es war notwendig, die Unterstützung der Bevölkerung von Manchester zu gewinnen, bevor er dem Parlament einen Gesetzentwurf zu diesem Zweck vorlegen konnte, und er verpflichtete sich daher, seine Kohle für 4 Tage zu verkaufen, wenn der Kanal gebaut würde . pro Hundert in der Stadt – weniger als die Hälfte des üblichen Preises – oder nicht mehr als eine halbe Krone pro Tonne Fracht zu verlangen. Der Gesetzentwurf wurde 1759 ohne Widerspruch eingebracht und verabschiedet, und im Juli 1761 wurde der Kanal eröffnet. Dieser erste Abschnitt dessen, was später zum großen Bridgewater-Kanal wurde und 1773 bis nach Runcorn verlängert wurde, war der erste Schritt zur Entstehung des modernen Manchester und wurde nur durch das bescheidene Genie von James Brindley, dem autodidaktischen Ingenieur, dessen Werke galten zu ihrer Zeit zu Recht als Wunder. Er entwarf und entwickelte alle neuartigen und genialen Vorrichtungen, die zu diesem Unternehmen gehörten, und tat dies alles mit einem Lohn von nicht mehr als einer Guinee pro Woche, einen Lohn, den er jahrelang unermüdlicher Arbeit bis zu seinem Tod erhielt. Die Kanäle brachten dem Herzog schließlich ein Einkommen von 80.000 Pfund pro Jahr, aber bei Brindleys frühem Tod im Jahr 1776 schuldete ihm der geizige Adelige einige Hundert Pfund als Gehalt, das er so unglaublich geizig war, dass er es nicht zahlte.

Dieses Unternehmen war nicht nur wegen der überwundenen technischen Schwierigkeiten bemerkenswert. In verschiedenen Teilen des Landes waren bereits mehrere Kanäle angelegt worden, indem die Kanäle von Bächen und Flüssen vertieft und begradigt wurden, und der erste Schiffskanal war der, der 1566 an der Exe von Topsham nach Exeter gebaut wurde. aber der Bridgewater-Kanal war der erste, der in trockenem Boden gegraben wurde. Seine Ausweitung über das ganze Land, bis zum Mersey bei Runcorn, erfolgte mit dem Ziel, den Verkehr mit roher und verarbeiteter Baumwolle und anderen Gütern zwischen Manchester und Liverpool zu verbilligen und zu beschleunigen, und war somit um einhundertzwanzig Jahre lang der Vorläufer des Manchester Ship Canal, der darauf abzielt, Manchester zu einem von seinem großen Küstennachbarn völlig unabhängigen Hafen zu machen .

Das letzte Viertel des 18. Jahrhunderts war ein großer Wendepunkt in der Geschichte Manchesters. Eine Erfindung folgte schnell der anderen; Die meisten von ihnen stammten von ortsansässigen Männern, denn unter den klugen Leuten aus Lancashire gab es schon immer viele technische Genies.

Zu der Zeit, als Hargreaves seine Spinning Jenny plante, perfektionierte ein anderer eine ähnliche Maschine. Dies war Richard Arkwright aus Preston, der jüngste einer armen Familie mit dreizehn Kindern, der 1732 geboren wurde und sein Leben als Friseur und Haarhändler in Bolton begann. 1768 wurde seine Baumwollspinnmaschine, die die Arbeit von sechzehn oder zwanzig Männern erledigte, in Preston aufgestellt und 1707 patentiert. Seine erste Spinnerei wurde 1771 in Cromford, Derbyshire, errichtet und war äußerst erfolgreich. 1786 wurde er zum Ritter geschlagen, 1792 starb er und hinterließ ein Vermögen von fast einer halben Million Pfund Sterling.

Die Unbeständigkeit und Unzulänglichkeit des Glücks sind sprichwörtlich, aber nirgendwo sonst so deutlich wie in den Kämpfen der Erfinder. Im Jahr 1779, elf Jahre nachdem Arkwright seine Spinning-Jenny aufgebaut hatte, erfand Samuel Crompton aus Hall- i' - th' -Wood in der Nähe von Bolton den hybriden „Spinning Mule“, der die nützlichen Eigenschaften der Maschinen von Hargreaves und Arkwright kombinierte . Er war ein außergewöhnlich armer Mann und verdiente seinen Lebensunterhalt teilweise mit dem Geigenspiel im Bolton-Theater.

DAS FABRIKSYSTEM

Ein großer Fortschritt war Cartwrights 1785 erfundener Webstuhl, und die Regierung gewährte ihm 1809 10.000 Pfund als Anerkennung für seinen Nutzen für die Förderung des Handels. Im selben Jahr, in dem Cartwright seine Erfindung erfand, wurde von Boulton und Watt erstmals Dampf beim Weben eingesetzt, und die Geschichte der Baumwollindustrie ist seit diesem Tag eine lange Reihe von Verbesserungen, bis heute Fabriken mit den schönsten Geräten ausgestattet sind und komplizierte Erfindungen – das Ergebnis von einhundertsiebzig Jahren der Erfindung –, die an sich fast empfindungsfähig und verständnisvoll erscheinen.

IV

DIESE lange Abfolge mechanischer Verbesserungen brachte den Herstellern immensen Reichtum und trug dazu bei, Englands Kredit über die anstrengenden Jahre des amerikanischen Aufstands und der fortwährenden Kontinentalkriege hinweg zu sichern. Aber es brachte den ursprünglichen Verfall des Fabriksystems mit sich, das das Spinnen ersetzte, das einst in Bauernhäusern betrieben wurde. Die Industrie wurde in überfüllten Werkstätten angekurbelt, es entstanden Slums und unterbezahlte, überarbeitete und grausam behandelte Kinderarbeit prägten die Tage vor der Verabschiedung der Fabrikgesetze.

Ein angesehener Spanier, Don Manuel Alvarez Espriella , der 1807 England besuchte und nach Manchester kam, war wirklich entsetzt über das, was er hier sah. Es schien ihm, dass „ein Ort, an dem es an allen interessanten Objekten mangelt als Manchester, nicht leicht vorstellbar wäre." In Bezug auf Größe und Bevölkerung ist sie die zweitgrößte Stadt des Königreichs und hat etwa sechzigtausend Einwohner. Stellen Sie sich diese Menschenmenge vor, die in engen Gassen zusammengedrängt ist, deren Häuser alle aus Ziegeln gebaut und vom Rauch geschwärzt sind; häufige Gebäude unter ihnen, so groß wie Klöster, ohne ihr Alter, ohne ihre Schönheit, ohne ihre Heiligkeit; wo man aus dem Inneren den ewigen Lärm der Maschinen hört; und wo, wenn die Glocke läutet, die Unglücklichen zu ihrer Arbeit aufgerufen werden sollen, anstatt zu ihren Gebeten." Hier erkennen Sie den Konflikt der Ideale zwischen einem von Priestern beherrschten Land und einem Land des Handels: wobei das Erzählen von Perlen im einen im Vordergrund steht und das Zählen von Gold im anderen ebenso im Vordergrund steht.

Espriella und seine Begleiter sahen sich alle Sehenswürdigkeiten an. Sie wurden zu einer der großen Baumwollmanufakturen gebracht und dort einer Reihe von Kindern bei der Arbeit gezeigt, wobei der Führer mit Befriedigung und Freude über das unendliche Gute nachdachte, das sich aus der Beschäftigung von Kleinkindern in einem so frühen Alter ergibt. „Ich habe zugehört", sagt unser entsetzter Reisender , „ohne ihm zu widersprechen, denn wer würde in Ephesus seine Stimme gegen Diana erheben!" und er ging „mit einem Gefühl im Herzen, das mich Gott danken lässt, dass ich kein Engländer bin."

„Es gibt", fährt er fort, „auf einigen der ostindischen Inseln einen Strauch, den die Franzosen *Veloutier nennen* ; Es verströmt einen Geruch , der aus der Ferne angenehm ist, bei Annäherung jedoch schwächer wird und bei ganzer Nähe unerträglich ekelhaft ist. Alciatus selbst hätte sich kein Emblem vorstellen können, das besser zum kommerziellen Wohlstand Englands passte."

„Der Führer bemerkte, dass nichts für ein Land so vorteilhaft sein könnte wie die Industrie. „Sie sehen diese Kinder, Sir", sagte er. „In den meisten Teilen Englands sind arme Kinder eine Belastung für ihre Eltern und die Gemeinde; hier ist die Gemeinde, die sie sonst unterstützen müsste, von allen Kosten befreit; Sie bekommen ihr Brot fast sobald sie herumlaufen können, und wenn sie sieben oder acht Jahre alt sind, bringen sie Geld ein. Bei uns gibt es kein Müßiggang: Sie kommen um fünf Uhr morgens; wir geben ihnen eine halbe Stunde zum Frühstück und eine Stunde zum Abendessen; Sie verlassen die Arbeit um sechs, und ein weiterer Satz löst sie für die Nacht ab; Die Räder stehen nie still.'

„Während er sprach, schaute ich auf die unnatürliche Geschicklichkeit, mit der die Finger dieser kleinen Geschöpfe in der Maschine spielten, und mir wurde fast schwindelig von dem Lärm und der endlosen Bewegung; und als er mir sagte, dass es in diesen Mauern weder Tag noch Nacht Ruhe gäbe, dachte ich, wenn Dante eine seiner Höllen mit Kindern bevölkert hätte, dann gäbe es hier eine Szene, die es wert wäre, ihm neue Bilder der Qual zu liefern.

„'Diese Kinder', sagte ich, ,haben also keine Zeit, Unterricht zu erhalten.'

„'Das, Herr', antwortete er, ist das Übel, das wir gefunden haben. Von dem Alter an, das Sie sehen, sind hier Mädchen beschäftigt, bis sie heiraten, und dann haben sie keine Ahnung von Hausarbeit, nicht einmal, wie man einen Strumpf flickt oder eine Kartoffel kocht. Aber wir schaffen jetzt Abhilfe und schicken die Kinder nach getaner Arbeit für eine Stunde in die Schule."

„Ich habe gefragt, ob so viel Gefangenschaft ihrer Gesundheit nicht schadet.

„'Nein', antwortete er, ,sie sind so gesund wie alle anderen Kinder auf der Welt. Natürlich verfallen viele von ihnen im Laufe ihres Erwachsenwerdens in den Konsum, aber der Konsum ist die Krankheit der Engländer.'"

Dies war nicht nur ein vorübergehender Zustand, sondern ein Übel, das mit dem Fabriksystem entstand und mit seinem Wachstum stetig wuchs. Es war auch nicht auf einen bestimmten Bezirk beschränkt. Nicht nur in Lancashire, sondern überall dort, wo Mühlen und Fabriken arbeiteten, empörten die Skandale der Kinderarbeit Engländer , die nicht zufällig Mühlenbesitzer waren, und überraschten und entsetzten Ausländer, die gleichzeitig sahen, wie England dies vorschlug Befreiung der Negersklaven und Zulassung der fast ebenso groben weißen Sklaverei im „Land der Freiheit".

Die Dinge, die Espriella im Jahr 1807 sah, waren die Dinge, die durch die weitere Ausweitung des Fabriksystems unendlich verschärft wurden, die im Jahr 1832 vorherrschten, als der Skandal ein solches Ausmaß annahm, dass Petitionen aus allen Klassen dem Parlament vorgelegt wurden, in denen darum gebetet wurde, dass Gesetze verabschiedet werden sollten um es zu beenden. Diese Bewegung führte zu einer Fabrikkommission, die viele unerwartete Dinge enthüllte. Die Fabrikbesitzer waren nicht nur schuldig, ihre elenden Kinderhände fast unglaublich viele Stunden unter den schrecklichsten Bedingungen arbeiten zu lassen; aber die Eltern, die ihre Kinder praktisch in diese Sklaverei verkauften, waren mit ihnen gleichermaßen schuldig.

Der Bericht der Fabrikkommission ist eine umfangreiche Angelegenheit mit mehreren hundert Folioseiten. Viele dieser Seiten mit eidesstattlichen Beweisen offenbaren merkwürdig unterschiedliche Vorstellungen darüber, was Grausamkeit bei der Bestrafung oder übermäßige Arbeitsstunden für Kinder ausmacht. Zum Beispiel wurde ein zehnjähriges Kind, das in Wigan beschäftigt war, dafür bestraft, dass es zu spät in die Fabrik kam, wie viele andere auch, indem es gezwungen wurde, mit einem Seil um den Hals zu arbeiten, an dem ein 20 Pfund schweres Kind befestigt war. Gewicht angebracht war. Es gab diejenigen, die das überhaupt nicht als etwas Ungewöhnliches ansahen und erklärten, dass es den so bestraften Kindern nichts ausmachte. Wir können uns nur wundern, dass sie nicht mehr sagten und darauf bestehen, dass die Opfer diese Folter eher genossen haben. Mary Hooton, die Mutter des Mädchens, gab zu, dass sie dem Aufseher gesagt hatte, er solle sie schlagen.

Humphrey Dyson gab als Zeuge über die Praxis einer Fabrik in Manchester an, dass der Aufseher aus einem etwa drei Zoll breiten und etwa einen halben Meter langen Stück Leder eine Peitsche gemacht und am Ende in Finger geschnitten habe. Dieser wurde in einen Holzgriff mit Messinghaken eingelassen. Mit diesem Folterinstrument „ bestrafte" der Überwacher die Kinder nach eigenem Ermessen. In vielen Fällen kamen Mütter, die dem Typ Mary Hooton überlegen waren, und nahmen diese weg und zerstörten sie, aber der Aufseher machte andere.

Die Löhne dieser Kinderarbeiter lagen offenbar zwischen einem Schilling und Sixpence und vier Schilling pro Woche, und dies waren einer Rede im Unterhaus zufolge die Bedingungen, unter denen diese dürftigen Löhne verdient wurden:

„Das Folgende waren die Arbeitsstunden, die den Kindern und Jugendlichen auferlegt wurden. Montagmorgen, Arbeitsbeginn um sechs Uhr: um neun

Uhr eine halbe Stunde zum Frühstück; Beginnen Sie wieder um halb zehn und arbeiten Sie bis zwölf. Abendessen, eine Stunde; von eins bis halb fünf arbeiten. Trinken (Nachmittagsessen), eine halbe Stunde; von fünf bis acht arbeiten; Ruhe, eine halbe Stunde; Arbeit von halb neun bis Mitternacht; eine Stunde Ruhe. Ein Uhr morgens bis fünf, Arbeit; eine halbe Stunde Ruhe; Arbeit, halb sechs bis neun; Frühstück, eine halbe Stunde; Arbeit, halb neun bis zwölf. Abendessen, eine Stunde. Arbeit, ein bis halb vier. Trinken, halb vier bis fünf. Am Dienstagabend wurde erneut von fünf bis neun Uhr gearbeitet, als die Bande aus erwachsenen und kleinen Sklaven für die Nacht entlassen wurde, nachdem sie neununddreißig Stunden lang gearbeitet hatte, mit neun Pausen zur Erfrischung, aber keiner zum Schlafengehen.

„Der Mittwoch und der Donnerstag waren nur mit Tagarbeit besetzt. Von Freitagmorgen bis Samstagnacht wiederholte sich die gleiche Arbeit wie am Montag und Dienstag."

MANCHESTER, VOR EINEM JAHRHUNDERT

Die Mühlenbesitzer waren natürlich empört, als das Parlament das erste Fabrikgesetz verabschiedete und als das Zehn-Stunden-Gesetz von 1847 und die darauf folgenden Gesetze dem Skandal ein Ende setzen sollten, dass Frauen zur Arbeit in den Untergrund geschickt und Kinder gerettet werden sollten von Bedingungen, die kaum weniger schrecklich sind als die der Negersklaverei, diskutiert wurde, bezeichneten Bright und Cobden die Vorschläge als „Belästigung der Fabrikanten" und als „einen Schlag gegen die Freiheit".

V

MANCHESTER war in den frühen Jahren des 19. Jahrhunderts ein Ort besonders düsterer Atmosphäre. Es war kein malerisches, überwuchertes Dorf mehr, sondern nahm das frühere und bedrohlichere Aussehen einer Industriestadt an. Verglichen mit der weitläufigen Stadt von heute war es natürlich ein kleiner Ort, und das umliegende Land reichte fast bis zum Zentrum und soll nicht unschön gewesen sein. Doch die Mühsal und das Streben wurden damals durch keine städtischen Gnaden gemildert. In Manchester gab es keine „Society", aber es herrschte große Unzufriedenheit und kurze Commons waren damals die Regel. Manchester galt in jenen Tagen der Depression, nach dem Ende der großen Kontinentalkriege, als gefährlicher Ort; und hier wurde tatsächlich der Radikalismus aus Ungerechtigkeit und Hunger geboren. "Manchester! „Eure Königliche Hoheit", rief der anspruchsvolle Beau Brummell entsetzt dem Prinzregenten zu – „ denken Sie nur an Manchester!" als sein Regiment dorthin beordert wurde. Er rannte schnell davon und verkaufte sich aus der Armee, anstatt an einen düsteren Ort verbannt zu werden, an dem man nicht wusste, wie eine Krawatte richtig zu tragen war, und es nicht als besonders wissenswert erachtete.

Als Industriezentrum hat Manchester, wie auch andere Großstädte ähnlicher Lage, die Wechselfälle des nationalen Wohlstands immer deutlich gespürt und ist zusammen mit den umliegenden Städten und Bezirken von Lancashire stets auf den Wellen der kommerziellen Expansion geritten , oder suhlte sich in den Tiefen seiner Depression. Es gibt vielleicht keine andere große Stadt und keine andere Grafschaft in England als Lancashire, die so sicher den wärmenden Glanz guter Zeiten oder den kühlenden Hauch schlechter Zeiten verspürt. verursacht durch Einflüsse, die fast völlig außerhalb der Kontrolle liegen.

POLITISCHE AGITATION

Die Jahre unmittelbar nach Waterloo und dem Ende der großen und lang andauernden Kriege mit Napoleon waren in Lancashire im Besonderen und in England im Allgemeinen magere Jahre, und die Unzufriedenheit war weit verbreitet. Der Brotpreis war hoch, die Beschäftigung knapp und durch die ständige Einführung arbeitssparender Maschinen bedroht. Die Aussichten aller lohnverdienenden Klassen waren sehr düster, und die Lage wurde durch Agitatoren, die der Wirtschaftskrise sehr schnell ein politisches Gesicht gaben, noch angeheizt. Es war die Ära vor der Reform, in der die gesamte politische Macht ganz offen bei den Klassen und Reichen lag. Die Menschen hatten kein Wahlrecht und wurden von Mob-Rednern gelehrt, dass darin das

Geheimnis der Krankheiten und Behinderungen liege, unter denen sie litten. Der Besitz einer Stimme galt als Ideal, dessen Verwirklichung die Lösung aller Missstände sein würde. Es wurde wahrscheinlich nicht in so vielen Worten erklärt, dass das Wahlrecht mehr Arbeit und bessere Bezahlung bringen würde, noch dass das Wahlrecht es den Arbeitern ermöglichen würde, den Einsatz der arbeitssparenden Maschinerie, die sie fürchteten, abzulehnen; aber es war so viel impliziert. Im ganzen Land kam es sporadisch zu mehr oder weniger schweren Unruhen, bei denen die Menschen fast verhungerten; Denn neben der Knappheit an Arbeitsplätzen war auch der Brotpreis übermäßig hoch, was auf eine Reihe von Missernten zurückzuführen war, die den Maispreis auf ein beispielloses Niveau trieben. Die Regierung wurde schließlich ernsthaft über die Unruhen beunruhigt. Im Jahr 1816 hatte es in Spitalfields zerstörerische Unruhen gegeben, als ein Mob von 30.000 Menschen in Geschäfte und Häuser eingebrochen war und diese niedergebrannt und geplündert hatte. Nottingham, Preston, Bury und viele andere Orte waren Schauplätze der Pöbelherrschaft. Im Jahr 1818 hatten die Arbeiter von Manchester die Fabrikfenster eingeschlagen und mussten von Dragonern vertrieben werden; und im selben Jahr kam es in Barnsley zu Unruhen. Das Jahr 1819 begann damit, dass der Demagoge „Orator Hunt" von Husaren im Theater von Manchester verprügelt wurde, wo er angeblich „God Save the King" gezischt hatte; und es wurde erklärt, dass die turbulenten Reformatoren von Glasgow vorschlugen, nach London zu marschieren. Zur gleichen Zeit wurde eine in Birmingham abgehaltene Reformversammlung aufgelöst, wobei ein Polizist von Arbeitern erschossen wurde, die versuchten, einen der verhafteten Redner zu retten.

Es muss zugegeben werden, dass der Unterricht nicht versöhnlich war. Ihre hochrangigen Vertreter verachteten die Massen als „schweinische Menge" und schlugen keine politischen Veränderungen vor.

MASSENVERSAMMLUNG

Dennoch waren die Methoden der Mob-Herrscher äußerst provokativ und alarmierend. Was auch immer sie sonst waren oder nicht, Hunt und Bamford, führende Geister unter den Reformatoren, waren intelligente Männer und hätten in der Lage sein müssen, die wahrscheinlichen Auswirkungen vorherzusagen, die die Drillung der Menge auf die Regierung haben würde. Man konnte durchaus argumentieren, dass die nächtlichen Übungen lediglich dazu dienten, großen Gruppen von Männern die Möglichkeit zu geben, geordnet zu und von Massenversammlungen zu marschieren. Die Führer waren philosophische Radikale und dachten keinen Augenblick an Gewalt, und ihre Anhänger waren im Großen und Ganzen derselben Meinung; Aber wir können leicht in die Denkweise von Regierungen blicken, die ihr Drillen nur zu einem Zweck einsetzen: dem, rohe Gewalt auf eine wissenschaftliche Form der Verteidigung und des Angriffs zu reduzieren ; und zweifellos waren diese Übungen, auch ohne Waffen, alarmierend, denn wer konnte schon sagen, woher Waffen zu einem bestimmten Zeitpunkt nicht beschafft werden konnten? Kurz gesagt, die Regierung ging davon aus, dass das Land am Rande einer Revolution stünde: eine Sache, die gar nicht so unwahrscheinlich ist, wenn Versammlungen durch Transparente mit der Aufschrift „Jährliche Parlamente", „Allgemeines Wahlrecht" und „Keine Maisgesetze" belebt wurden; und als dieses anstößige Emblem, eine an einer Stange getragene Freiheitskappe, im Vordergrund stand. Die Behörden stellten sich vor, einem organisierten Versuch einer Subversion der Verfassung gegenüberzustehen , und in diesem Glauben mussten sie auf der Hut sein.

„Orator Hunt" und Samuel Bamford, der bereits 1817 wegen des Verdachts des Hochverrats im Zusammenhang mit der Reformbewegung verhaftet worden war, waren in der Agitation von 1819 aktiv. Treffen, das in dem kleinen offenen Raum namens „St. Peter's Field" am Ende der Mosley Street in Manchester, am 16. August, und die ganze Landschaft war voller Aufregung und den wildesten Gerüchten . Die Landbewohner, die in der Dunkelheit nach Hause gingen, hatten die Worte des Militärkommandos gehört: „Gesicht nach rechts", „Gesicht nach links", „rechtes Rad", „linkes Rad" und so weiter und ganz natürlich extravagante Vorstellungen davon, was vor sich ging verbreiten. Zur Vorbereitung auf den Tag rekrutierten die Richter eine Truppe von Spezialpolizisten, und eine starke Truppe aus Freibauern und Militär wurde in Bereitschaft gehalten.

Von Middleton marschierte Bamford an der Spitze von 6.000 Männern nach „St. Petersfeld", und aus anderen Richtungen kamen viele Kolonnen; so dass zum Zeitpunkt der Eröffnung der Versammlung auf dem engen Raum von zwei bis drei Hektar etwa 80.000 Personen versammelt waren. Die Polizei verfügte über einen Haftbefehl gegen Hunt unter dem Vorwurf der aufrührerischen Versammlung, erklärte sich angesichts der großen Menschenmenge jedoch für unfähig, den Haftbefehl auszuführen, und forderte die Richter um militärische Unterstützung. Eine taktvollere Methode wäre gewesen, bis zum Ende des Treffens zu warten, wo Hunt wahrscheinlich leicht hätte gewonnen werden können; aber Taktgefühl ist kein allgemeiner Besitz.

In der Nähe befand sich eine Truppe von einhundertvierzig Mann der Manchester- und Salford-Yeomanry-Kavallerie, versteckt in Pickfords Hof, und ihnen wurde die Aufgabe anvertraut, sich einen Weg durch die Menge zu bahnen, um Hunt zu ergreifen. Es war eine unglückliche Entscheidung, denn die Yeomanry waren für einen Mann Meisterfabrikanten, deren Interessen vom Mob heftig angegriffen worden waren. Die regulären Truppen in der Nähe wären weniger voreingenommen gewesen und hätten sanfter gehandelt; Doch die Yeomanry stürmte mit der Schärfe und Spitze ihrer Schwerter in die Mitte der Menschenmassen, die sie umringten . Viele harmlose Personen, Männer, Frauen und Kinder, wurden niedergestochen und niedergetrampelt; aber die Menschenmenge war so dicht gedrängt, dass sie auch sonst nicht hätte nachgeben können, und die Yeomanry wurde nicht nur aufgehalten, sondern es wurde auch streng mit ihnen umgegangen; was schließlich nicht mehr war, als sie verdienten. Dann verlor Hulton, der unter den Beamten eine herausragende Stellung einnahm, den Kopf und befahl den Husaren, der Yeomanry zu Hilfe zu kommen. Menschen wurden zu Hunderten niedergeritten, die Bahnsteige gestürmt, die Banner abgerissen und das Feld geräumt. Riesige Mengen weinender und fluchender Flüchtlinge, viele von ihnen verwundet, flohen vom Tatort aus Manchester aufs Land, aus Angst vor Verhaftung. Elf Menschen lagen tot, dreißig gefährlich verletzt und vierzig „schwer verletzt". Hunt, Bamford und andere wurden verhaftet. Damit endete das große Reformtreffen im St. Peter's Field. Es waren nur vier Jahre seit dem Kampf um Waterloo vergangen, und das Volk fand schnell den Namen „Peterloo" für diesen Sieg der Freibauern und Husaren. Alternativ wurde es mit oberflächlicher Formulierung als „Manchester-Massaker" bezeichnet. Der Standort ist heute der Petersplatz und auf einem Teil des Geländes steht die Freihandelshalle.

Man kann kein großes Mitgefühl für die politische Agitation dieser Zeit empfinden. Die Geschichte aller Politik, in allen Zeitaltern und immer noch im Gange, sagt uns, dass es nur gelingt, eine Tyrannei abzuschaffen, um sie durch eine andere zu ersetzen: die Tyrannei der Aristokratie zu zerstören, um sie durch die des Reichtums zu ersetzen, der wiederum gestürzt wird durch die schlimmere Tyrannei des Sozialismus und die unmögliche Lehre von der grundsätzlichen Gleichheit der Menschen. Wer dominiert, wird unweigerlich tyrannisieren , sei es der Starke über den Schwachen, der Aristokrat über den Plebejer oder der Reiche über die Armen; und das Mitgefühl mit den Unterdrückten wird ein wenig getrübt, wenn man bedenkt , dass, wenn die Armen reich und die Demütigen mächtig werden, auch sie anfangen, einzuschüchtern und einzuschüchtern. Der Baumwollarbeiter, der durch angeborene Fähigkeiten von der Position eines Lohnempfängers zu der eines Arbeitgebers aufsteigt, stellt fest, dass sich der Mittelpunkt seiner Interessen verlagert hat, und schließt sich der Klasse an, in die er sich hineingekämpft hat.

Die Notwendigkeit einer Parlaments- und Verfassungsreform wurde bereits 1782 von Pitt, Earl of Chatham, anerkannt; und „radikale Reformen" – *dh* Reformen, die den Dingen auf den Grund gehen – wurden 1797/98 vom

Land gefordert; aber es blieb den Agitatoren überlassen, die Frage der Reform so sehr in Verruf zu bringen, dass wir im allgemeinen Sprachgebrauch immer davon hören, etwas sei „grundsätzlich falsch"; Zufällig niemals „radikal richtig", obwohl die alliterative Leichtigkeit beider Formen der anderen gleicht.

Die „Manchester School" der Politik, die 1838 von Cobden und Bright gegründet wurde, war eine sehr bösartige Form des Radikalismus und in einigen ihrer Grundsätze ein einzigartiges Glaubensbekenntnis, zu dem sich eine kommerzielle Gemeinschaft von Herstellern und Exporteuren bekennen sollte. Es wurde durch eine Agitation für die Aufhebung des Getreidegesetzes und durch eine Leidenschaft für den Freihandel genährt; es befürwortete Frieden um jeden Preis und betrachtete die Kolonien mit Hass. „Es wird ein glücklicher Tag sein", sagte Cobden, „wenn England in Kontinentalasien keinen Hektar Land mehr hat." Diese außergewöhnlichen Bestrebungen teilte John Bright voll und ganz.

Das politische Glaubensbekenntnis von John Bright mit seiner Praxis als Fabrikant in Einklang zu bringen, gehört zu den Aufgaben, deren Schwierigkeiten nahezu unmöglich sind. Er war ein Apostel des Little Englandismus : der leidenschaftliche Autor des Satzes „Perish India!"; der glühende Visionär eines Tages, an dem „England" nichts anderes bedeuten sollte als diese Insel. Was für ein Ideal zum Verweilen! Er sagte: „Es mag eine Vision sein, aber ich werde sie schätzen." Er hatte die, wie er es nannte, „edle Vision" der Übergabe Kanadas an die Vereinigten Staaten:

„Vom eisigen Norden bis zum glühenden Süden, von den stürmischen Wellen des Atlantiks bis zu den ruhigeren Gewässern des Pazifiks sehe ich ein Volk, das eine Sprache spricht, ein Gesetz besitzt und einer Religion angehört, und über allem die Flagge der Freiheit." , ein Zufluchtsort für die Unterdrückten jeder Nation und jedes Klimas."

Die „Flagge der Freiheit" war, wenn Sie so wollen, das Sternenbanner und dieser „Zufluchtsort für die Unterdrückten", das Land, dessen Bevölkerung unter der Tyrannei der Trusts und der städtischen Anhänger des Evangeliums der Bestechung leidet so schlimm wie noch nie ein Volk in den „unterdrückten" Ländern Europas gelitten hat. Auf jeden Fall handelt es sich hierbei um Glaubenssätze, denen heute nur noch wenige zustimmen. Dass Bright angesichts solcher Ambitionen die Idee einer Home Rule für Irland nicht ertragen konnte und sich daher 1886 von Gladstone löste und der Unionistischen Partei beitrat, ist einer dieser außergewöhnlichen und unlogischen Frontwechsel, die die Karrieren moderner Politiker mit sich bringen Alle Gedankengänge haben uns so sehr daran gewöhnt, dass es keine Überraschungen mehr gibt.

EIN „MANCHESTER-MANN"

Demagogen und hartnäckige Redner waren in der Neuzeit dieses Landes der Fluch. Sie und ihr Publikum, betrunken von ihren eigenen wilden Worten, haben jegliche Konsequenz über Bord geworfen. Mit Bright gab es einen radikalen Politiker, der gegen die Führung eines Imperiums war, dessen Interessen als Hersteller und Exporteur von Baumwollwaren jedoch weitgehend mit der Beibehaltung unserer Abhängigkeiten verbunden waren. Es schien Ehrlichkeit auf Kosten der Vernunft zu gehen. Weniger ehrlich war jedoch Brights erbitterter Einwand gegen jede staatliche Einmischung in die Fabriken. Im Jahr 1836 lehnte er jeden Versuch ab, die Arbeitszeiten zu kontrollieren , und verfasste einen Gegenentwurf zu Fieldens „Fluch des Fabriksystems". Bis zuletzt lehnte er die Verkürzung der Fabrikstunden ab. Im Jahr 1861 führte er die Übel, die mit der Überproduktion einhergingen, an der er selbst beteiligt war, auf etwas anderes als ihre wahre Ursache zurück; Aber andererseits darf nicht vergessen werden, dass er, obwohl er selbst ein schwerer Verlierer der Baumwollhunger war, in seinen dunkelsten Stunden edel für die Sache des Nordens eintrat. Wenn man auf die Dinge zurückblickt, die seit seinem Eintritt in die politische Szene erreicht wurden, scheint sein Radikalismus durch den Whiggismus deutlich verwässert worden zu sein , was zweifellos unvermeidlich ist, da er ein großer Arbeitgeber von Arbeitskräften war . Als Quäker war er für die Auflösung; Als Grundbesitzer bemühte er sich um die Abschaffung der Wildgesetze; Wie wir bereits gesehen haben, war er zeitlebens ein erbitterter Gegner der staatlichen Regulierung von Fabriken. Er prangerte den Chartismus an, dem die meisten der geforderten Reformpunkte längst zugestanden wurden, und erfand als Antwort auf die Forderungen der Fabrikarbeiter nach besserer Bezahlung die umfassende Allgemeingültigkeit, dass „die Löhne bei schlechtem Handel nicht steigen können"; Alle Übel werden auf das Maisgesetz zurückgeführt, dieses wirksame Ablenkungsmanöver, das über viele Pfade gezogen wird. Bis zu seiner Abschaffung im Jahr 1849 galt immer das Maisgesetz. Es war für fast alle Krankheiten verantwortlich, mit Ausnahme von Erdbeben.

Bright lehnte die Schulpflicht ab — denn diese würde wahrscheinlich dazu führen, dass die Fabrikarbeiter mit ihrer Stellung unzufrieden wären; und war bestrebt, den Baumwollanbau in Indien auszuweiten. Als dieses Projekt nicht die erwartete Unterstützung fand und sein Protest gegen die indischen Schutzzölle es nicht schaffte, Indien zollfrei für Baumwollwaren zu öffnen, wurde „Perish India" mehr denn je zu einem frommen Wunsch. Einer seiner vielleicht größten Fehler war seine Verachtung für das Schreckgespenst der päpstlichen Aggression; nicht so einfach eine beleuchtete Rübe auf einem

Pfosten, wie er und seine Zeitgenossen glaubten. Rom schleicht an diesem Tag aggressiv durch das Land.

VI

VIELE Versionen über den Ursprung des Ausdrucks „ein Mann aus Manchester", aber es ist offensichtlich, dass die Phrase, wie die eines „Lancashire-Jungen", eine natürliche alliterative Entwicklung ist. Am weitesten verbreitet ist jedoch die Geschichte eines Kutschers, der auf die Frage „Wer ist in die Kutsche eingestiegen, Junge?" fragte. antwortete: „Was denn, da ist ein Gentleman aus Liverpool, ein Mann aus Manchester, ein Kerl aus Bolton und ein Kerl aus Wigan."

An dieser Stelle sollte nicht vergessen werden, wie ein Junge aus Lancashire einen Gentleman definiert. Es wurde ihm vor vielen Jahren gegeben und war „jemand, der Wache hielt und allein war " . Jetzt wissen wir also, dass Vornehmheit in Zeiten billiger Uhren und der Voreingenommenheit gegen das gemeinsame Bett für jedermann erreichbar ist.

Es ist keine Kleinigkeit, ein „Manchester-Mann" zu sein. Der Name hat einen selbstbewussten Klang, der den Männern von Manchester wie angegossen passt, wie auch immer die anderen Beschreibungen oder die andere, die von „Oldham Roughs" erzählt, passen mögen.

Der Manchester-Hersteller um 1750 war, wie Zeitgenossen beschrieben, ein bescheidener Mensch von größter Einfachheit, der wie ein Geselle unter seinen Händen arbeitete; den Tag vor sechs Uhr morgens zu beginnen und ihn proportional früher zu beenden, wie es die Gewohnheiten der Zeit und die primitiven Mittel der künstlichen Beleuchtung vorschrieben. Er produzierte die Waren und lagerte sie, und sein kombiniertes Lagerhaus und seine Fabrik waren auch sein Zuhause. Er arbeitete nicht nur mit seinen Webern zusammen, sondern saß auch beim Essen mit ihnen, und alle bedienten sich aus einer gemeinsamen Schüssel mit Wasserbrei und einer Schüssel Milch. Niemand unter den Herstellern hatte so etwas wie einen „privaten Wohnsitz", und die Sprache war in der Tat so einfach, dass wahrscheinlich keiner von ihnen den Begriff verstanden hätte, wenn er nicht in einfacheres Englisch ausgedrückt worden wäre.

So viel zum Baumwollspinner aus der Mitte des 18. Jahrhunderts . Sehen wir uns an, wie sein Nachkomme von etwa 1866 seinen Zeitgenossen erschien. Ein Autor in einer populären Zeitschrift jener Zeit beschrieb einen „Liverpooler Gentleman" als einen großartigen Menschen, der über seine Verhältnisse handelte und seinen Kredit schließlich missbrauchte, indem er sich mehr oder weniger eloquent über die Eigenschaften der Männer aus Manchester und der Herren aus Liverpool ausließ Der unvermeidliche Absturz kam, er schloss sich mit seinen Gläubigern auf der Basis von drei Schilling pro Pfund zusammen und setzte sein prächtiges Leben mit fast ungetrübter Pracht fort . Aber ein „Manchester-Mann", so dieser Apologet, bricht völlig zusammen, wenn er zusammenbricht, und indem er alles aufgibt, fängt er von unten wieder von vorne an. Wie sich diese Unterscheidungen im Laufe der Zeit bewährt haben, möchte ich nicht sagen. Zu dieser Zeit, so derselbe Autor, war der typische Manchester-Mann eine imaginäre Person, die er als „John Brown" bezeichnete. Lassen wir die Tatsache beiseite, dass der Name Brown keinen wahren oder ausschließlichen Lancashire-Charakter hat, sondern wenden wir uns der Karriere dieser typischen Person zu, wie sie in der lebhaften Fantasie dieses einstigen Schriftstellers dargestellt wurde.

John Brown war ursprünglich ein armer Junge in einer Baumwollspinnerei. Sein Vater und seine Mutter waren – der Herr allein weiß wer, denn seine bekannte Karriere begann damit, dass er in einer Winternacht als Kleinkind auf der Türschwelle gefunden wurde, eingehüllt in einen Flanellunterrock mit der Aufschrift „JB". Das Findelkind wurde ins Arbeitshaus gebracht und gefüttert Er wurde auf öffentliche Kosten gekleidet und erzogen und schließlich als Junge zur nächstgelegenen Baumwollfabrik geschickt, wo er durch seine Fähigkeiten und seinen Fleiß schnell zum Vorarbeiter aufstieg. Er heiratete früh eine gewisse Mary Smith, die von seinen edlen Barthaaren gefangen genommen und versklavt wurde, und (da sie sich wahrscheinlich gut mit Penny-Romanen auskennt, in denen die Kinder der Aristokratie nicht selten vor der Haustür ausgesetzt werden) hielt er ihn insgeheim für einen sanftmütigen Blutsverwandten. John Brown stieg, wie der fleißige Lehrling in den Sittenmärchen, immer höher auf und wurde ein selbstständiger Baumwollspinner und ein wohlhabender Mann mit einer prächtigen Villa in Higher Broughton oder einem anderen Ort, der damals noch halb so groß war. ländlich. Er hatte keine Ahnung von Kunst, aber wie es für einen Mann in seiner Position üblich zu sein schien, kaufte er Bilder, zugegebenermaßen hauptsächlich auf der Grundlage von so viel pro Quadratmeter. Er stand um sechs Uhr auf und war um acht Uhr in der Mühle; und aßen mittags in der Stadt zu Abend. Er war zu Hause, um Tee zu trinken, den er mit seinem „ Owd" trank „Wumman " in der Hinterküche und überlässt das prächtige Esszimmer ungemütlichen Staatsanlässen. Um neun Uhr lag er im Bett.

Ich weiß nicht, ob sich in den späten sechziger Jahren wohlhabende Manchester-Geschäftsleute in dieser Vorstellungskraft wiedererkannten ; aber auf jeden Fall würde es heutzutage nicht mehr Bestand haben. Ich kann mir derzeit weder tatsächlich noch imaginär vorstellen, dass ein großer Baumwollspinner in der Hinterküche Tee trinkt oder sich um 21 Uhr zurückzieht, und obwohl die Idee des Kunstmäzens noch immer lebendig ist, ist es die Musik, die ihn in herausragender Weise auszeichnet Manchester in seinen höheren Nachbildungen: Liverpool ist wirklich das größere

Kunstzentrum , das sich vor allem den Dingen der Kultur widmet, die dem Auge und nicht dem Ohr gefallen.

Für den typischen Manchester-Mann dieser Zeit waren Herkunft und Vornehmheit nichts wert. Er war vor allem unsentimental und sachlich und provozierend wörtlich. Es war ein Mann aus Manchester, der, als eine Gedichtpassage von Coleridge vorgelesen wurde, erklärte, dass die Lesart „Die Schwalbe war erkältet" falsch sei und „hatte eine Erkältung" lauten sollte.

„Der Tag bricht an", sagte jemand zu einem Baumwollspinner. „Lass es zerbrechen", antwortete er, „es schuldet mir nichts."

Es war ein Bewohner einer Stadt, die neidisch auf Manchester war – und davon gibt es viele – und der erklärte, dass ein Mann aus Manchester kaum patriotische Gefühle verspüren würde, wenn er Nelsons blutbefleckten Mantel und seine Weste im Greenwich Hospital betrachte. Er fragt sich zunächst, aus welchem Stoff sie gefertigt waren. Es ist ein grausames Sprichwort, aber es hat zumindest diese Grundlage: dass Little Englandism und die alte Manchester School of Policy eins waren. *Wären* eins, denn die Manchester School of Bright and Cobden ist tot und ihre Leiche entehrt . Es ist wahr, dass Manchester und das Land im Allgemeinen bei den Wahlen von 1906 etwas erlebte, das wie eine geistige Verirrung aussah, aber das war hier jedenfalls nicht so sehr eine politische Überzeugung, sondern vielmehr die Empörung Ihres geradlinigen, unverblümten Lancashire-Mannes über den Mangel an Ehrlichkeit , die erbärmliche Kleinlichkeit, die die Balfour-Administration kennzeichnete . Darüber hinaus herrschte das Gefühl, dass das Land 1903 nicht fair behandelt worden war, als Lord Salisbury sein Amt in die Hände seines Neffen legte. Die Politik, „es in der Familie zu belassen", als ob die Regierung des Landes ein Vorrecht der Familie Cecil wäre, stieß zu Recht auf Unmut, selbst wenn Manchester den obersten Pettifogger selbst mit überwältigender Ablehnung ablehnte.

VII

ZEHN Millionen von Menschen leben in den Industrievierteln, deren Zentrum Manchester ist . Es ist zugleich der wohlhabendste und ärmste Bezirk Englands, in dem sich der Reichtum immer mehr in den Händen weniger ansammelt und in dem es laut offiziellen Angaben im anderen Extrem mehr Arme gibt als irgendwo sonst in England das Land, mit der einzigen Ausnahme von Middlesex, einschließlich London. Die unvermeidliche Kehrseite der Medaille des großen kommerziellen Wohlstands ist die damit einhergehende erbärmliche Armut. Nur in armen Agrar- und Nichtproduktionsländern ist Armut vergleichsweise glücklich und erträglich. Wenn es für einen solchen Zustand in den Industriezentren ein Heilmittel gibt , hat noch niemand es gefunden oder angewendet. Hier gibt es immer einen großen Teil der Klassen, von denen es mittlerweile Mode geworden ist, sie als „untergetaucht" zu bezeichnen, und in Zeiten, in denen der Wohlstand nachlässt, nimmt er zu, um die meisten Lohnempfänger einzubeziehen und die kleineren Ladenbesitzer an den Rand zu bringen Ruine. Viele dieser Depressionsperioden konnten von Menschen nicht vorhergesehen oder abgewendet werden, andere wurden jedoch durch das Handeln der Hersteller herbeigeführt, die miteinander im Wettbewerb standen. Aber in fast allen schwierigen Zeiten wurde auf der einen oder anderen Seite die nächste Lösung im Streik oder der Aussperrung gesucht. Lancashire ist die Heimat dieser rohen Heilmittel.

ÜBERPRODUKTION

Neben der Knappheit oder den hohen Preisen der Rohstoffe oder der Flaute des Handels ist das größte Übel der überfüllte Markt, verursacht durch Überproduktion, die vor der Zeit der Maschinen kaum möglich war; Ein Übel, das am häufigsten durch die Konkurrenz der Hersteller verursacht wird, die weiterhin produzieren, jeder in der Hoffnung, dass derjenige, der sonst leidet, es zumindest nicht tut. Die Überproduktion war in der Vergangenheit so groß, dass Waren in großen Mengen zu deutlich niedrigeren Preisen als den Herstellungskosten verkauft werden mussten. Da die Fabrikanten mit großem Verlust verkauften, suchten sie nach dem nächstgelegenen Mittel, um ihr Defizit zu verringern. und dies wurde gewöhnlich eher in einer Senkung der Löhne als in einer Verringerung der Produktion festgestellt. Fünf oder zehn Prozent. Die Reduzierung hat im Allgemeinen einen Streik zur Folge, der bisher bei großen Firmen willkommen war und einen Vorwand lieferte, die Produktion mit verheerenden Verlusten einzustellen. Einen Streik unter diesen Bedingungen zu provozieren, war der einzige Ausweg aus einer unmöglichen Situation;

Und statt die Unternehmer in Verlegenheit zu bringen, haben die empörten Arbeiter sie unwissentlich vor dem Bankrott bewahrt. Der Mittelweg ist das Mittel der „kurzen Zeit".

Dies sind große und ernste Fragen, die glücklicherweise nicht aus den letzten Jahren stammen und durch die Umstände so stark vorangetrieben wurden wie früher; aber einmal wirklich sehr prominent. Die Literatur über Baumwollspinnerei und Streiks ist sehr umfangreich und wird größtenteils von keinem Geringeren als Herrn John Morley verfasst, der der Meinung ist, dass „einige von ihnen (den Fabrikanten) untätig, einige inkompetent sind und …" einige von ihnen sind Schurken." Das ist in der Tat eine heftige Kritik an einer so unternehmungslustigen und aufrichtigen Gruppe von Geschäftsleuten, wie man sie in England nur finden kann: Männer, die noch nicht allzu lange her sind, im Allgemeinen an seiner eigenen Art von Politik. Sie scheinen nicht die Worte eines Philosophen zu sein.

Die größte Zeit der Überproduktion war die Zeit, die in den überfüllten Märkten von 1861 gipfelte. Die Jahre 1859–60 waren Zeiten „ungeheuren Wohlstands" gewesen, in denen zahlreiche neue Mühlen entstanden waren, und zwar gemeinsam mit den älteren Überstunden. Zu Beginn des Jahres 1861 gab es in Lancashire, Derbyshire und Cheshire 2.270 Fabriken, die unter Hochdruck arbeiteten. In der Annahme, dass diese guten Zeiten anhalten würden, spannten die Fabrikanten alle Kräfte an, um ihre Anlagen und ihre Hände bis zum Äußersten auszulasten, und produzierten dabei eine solche Menge an Gütern, dass sie aus eigener Kraft dem Wohlstand ein Ende setzten . Indien und China, die großen Märkte für Hemdenstoffe und Garne, waren voll und waren keine Käufer mehr; und währenddessen platzten die Lagerhäuser von Manchester vor einem wachsenden Bestand unverkäuflicher Waren. Das Ergebnis war „kurze Zeit" im Oktober 1861. Selbst wenn es in Amerika keinen Krieg gegeben hätte, wären schlimme Zeiten gekommen; Doch mit dem Beginn des Bürgerkriegs zwischen Nord und Süd brachte die Hungersnot von 1862/63, die durch die Einstellung der Lieferung von Rohbaumwolle aus den Südstaaten verursacht wurde, wohlhabende Baumwollspinner an den Rand des Ruins und des Elends und Hunderttausende verhungern. Jeder in den Industriebezirken litt, denn die Klassen sind voneinander abhängig. Für Hersteller, Arbeiter, Ladenbesitzer und Berufstätige war die Baumwollhunger eine sehr düstere Realität. Bis Dezember 1862 waren nicht weniger als 247.000 Arbeiter arbeitslos und mehr als die Hälfte davon in „Kurzarbeit". Die große Zahl von 234.000 Personen erhielt Armenhilfe, und die durchschnittliche Armutsquote für die Industriebezirke stieg von 7 $^5/_8$ *d.* im £, bis 2 *s.* 2½ *Tage* Die gezeichneten Hilfsfonds beliefen sich auf über 2.000.000 £, und die Handelsverluste aufgrund der Baumwollhunger wurden auf 70.000.000 £ geschätzt.

Die Zeitungen dieser schrecklichen Zeit waren voll von Federbildern der Hungersnot, und man kann gerne auf sie zurückgreifen, aber das Erzählen dieser traurigen Geschichten wäre zwecklos. Doch trotz all ihrer Leiden, obwohl sie vom Erfolg des Südens alles zu gewinnen hatten, hielten die wesentliche Robustheit, Unabhängigkeit und Ehrlichkeit des Charakters der Lancashire-Leute ihre ursprüngliche Meinung fest: dass der Norden Recht hatte, dagegen anzukämpfen Sklaverei. Es war im Wesentlichen die Meinung des Volkes. Sie wussten selbst etwas über die Sklaverei in den Tagen vor den Fabrikgesetzen und zeigten Verständnis für den Norden. Andere Klassen waren bestenfalls gespalten, und England als Ganzes gehörte dem Süden.

Zentrum der Baumwollproduktion mehr . Das Wachstum der Industrie, das Wachstum der Stadt und die Erhöhung der Pachtzinsen, Steuersätze und Steuern innerhalb der Stadt führten dazu, dass Manchester zur Metropole der Baumwolle wurde, in der sie nicht mehr aus dem Rohmaterial verarbeitet wird, sondern wo Das fertige Produkt wird gelagert. Lagerhäuser und nicht Fabriken sind die herausragenden Gebäude von „ Cottonopolis "; heute eine Stadt der Kaufleute und Zwischenhändler sowie die Metropole der Industriestädte von Lancashire, in der alle Berufe und Gewerbe vertreten sind. Um die Baumwollspinnereien zu besichtigen, muss man nach Stockport, Bolton, Blackburn, Oldham und Preston fahren; aber wann immer sie leiden, wird Manchester an ihren Prüfungen teilhaben.

Das Ausmaß des Baumwollspinnereigewerbes ist zu groß, als dass man es ohne weiteres erfassen könnte. In den verhältnismäßig frühen Stadien seiner Geschichte, in den Jahren 1793 bis 1824, betrug der Wert der Gesamtexporte 365.000.000 Pfund Sterling, oder durchschnittlich etwa zwölf Millionen Pfund Sterling pro Jahr, und der Wert des importierten Rohmaterials 128.000.000 Pfund Sterling. Im Jahr 1887 war der Gesamtwert der jährlichen Exporte auf 70.957.000 Pfund Sterling gestiegen; oder mit anderen Worten, es war fast um das Sechsfache gewachsen.

Damals gab es 700.000 Arbeiter, und es wurde jährlich eine Summe von 29.400.000 Pfund an Löhnen gezahlt. Den Angaben für 1905 zufolge beliefen sich die Exporte von Baumwollwaren in diesem Jahr auf 92.000.000 Pfund Sterling, was einer jährlichen Steigerung seit 1887 von deutlich über einer Million Pfund pro Jahr entspricht. Und immer noch steigt die Flut des kommerziellen Wohlstands; In den achtzehn Monaten zwischen 1906 und der ersten Hälfte des Jahres 1907 wurden in Lancashire nicht weniger als achtzig neue Baumwollspinnereien gebaut: mit dem Ergebnis, dass mehr

Arbeit zu leisten ist als Hände dafür. Wenn zu gegebener Zeit die übliche Überproduktion eintritt und der Mangel an Arbeitskräften durch Arbeitsmangel ersetzt wird, wird der Großteil des Elends und Leids proportional zunehmen; Und sollte es jemals zu einer weiteren Hungersnot in der Baumwolle kommen, werden die Schrecken von 1863 in vergleichsweise geringe Bedeutung verschwinden.

VIII

„ WAS Lancashire heute denkt, wird England morgen denken." Das ist ein politisches Schlagwort, das nicht immer durch die Ereignisse gestützt wird; aber wenn wir den Rahmen zu einem umfassenden Verständnis der Sachverhalte erweitern, wird die Wahrheit darin viel offensichtlicher. Mit der Eröffnung der Manchester and Liverpool Railway am 26. August 1830, der ersten in England, hatten die Eisenbahnen ihren Ursprung in Lancashire und breiteten sich von dort aus aus. und Kanäle, obwohl die ersten anderswo gebaut wurden, erlangten sie in Manchester erstmals Bedeutung. Die Eröffnung des Duke of Bridgewater-Kanals im Jahr 1761 und die des Manchester Ship Canal im Jahr 1894 markieren den Beginn zweier verschiedener Epochen: Die zweite der beiden Epochen wurde befrachtet, ohne dass noch jemand weiß, welche enormen Möglichkeiten sie bieten. Manchester ist ein Hafen und ist es dank einer Anstrengung von Lokalpatriotismus geworden, der anderswo seinesgleichen sucht . Als in der Finanzwelt Anteile am geplanten Schiffskanal angeboten wurden und niemand das Kapital finden würde, schien die Zukunft des Projekts hoffnungslos. Die durch ein Parlamentsgesetz gewährten Befugnisse für den Bau waren fast erloschen, und die Projektträger waren gezwungen, das umliegende Land zu verblüffen und Versammlungen abzuhalten, um für das Projekt zu werben. In dieser dunklen Stunde steckten viele Arbeiter Manchesters ihre Ersparnisse in die Company, und die Corporation selbst beteiligte sich weitgehend daran. Als der Erfolg der Angelegenheit gesichert schien, nahmen die Finanzriesen ein wenig Mut zusammen, die Situation war in letzter Minute gerettet, und der Kanal wurde schließlich, nach einem Aufwand von fünfzehn Millionen und einem Viertel Sterling, zu einer vollendeten Tatsache . Diese enormen Ausgaben haben erst vor Kurzem eine Rendite gebracht, aber der direkte Zugang zum Meer hat den Reichtum und die Bedeutung Manchesters enorm gesteigert. Das Nützliche und das Schöne, so wird uns gesagt, seien eins, aber der Manchester Ship Canal sei kein schönes Objekt. Sein Wasser ist schwarz und riecht an heißen Tagen himmlisch, und die großen Schleusen, Drehbrücken und dergleichen sind zwar wunderbare technische Meisterleistungen, stellen aber keine Verbesserung der Landschaft dar. Aber sie haben ihre eigene Majestät, und wenn Sie den Schiffskanal entlangfahren und dabei die Nase zuhalten, werden Sie sehr beeindruckt sein. Sie werden noch mehr beeindruckt sein, wenn Sie es nicht in der Hand halten. Eine Reihe von Docks, Lagerhäusern, Getreidesilos und Kohlenschießanlagen säumen diesen acherontischen Uferweg: Alles ist mit Maschinen ausgestattet, die auf stille, unaufdringliche und sachliche Weise Wunder vollbringen. Und die großen Hochseedampfer strömen langsam nach Manchester und brüllen, dass die Drehbrücken aufschwingen sollen, und Scharen interessierter Faulenzer und der ungeduldige Verkehr, der an den hochgeklappten Brücken aufgehalten wird, betrachten den Anblick mit nie- gesättigter Blick. Es ist ein immerwährendes Wunder, eine Sensation, die nie vergeht.

In gewisser Weise sind die Veränderungen, die Trafford Park an der Spitze des Kanals erlebt haben, sogar noch wunderbarer. Vor nicht allzu langer Zeit gaben die Parkgeländer entlang der Chester Road am Stadtrand von Manchester weite Abschnitte bewaldeter Rasenflächen frei, die zum Irwell hin abfielen, aber jetzt ist es, als hätte ein Zauberstab sie weggeschwenkt Bäume und Rasenflächen und hatte sie in einem Akt durch eine genaue Nachbildung der East India Docks ersetzt, wo hoch aufragende Blöcke aus feuerfesten Lagerhäusern und Labyrinthe aus Gleisanschlüssen erstaunliche Beweise dafür bilden, was der Kanal bereits für Manchester getan hat. Es hat sich sicherlich für alle verbliebenen ländlichen Randgebiete bewährt.

Ich erinnere mich noch gut daran, wie ich vor langer Zeit in Manchester von der Eisenbahn abgesetzt wurde, als Fremder, ohne Freunde in der großen Stadt und mit dem schwachen Gefühl der Lokalität, das nur eine Bahnfahrt vermitteln kann. Wenn Sie auf der Straße an einen solchen Ort kommen, bringen Sie topografische Kontinuität mit und wissen, wo die düsteren Häuser enden und das lächelnde Land beginnt; aber einsam inmitten dieser kilometerlangen Straßen niedergelassen zu werden und dann an einem freien Tag das Unterfangen zu versuchen, bis zu dem letzten Haus auf den Feldern hinauszugehen und immer weiter zu gehen, und es scheint, als würde man nie eines erreichen Näher am Rande der finsteren Häuser ist ein Erlebnis, dessen Schrecken nur De Quincey zu schildern hoffen konnte. London ist größer, aber seine Straßen bieten vielfältigere Sehenswürdigkeiten. Hier, abseits des Zentrums von Manchester, dessen zentrale Architektur reich verziert, wenn auch schwarz ist, brennen die gemeinen, eintönigen Straßen einem in die Seele. Es war vor der Zeit der elektrischen Straßenbahnen, und ich lief immer weiter und immer weiter, ohne das Ende von Manchester zu erreichen, und ging dann in Old Trafford, besessen von der ganzen Angst vor allem, zurück; Ich dachte ziemlich wild darüber nach, ob es jemals zu Ende gegangen wäre.

Nachdem ich es seitdem erreicht und über mehrere Straßen verlassen habe, bin ich jetzt über seine Grenzen vollständig informiert, und mit diesem Wissen sehen die Häuser etwas freundlicher aus, und die Straßen scheinen nicht ganz endlos zu sein. Aber ich bin immer noch beeindruckt von der außergewöhnlichen Länge der gepflasterten Straßen und Wege – gepflastert mit Granitsteinen. Es gibt eine Gasse – eine Landstraße, denn sie ist von Hecken gesäumt –, die ich gefunden habe, als ich die Gegend mit dem

Fahrrad erkundete, und diese Gasse führte immer weiter und weiter, immer kurvenreich, kilometerweit und immer, wenn auch außerordentlich einsam und mit nie ein Haus oder ein Wanderer, gepflastert mit Granitplatten, deren Verlegung ein beträchtliches Vermögen gekostet haben muss. Es begann in der Nähe von Warburton und endete an einem missglückten Ort namens Broad Heath, und dennoch waren es mehr als sechseinhalb Meilen bis nach Manchester. Noch nie in meinem Leben war ich so aufrichtig erstaunt.

In Old Trafford befinden sich die Botanischen Gärten, die einst bewundernswert gelegen waren, jetzt aber so unpassend sind, als ob beispielsweise der St. James's Park neben der Commercial Road gelegen wäre. Manchester vergnügte sich dort auf vornehme Weise; Aber um zu sehen, wie Manchester sich nach einer Zeit harter Arbeit intensiv amüsieren kann, sollten Sie in der Ferienzeit die Belle Vue Gardens in Longsight besuchen. Der Ort ist der überaus *beliebte* Ferienort und umfasst Hampstead Heath, Rosherville und den Crystal Palace.

DIE FENIANER

Es gibt kein Ende, Manchester zu beschreiben: Es ist so groß und so vielfältig, und seine Geschichte umfasst so viele Kapitel. Man könnte etwas über die Fenian-Empörung vom 18. September 1867 sagen, als Sergeant Brett, verantwortlich für den Gefängnistransporter, der Gefangene zum Gefängnis Belle Vue brachte, in der Hyde Road von einer verzweifelten Bande von vierzig bewaffneten Männern erschossen wurde, die versuchten , die Gefangenen freizulassen Kriminelle, Kelly und Deasy. Von den Festgenommenen wurden Allen, Larkin und O'Brien zum Tode verurteilt und im New Bailey Gefängnis in Salford gehängt; seitdem in der perversen irischen Walhalla der Helden als „die Manchester-Märtyrer" bekannt.

MANCHESTER RATHAUS.

Bei einem anderen Blick auf Manchester muss man auf das große Rathaus am Albert Square achten, nicht nur, weil es weit über eine Million Pfund gekostet hat, sondern auch, weil es eine der wichtigsten architektonischen Verschönerungen der Stadt darstellt. Es wurde 1877 eröffnet und war, wie viele andere moderne öffentliche Gebäude hier, das Werk von Alfred Waterhouse. Der Stil ist ein angereichertes frühes Englisch und das Äußere ist bis zu einem gewissen Grad stattlich. Aber was sollen wir von dem schönen, aber dunklen Innenraum mit seinem Labyrinth aus Korridoren und seinen unerwarteten Auf- und Abstiegen sagen ? Der Fremde in Manchester muss sich jedoch unbedingt den Gefahren dieser Wildnis anvertrauen, denn in der sehr schönen und eindrucksvollen Serie von zwölf Freskengemälden von Ford Madox Brown wird er nicht nur eine Rechtfertigung präraffaelitischer Methoden finden, die mit einigen davon verbunden sind feine Farbgebung und einige sehr urige Zeichnungen, aber ein aufschlussreicher Bildkommentar zur Geschichte der Stadt.

Hinterstraßen

Allerdings ist die Kultur in Manchester nicht alles: Wie in jeder großen Stadt gibt es hier jede Menge Kultur. Einige halten den Vorort Cheetham Hill für das Nonplusultra an Würde und Bequemlichkeit, andere preisen Whalley Range, aber alle verunglimpfen gemeinsam das Redbank-Viertel und Angel

Meadow, oder Angel Street, wie sie meiner Meinung nach heute heißt. Jede nähere Bekanntschaft mit großen Städten und den auffälligen Vorstädten in ihnen, die üblicherweise Providence Place, Pleasant View und dergleichen genannt werden, wird den Leser auf die Aussage vorbereiten, dass Engel weder in Angel Meadow noch in Seven Dials in London leben. Kultur bleibt hier nicht lange. Ein indirekter Beweis dafür findet sich in einem kürzlichen Beschluss des Überwachungskomitees, einem Polizeibeamten „ein neues Gebiss auszustatten, um die Zähne zu ersetzen, die er bei der Erfüllung seiner Pflichten verloren hat". Es waren die Himmlischen aus dem Bezirk Angel Meadow, die dem Polizisten die Zähne ausgeschlagen haben. Halleluja! Der Ort ist nicht weit von der Kathedrale und den Strangeways entfernt Aber weder das Versprechen einer gegenwärtigen Bestrafung, das das Gefängnis für böse Taten bereithält, noch die Hoffnung des Himmels für die Reumütigen, die die Kathedrale verkörpert, reichen aus, um die scharlachroten Sünden von Redbank zu verblassen oder die Bewohner von Angel Meadow für einen zu gewinnen besseres Leben.

Wenn in einer großen Stadt eines sicherer ist als das andere, dann ist es, dass der Fremde keine Seitenstraßen erkunden sollte. Der Bürgerstolz wird dort auf Augenhöhe mit mir sein. Denn in der Tat sieht der Fremde in Seitenstraßen seltsame Anblicke, hört seltsame Sprache und riecht noch seltsamere Gerüche , die in herkömmlichen Ratssälen nicht erwähnt werden. Die Hinterstraßen unterhalten sich in einer eigenen Rede: Sie lesen ihre eigene Literatur und ernähren sich von Nahrungsmitteln, von denen die Vorderstraßen nichts wissen. Tatsächlich hat man in den Seitenstraßen und in der Front zwei Welten, die völlig unterschiedlich sind und wenig voneinander wissen und wahrscheinlich sogar noch weniger wissen möchten.

IX

DA es mir nicht möglich ist, mir Manchester in Kürze vorzustellen – denn das geht nicht –, werde ich ein paar Seiten mit ein paar Worten über die Trainingszeiten verbringen und dann zum Schluss kommen. Über diese Zeiten lässt sich wenig Gutes sagen, denn die Gasthäuser, in denen die Kutschen und Wagen ein- und ausfuhren, gehören fast ausschließlich der Vergangenheit an und alte Gasthäuser jeglicher Art sind heutzutage in Manchester selten. Das antike „Seven Stars" in Withy Grove ist jedoch nicht nur viel älter als die älteste Kutsche, sondern sieht mit seinen Fachwerkgiebeln und dicken Wänden auch so aus und ist sogar so alt, dass man es als Stiftskirche bezeichnen kann Die Kirche selbst ist ihr untergeordnet. Nein, es gibt sogar vor, das „älteste lizenzierte Haus Großbritanniens" zu sein. In der Nähe befindet sich das ebenso malerische wie antike „Old Rover's Return". Der „Stierkopf" in einer benachbarten Gasse mit dem fein geformten Stierkopf als Zeichen weckt gesellige Erinnerungen und Assoziationen mit der frühen Postzeit, und dort steht ein grotesk aus dem Lot geratenes Fachwerk- und Lattenrost. verputztes altes Mietshaus in Long Millgate, das einst das Gasthaus „Sun" war, der Ort, an dem Ben Brierley und seine Dialektkollegen in der Kaminecke Inspiration fanden. Auf dem alten Gebäude sind die Initialen „WAF" und das Datum 1647 zu finden, aber es ist offensichtlich mindestens ein Jahrhundert älter. Es ist zwar kein Gasthaus mehr, aber immer noch als „Poets' Corner" bekannt, und in seiner eher vagen Berühmtheit findet der Kuriositätenhändler, der jetzt die Räumlichkeiten bewohnt, zweifellos seinen Sinn.

DAS „SUN" INN, POET'S CORNER.

DIE „BRÜCKENWASSERARME"

Die wichtigste Poststation in Manchester war das „Bridgewater Arms", nahe der Ecke High Street und Market Street. Dazu kam die Royal Mail. In späteren Jahren zog HC Lacy in ein prächtigeres Gebäude an der Ecke Mosley Street und Market Street um: ein Haus, das seinerzeit ein schönes Privathaus gewesen war und damals noch den Vorteil hatte, einen sehr großen, gut bestückten Garten zu besitzen es gibt. Er gab diesem Haus den Namen „Royal Hotel and New Bridgewater Arms", und dazu kamen auch das Mail, das „Defiance" und andere schicke Busse. Es ist längst verschwunden und an seiner Stelle steht das heutige „Royal Hotel". Aber das alte Original „Bridgewater Arms" existiert immer noch, obwohl es jetzt und vor vielen Jahren als Lagerhäuser genutzt wird. Die Initialen BIM und das Datum 1736 befinden sich auf einem Ausguss, der auf den Bridgewater Place blickt, die schmale Gasse, an der das Lagerhaus liegt. Heutzutage ist es ein Lagerhaus, aber eine poetische Hommage eines ehemaligen Gastes des Hauses, der aus den Armen seiner Geliebten gerissen wurde, ist noch immer in das Glas eines oberen Fensters eingeritzt. Er hatte seine eigenen

Vorstellungen davon, wo Großbuchstaben und Satzzeichen vorkommen
sollten:

Adieu, ihr Ströme, die sanft fließen;

Ihr Frühlingsluft, die sanft weht;

Ihr Felder, durch fließenden Frühling Arraid ;

Ihr Vögel, die im Schatten trällern.

Unverletzt von dir könnte meine Seele fliegen,

Weder eine Träne vergießen noch einen Seufzer ausstoßen;

Aber gezwungen, sich von C(elia)s Charme zu trennen,

Alle Freude verlässt mein hängendes Herz.

1797

Diese verzierte Scheibe wird sehr sorgfältig vor Verletzungen geschützt,
indem sie mit Draht bedeckt ist, und daher wird die Klage des Liebhabers
wahrscheinlich so lange bestehen bleiben, wie das Haus steht.

Der „Pfau", auf den der „Peveril vom Gipfel" zurückgreift; der „Swan", wo
der „Independent" vorfuhr; der „Star", Treffpunkt des „Manchester
Telegraph", sind jetzt nur noch Namen; und die Zeiten, zu denen sie
gehörten, sind in Manchester vielleicht stärker vergessen als in jeder anderen
Stadt. Wenn man das Gewirr der verzweigten Straßenbahnlinien und die
Hunderte von schnell fahrenden Elektroautos betrachtet, die um fünf Uhr
morgens losfahren und erst nach Mitternacht aufhören und rücksichtsloser
und mit höherer Geschwindigkeit gefahren werden als anderswo, wird das
deutlich deutlich Manchester hat keine Zeit für die Vergangenheit und nicht
viel Muße, sich mit der Gegenwart zu beschäftigen.

X

ÜBERQUEREN SIE den Irwell über die Blackfriars Bridge und erreichen Sie Salford. eine Unterscheidung, soweit es den Pilger betrifft, ohne Unterschied. So wie London und Southwark sowie Brighton und Hove äußerlich eins sind, so sind es auch Manchester und Salford. Aber in der lokalen Politik sind sie alle getrennt und unabhängig, und wenn man ein aufmerksames Auge auf die Straßenbahnwaggons hier richtet, wird man sehen, dass es nicht nur eine Corporation of Manchester, sondern auch eine Corporation of Salford gibt; und wenn die vergleichende Pracht der Salford-Straßenbahnwagen ein Kriterium wäre, müsste Salford der wichtigere Ort von beiden sein. Ihr vergleichbarer Rang lässt sich jedoch anhand der Tatsache beurteilen, dass ein Oberbürgermeister den Stadtrat von Manchester und ein Bürgermeister den von Salford leitet; aber die merkwürdige Anomalie besteht immer noch, dass Manchester in den Hundert von Salford steht und somit das Größere zumindest in dieser Hinsicht in das Kleinere einbezogen ist. Dieser einzigartige Anachronismus ist ein Relikt aus jenen sehr alten Zeiten, als die Hundertschaften gegründet wurden. Zu dieser Zeit war Manchester selbst ein Ort, der weitgehend in Trümmern lag, das Ergebnis nordischer Feuer- und Schwertkämpfe, und Salford, das auf der anderen Seite des Flusses, abseits des Schauplatzes der Verwüstung, entstand, bot allen Anschein, sein Nachfolger zu werden Alter.

Das Donnern der Eisenbahnzüge über ihm und das Krachen und Rumpeln schwerbeladener Lastwagen entlang der Straße begleiten den Entdecker auf seinem Weg durch Salford. Aber in all dem gibt es eine Oase am Crescent, wo sich der Irwell in einer seiner weitläufigen Schleifen nähert und der weitläufige Peel Park auftaucht. Dahinter kommt wieder das unschöne Pendleton, und dann die Bolton Road und Irlam -o'- th' -Height – das heißt Irwellham -on-the-Hill –, die nicht so romantisch aussehen wie der Name. Hier steigt die Straße zu den immer düsteren Hochebenen an, die sich bis nach Bolton erstrecken und diesem Ort seinen alten Namen Bolton-le-Moors geben: düsterer als je zuvor, denn hier liegt das große Kohlefeld, das Manchester möglich gemacht hat.

Wenn wir durch Pendlebury fahren, mit den alten Zechen des Duke of Bridgewater in Worsley auf der linken Seite, tauchen wir in das Kohlengrubenviertel von Clifton ein, wo sich die Hebezeuge der Zeche Clifton Hall, die zusammengestellten Kohlewaggons und die Schienen gegenüber befinden Die Straße und die Abraumhalden, auf denen die ausgehungerte Vegetation nur bedingt Halt findet, bilden eine Verwüstung am Wegesrand. Auf der linken Seite sind die düsteren Moore zu sehen, mit vielleicht einer einsamen Kuh, die auf einem der wenigen verbliebenen Felder weidet, nur um die Veränderung hervorzuheben , die über die Szene gekommen ist; während auf der rechten Seite, weit unten, der Irwell fließt, inmitten eines seltsamen Gemisches aus wunderschöner Landschaft, alten Hallen und Herrenhäusern und unzähligen Zechen und Mühlen, deren Schornsteine Rauch und Dampf über das ganze Tal spucken . Wenn an windstillen Tagen ein stetiger Regen niedergeht und die Mischung aus Dampf und Rauch in einer grauen, wolligen Dampfmasse über die Landschaft verteilt , ist die Szene äußerst unheimlich; während ein nasser Tag in Kearsley oder Farnworth, Orten mit grauen Häusern und tristen Geschäften, eine Trostlosigkeit ist, in der selbst die Wirtshäuser, die die Gasthäuser abgelöst haben, keine heimtückische Fröhlichkeit ausstrahlen.

MOSES-TOR

Moses Gate, heute eine Art Nachfolger von Bolton und mit einem eigenen Bahnhof, war einst eine Mautstelle an der Schlagbaumstraße. Wer Moses war, außer vielleicht dem Pikenier, weiß ich nicht, und niemand vor Ort zeigt auch nur die geringste Neugier. Der Name wird wie selbstverständlich akzeptiert, zusammen mit den unschönen Umständen; aber Eisenbahnpassagiere, die zu günstigeren Orten fahren, sind darüber in der Regel äußerst amüsiert.

Bolton war früher von „trostlosen und unwirtlichen" Mooren umgeben, aber der Fremde mag bezweifeln, dass sie jemals so trostlos waren wie die heutige Umgebung der großen schwarzen, schmutzigen und unschönen Stadt. In der sehr fernen Zeit, als die umliegenden Moore diese Siedlung zum ersten Mal sahen, hieß sie „ Bothelton ", abgeleitet vom Wort „ Botl ", was „Gehöft" bedeutet. In diesen nördlichen Landkreisen gibt es mehrere „ botl ", „ bothal " und „bottle"-Präfixe oder Endungen von Ortsnamen: insbesondere Walbottle , in der Nähe von Newcastle, an der römischen Mauer gelegen; und „Bothel" kommt in der Nähe von Morpeth und in der Nähe von Keswick vor. „Bootle" hat einen ähnlichen Ursprung.

Schließlich wurde der Name auf Bolton abgenutzt: „Bolton-le-Moors", um ihn von Bolton-le-Sands an der Morecambe Bay zu unterscheiden ; Aber es ist schon viele Jahre her, dass dieses Unterscheidungszeichen zum letzten Mal verwendet wurde.

DER „ALTE MANN UND DIE Sense".

Es gab einmal eine Zeit, in der Bolton eine saubere kleine Stadt war, in der
unter idyllischen Bedingungen Wollstoffe, Fustian und Dimities hergestellt
wurden . Diese Industrien waren in vollem Gange, als im Jahr 1644 die
Streitigkeiten zwischen König und Parlament plötzlich auf den Plan traten:
Die parlamentarische Partei hatte den Ort, der zu seinem Unglück eine
ummauerte Stadt war, mit einer Garnison besetzt. Es kam Lord Strange, der
spätere Earl of Derby, aus Wigan mit einer Streitmacht, um es anzugreifen,
doch er wurde unter schweren Verlusten zurückgeschlagen und zog sich
zurück; Die Garnison wurde später von Manchester aus verstärkt und ihre
Stärke auf 3.000 erhöht. Der Angriff wurde erneut forciert, und dieses Mal
wurde die Lord Strange von Prinz Rupert mit 10.000 Mann unterstützt.
Zweihundert ergebene Kavaliere schlichen sich unter die Mauern, während
der Verrat, so hieß es, die Kavallerie hereinließ. Der darauf folgende Sturm
auf Bolton war eine der blutigsten Angelegenheiten des Krieges, und nur
wenige blieben von der Wut der Royalisten verschont. Mehr als sieben Jahre
später litt der damalige Earl of Derby unter den Exzessen, die er zusammen
mit Prinz Rupert bei dieser Gelegenheit zugelassen hatte; denn nachdem er
in der Schlacht von Worcester gefangen genommen worden war, wurde er
nach Bolton gebracht und am 15. Oktober 1651 am Market Cross in Church

Gate, gegenüber dem Gasthaus „Old Man and Scythe", enthauptet: mit grimmiger Fitness am Tatort das Blutvergießen selbst hatte zugestimmt. Eine Inschrift an der Vorderseite des Hauses erzählt: „In diesem alten Gasthaus verbrachte James Stanley, siebter Earl of Derby, die letzten Stunden seines Lebens vor seiner Hinrichtung." Das 1636 erbaute Haus war tatsächlich Teil seines umfangreichen Bolton-Anwesens. Was auch immer das ursprüngliche Zeichen des Hauses sein mag, das Geschenk ist zweifellos eine Anspielung auf die berühmte Heldentat von William Trafford aus Swithamley , der vorgab , ein Idiot zu sein, sein Eigentum vor der Plünderung durch puritanische Soldaten rettete. Sie entdeckten ihn, wie er in seiner Scheune einen Dreschflegel schwang und eintönig „Jetzt so" wiederholte, und so gingen sie, unfähig, ihm irgendetwas verständlich zu machen, weg. Unter der Tenne, wo dieser vermeintliche „Naturmensch" plapperte, lagen seine wichtigsten Wertsachen. Auf seinen Trick wird im Schild des Gasthauses „Old Rock House" in Barton bei Manchester hingewiesen, wo er in einem abwechselnd roten und weißen Gegenanzug und mit seinem Dreschflegel mit der Aufschrift „Jetzt so" dargestellt ist. Während hier in Bolton das karierte rot-weiße Kleid, das ein wenig dem eines Narren oder Narren ähnelt, beibehalten wird und er eine ähnliche Narrenmütze trägt, ist sein Dreschflegel im Laufe der Jahre zu einer Sense geworden.

Die „originale" Kopfaxt, mit der der blutige Graf, der sein Schicksal völlig verdient hatte, den Kopf enthauptete, wird zusammen mit dem Stuhl, auf dem er saß, im Gasthof gezeigt, der lediglich ein Wirtshaus ist. Zu den Reliquien am Sitz des Earl of Derby in Knowsley gehört jedoch auch ein angeblich identischer Stuhl, wo sich wahrscheinlich eine weitere Kopfaxt befindet. Der einzige Ausweg aus dieser peinlichen *Sackgasse* , um es allen recht zu machen, besteht darin, darauf hinzuweisen, dass ihm als bedeutender Persönlichkeit zwei Stühle zum Sitzen gegeben wurden und er zweimal hingerichtet wurde, und zwar von zwei Henkern! Fairer kann man es nicht sagen.

BOLTON

Es sollte hinzugefügt werden, dass der „Alte Mann und die Sense" in der Abbildung wie ein äußerst malerisches Fachwerkgebäude aussehen: Es handelt sich jedoch tatsächlich um gewöhnlichen Ziegelstein, und das „Fachwerk" ist nur ein Produkt des Pinsels des Anstreichers.

In „Bowton" hört man mehr als irgendwo sonst an der Straße die Gespräche der Lancashire-Leute, und die Menschen in der Stadt sind ebenso rau und rau wie alle anderen in der Grafschaft, sowohl in ihren Manieren als auch in ihrem Aussehen. Sogar in Lancashire spricht man von einem „rauhen Kerl aus Bolton", der weniger gebildet ist als die Leute von Wigan, St. Helens oder

Widnes; Das erinnert sehr daran, wie Walworth über den Mangel an Kultur in Whitechapel nachdenkt. Ein großer Teil dieser scheinbaren Schroffheit und Unhöflichkeit ist jedoch eher scheinbar als real. Der Londoner, der aus einer Gegend stammt, in der ein großer Teil der Unaufrichtigkeit und sogar Gefühllosigkeit hinter der Fassade konventionellen Verhaltens verborgen ist, ist überrascht und schockiert über die offenen Manieren und die sehr offene Sprache von Bolton und anderen Industriestädten, aber das gibt es Die Herzlichkeit gegenüber den Menschen ist unverkennbar. Dieser typische Charakter, „John Blunt", hat Lancashire sicherlich mit seinen Verwandten bevölkert.

Die Holzschuhe klappern immer noch auf den Bürgersteigen von Bolton, und man sieht noch immer keine Mädchen mit Schals, die zu den Mühlen gehen und sie wieder verlassen, aber selbst in den letzten fünfzehn Jahren ist Bolton enorm gewachsen, nicht nur in Bezug auf die Bevölkerung, sondern auch in Richtung eines höheren Lebensstandards. Doch zumindest für diesen Autor wird der Gedanke an Bolton immer an den Geruch von gebratenem Fisch erinnern; Denn es war an einem Winterabend vor langer Zeit, als er zum ersten Mal in die düstere Stadt kam. In den Läden mit frittiertem Fisch lag ein abscheulicher Gestank in der Luft, und überall auf den Bürgersteigen liefen diejenigen umher, die ihr Abendessen ohne Umschweife aus Zeitungen aßen. Hoch oben, gelb am dunklen Himmel, leuchteten wie giftige Augen die beleuchteten Zifferblätter der Rathausuhr, während immer wieder die Viertelstunden schlugen und die Stunden knurrten.

RATHAUS, BOLTON.

Bolton ist besonders stolz auf sein Rathaus, das 1873 eröffnet wurde und das erste dieser riesigen Gebäude mit monumentalem Charakter war, die in den letzten Jahren in Hunderten von Städten gebaut wurden, weniger um einen Bedarf zu befriedigen, sondern um der Bevölkerung zu gefallen Eitelkeit der Bürgermeister und Stadträte. Kein Wunder, wenn Kommunen Paläste für sich bauen und jede Abteilung königlich und unabhängig von den Kosten beherbergen, steigen die Preise immer höher.

BOLTON RATHAUS

Das im klassischen Stil gestaltete Rathaus von Bolton ist in den meisten Fällen eher imposant als nützlich. Eine beschwerliche Treppe führt hinauf zum Säulenportikus, und obwohl er großartig aussieht, ist er praktisch eine Qual für alle, die ihn oft erklimmen müssen.

Ein 220 Fuß hoher Glockenturm überragt dieses elefantenartige Gebäude, das 170.000 Pfund gekostet hat und ein so imposantes Aussehen hat, dass es der Vorläufer vieler anderer war; Der Entwurf wurde so bewundert, dass er von Leeds, Portsmouth und anderen Städten bis ins kleinste Detail kopiert wurde. Paddington schlägt ebenfalls vor, ein eigenes Modell nach dem gleichen Modell zu bauen. Aber der Bolton-Elternteil von allen ist sehr düster geworden; Aufgrund des Rauchs aus den etwa zweihundert hohen Fabrikschornsteinen der Stadt war er „so schwarz wie dein Hut".

XI

FIRWOOD: GEBURTSORT VON CROMPTON.

DIE interessantesten Orte in Bolton liegen paradoxerweise etwas außerhalb. Auf der Bury Road , wo die elektrischen Straßenbahnen rasen, finden Sie möglicherweise mit einigen Schwierigkeiten die kleine Abzweigung in Firwood, wo noch immer das bescheidene Geburtshaus von Samuel Crompton steht. Entlang der Hauptstraße marschieren die modernen Häuser prosaisch weiter nach Bury, aber an dieser kleinen Biegung, die steil abfällt und die auffallendste Unebenheit der Pflasterung in der gesamten Nachbarschaft aufweist, finden Sie eine Ecke , die ganz im Zustand der gesamten Landschaft zu Cromptons Zeiten ist . Immer ausgenommen natürlich die große Baumwollspinnerei, die hier steht. Wenn man nach Bolton hinabblickt, sieht man immer noch Waldstücke und verworrene Baumstämme – Tannenwälder oder andere –, aber an der Skyline sind, wie immer in Lancashire, Fabrikschornsteine zu sehen, die fantastische Rauchfahnen umhüllen. Unter den drei Cottages hier ist Cromptons frühes Zuhause durch eine Steintafel mit der Inschrift identifiziert:

Geburtsort von
SAMUEL CROMPTON.
Geboren im Dez. 3. 1753.

Ich betrachte dieses bescheidene, aus Stein gebaute Feldbett mit etwas Ehrfurcht. Es war jedoch kein Zeuge seiner Erziehung, denn als er erst fünf Jahre alt war, zogen seine Eltern nach Hall- i '-th ' -Wood, einem alten Herrenhaus, von dem die Besitzer in ein moderneres Wohnhaus umgezogen waren . Hier betrieben die Cromptons eine kleine Landwirtschaft, und hier starb Samuels Vater früh.

HALL-I'-TH'-WOOD

Hall- i '- th '-Wood (die Lancashire-Aussprache kann als „ Hauleythwood " geschrieben werden) steht in einer noch romantischen Lage in der Gemeinde Tonge, eine Meile von Bolton entfernt, an der Blackburn Road . Die großen und alten Eichenwälder, die einst das alte Haus umgaben, sind seitdem verschwunden, aber der Eagley Brook strömt immer noch in kleinen Kaskaden zwischen den Felsen der malerischen Schlucht, über deren Kamm sich die Halle befindet; und es gibt noch Waldstücke, die der Szene ihre waldige Schönheit verleihen. Es ist, ehrlich gesagt, eine Überraschung, da es am äußersten Rand des tosenden Verkehrs einer Hauptstraße mit Geschäften liegt, in denen Hausfrauen von lederbewehrten Metzgern aufgefordert werden: „Kauf, kauf, kauf": und ebenso entzückend wie überraschend.

Die „Hall in the Wood" ist nicht nur als Ort interessant, an dem Samuel Crompton das Spinning Mule erfand: Sie ist auch eines der schönsten Beispiele unter den vielen alten Hallen von Lancashire und zeichnet sich durch eine einzigartige Architektur aus. Es wurde in zwei getrennten und unterschiedlichen Perioden und in jeder Periode aus völlig unterschiedlichen Materialien gebaut. Es war ein gewisser Lawrence Brownelow , der 1591 den ursprünglichen Fachwerkteil errichtete, wie aus den Initialen von ihm und seiner Frau Bridget sowie dem Datum hervorgeht.

B
L B1591

auf einem Steinsims geschnitzt. Im Jahr 1637 wurde das Anwesen an Christopher Norres , einen Wolltuchhändler aus Bolton, verkauft, dessen Nachfolger sein Sohn Alexander war, ein Partisan von König Charles im Bürgerkrieg. Norres entkam glimpflich dem siegreichen Parlament, mit einer Geldstrafe von 15 Pfund und der Ablegung des Pakts und anderer Eide; und ließ sich dann hier nieder und baute den Steinflügel mit der Jahreszahl 1648. Mit ihm endete jedoch die Regentschaft von Norres , denn seine Tochter Alice heiratete einen John Starkie, dessen Nachkommen bis etwa zur Mitte des 18. Jahrhunderts hier lebten. Ihr witziges heraldisches Erkennungszeichen , sechs Störche für Starkie, ist noch immer in Gips zu sehen.

HALL-I'-TH'-WOOD.

Es war ein vernachlässigtes und heruntergekommenes altes Haus, in das die Cromptons im Jahr 1758 kamen. Aus wirtschaftlichen Gründen – damals herrschte die Fenstersteuer – waren alle unnötigen Fenster und einige, die wirklich notwendig waren, zugemauert, Regen kam durch das Dach, und Ratten rannten unkontrolliert von Raum zu Raum. Dort, in einem Haus, das eine Welt zu groß für sie war, lebten die verwitwete Mrs. Crompton und ihr kleiner Junge vom Erlös einer kleinen Farm und den unbedeutenden Gewinnen, die sie durch das Spinnen von Garn von Hand erzielte, da damals alles Garn gesponnen wurde. Samuel half beim Spinnen, vermutlich sehr gegen seinen Willen; und in der Plackerei wurde seine erfinderische Kraft in Richtung Arbeitsersparnis geweckt . Hargreaves' Spinning-Jenny von 1768 und Arkwrights Erfindung waren neu, als er mit der Planung begann, und seine Maschine nahm die Form einer Verbesserung an, die die Prinzipien beider kombinierte. Er war einundzwanzig Jahre alt, als er mit der Arbeit begann, und erst nach fünf Jahren vollendete er sie. Die Zeiten waren nicht günstig für Erfinder, Banden wütender Weber zogen durch die umliegenden Bezirke und zerstörten überall die Spinnereien, von denen sie glaubten, sie würden ihnen die Arbeit nehmen; und Crompton war ständig gezwungen, sein Modell zu zerlegen und es in den Mansardendächern seines windgepeitschten, von Ratten heimgesuchten Hauses zu verstecken. Aber schließlich ließ der Zorn des Webers nach, und dann konnte er experimentieren, ohne befürchten zu müssen, dass Haus und Modell zerstört würden. Dann jedoch entstand eine neue Gefahr. Allmählich wurde bekannt, dass Crompton eine wundervolle neue Maschine am alten Standort hatte, und viele waren diejenigen, die versuchten, ihr Geheimnis auf irgendeine

Weise zu lüften, darunter der schlaue Arkwright, Erfinder und Geschäftsmann: eine ungewöhnliche Kombination von Talente, die Crompton leider nicht besaß. Das Ergebnis war, dass das Geheimnis für einen erbärmlichen Betrag verraten und nicht einmal patentiert wurde. Fabriken wurden mit seiner Erfindung ausgestattet, und Fabrikanten schlossen sich zusammen, um als Gnadenakt hundert Guineen zu zeichnen, die, tausendfach vervielfacht, eigentlich ihm hätten gehören sollen. Im Jahr 1812 stellte Crompton fest, dass die Zahl der nach seinem Prinzip arbeitenden Spindeln insgesamt fünf Millionen betrug . In diesem Jahr schien eine Belohnung für ihn fast in greifbarer Nähe zu sein, denn als Anerkennung für seine Verdienste wurde eine Abstimmung über 20.000 Pfund vorgeschlagen, die dem Parlament von Spencer Perceval, dem Premierminister, vorgelegt werden sollte; Doch noch am selben Tag, als Perceval ein entsprechendes Memorandum in der Hand hielt, wurde er von Bellingham in der Lobby des Unterhauses ermordet, und der Vorschlag wurde nicht erneuert. Aber durch die Intervention einiger Freunde wurde ein Mahnmal für das Parlament vorbereitet, das von den wichtigsten Fabrikanten des Königreichs unterzeichnet wurde, mit dem Ergebnis, dass ihm die Summe von 5.000 Pfund gewährt wurde. Lassen Sie uns hier den exquisiten Humor der Sache beobachten. Die „Hauptfabrikanten" waren zu solchen geworden und hatten mit Hilfe von Cromptons Maultier großen Reichtum angehäuft, aber sie gingen gemein an die Regierung und belasteten so die gesamte Nation mit einer Summe, die sie selbst hätten aufbringen sollen.

Mit dieser Summe etablierte Crompton seine Söhne im Bleichgeschäft; Doch die Gründung scheiterte, und der Erfinder befand sich erneut in einer schwierigen Lage. Es wurde ein zweites Abonnement aufgebracht und eine lebenslange Rente für Crompton erworben, die etwa 63 £ pro Jahr einbrachte. Er genoss es nur zwei Jahre lang, denn er starb 1827 im Alter von 73 Jahren und wurde auf dem Kirchhof der Gemeinde Bolton begraben.

Der letzte Schicksalsschlag des Zynismus erfolgte erst 1862, als der unglückliche Erfinder bereits 35 Jahre im Grab gelegen hatte. Dann errichtete die Stadt Bolton, deren Fabrikanten ihm zu Lebzeiten den Lebensunterhalt verweigert hatten, eine Statue für den Mann, der ihre Stadt und zwanzig andere Städte groß und wohlhabend gemacht hatte. Unter denen, die bei der Enthüllung anwesend waren und in seiner Armut vor den in Roben und fein gekleideten Magnaten zurückschreckten, war Cromptons überlebender Sohn, damals zweiundsiebzig Jahre alt und in den ärmsten Verhältnissen. Palmerston schickte ihm schließlich eine Unterstützung vom Royal Bounty Fund.

Relikte von Crompton

Wenn die Geister der Verstorbenen wissen können, was in der Welt, die sie hinterlassen haben, vor sich geht, muss es im Jenseits bitteres ironisches Gelächter geben. Im Leben ausgeplündert und vernachlässigt, wird Crompton im Tod erst spät geehrt . Das düstere, verfallende alte Hall wurde durch die Großzügigkeit von Herrn WH Lever von den Vertretern der Familie Starkie gekauft, sorgfältig restauriert, mit persönlichen Relikten von Crompton aufbewahrt und der Stadt Bolton als bleibendes Denkmal geschenkt . Es ist jeden Tag kostenlos geöffnet. Dort sehen Sie Cromptons alte Geige, seine Bibel und seinen Stuhl sowie ein Modell seines Spinning Mule. Aber es gibt noch viel mehr. Alte Porträts und alte Drucke schmücken die getäfelten Wände und antike Möbel füllen den Raum. Die Täfelung stammt aus einem alten Haus in der Hare Street in der Nähe von Buntingford und eine fein geformte Gipsdecke ist eine Kopie des Gasthauses „Old Woolpack" in Deansgate, Bolton, das 1880 abgerissen wurde. Von der mit Steinplatten ausgelegten Terrasse des Gartens können Sie blicken hinüber zu Bolton selbst und den dicht gedrängten Schornsteinen, deren Dunkelheit den Himmel beleidigt.

XII

ES gibt zwei Wege aus Bolton heraus: nach Chorley und Preston; Unter den Namen Chorley Old und New Roads bekannt. Die alte Straße führt kurvige Höhen hinauf, und obwohl sie immer noch eine befahrbare Straße ist, hat sie einen solchen Charakter, dass jeder Reisende – der kein professioneller Erforscher alter Straßen ist –, der sich auf ihr befindet und die neue Straße unten flach verlaufen sieht, tief beeindruckt ist tut sich selbst leid. Der Weg in diese alte Straße führt über die Häusergruppe namens Dorfcocker – wo die „Tempest Arms" das Tempest- Wissen und ihr Motto „ Loywf as thow" zum Ausdruck bringen Fynds " – und entlang der Boot Lane. Von dort folgt ein steiler, stetiger Anstieg, vorbei am Gasthaus „Bob's Smithy" und den Cottages von Scant Row – der wegen seines kargen, hungrigen Aussehens so benannt ist – zum Gasthaus „Horwich Moorgate" mit dem Nebentitel „Blundell Arms". Hat irgendeine Behörde diese unglücklichen Gasthäuser entschädigt, als der Verkehr auf die „Neue" Straße umgeleitet wurde? Hoffen wir es, denn dadurch wurde ihnen zwar nicht der Lebensunterhalt entzogen, wie hätten sie sonst weiterleben können ?, aber ganz gewiss alles außer der bloßen Existenzgrundlage. Es bleibt noch ein Blick auf das Gasthaus „Moorgate", das zeigt, dass es nicht immer schlecht ging, Bier an Bauern oder Mühlenarbeiter zu verkaufen. Ach!

Von nun an, wenn man den Gipfel erreicht hat und nicht auf dieser windgepeitschten Höhe bleiben möchte, muss man absteigen: Das ist klar genug. Aber dieser Abstieg ist nicht einfach. Für Avernus gilt der Übergang als einfach und bequem; für Horwich, wo die alten und neuen Straßen zusammentreffen, ist er ein Märtyrertum, besonders wenn er mit dem Fahrrad unternommen wird. Und so steigen wir vorsichtig und mit abwechselnden Gebeten und Flüchen über die qualvollen Gruben und Schluchten in den vernachlässigten Siedlungen der Chorley Old Road hinab zur einzigen weniger furchterregenden Oberfläche der Chorley New Road in Horwich, wo wir die zweihundertste Meile erreichen Von London bis zu den großen seeähnlichen Stauseen der Liverpool Waterworks, die 1848 gegründet wurden und sich über ein langes Stück entlang der Straße erstrecken und das Gelände von Anglezarke Moor einnehmen. Bis zu einer Höhe von 1.545 Fuß erhebt sich im Hintergrund die düstere Masse des Rivington Pike, gekrönt von seinem gemauerten Leuchtfeuer. Dort oben gibt es mindestens zwei Dutzend weitere Stauseen unterschiedlicher Größe, in den riesigen, düsteren Mooren, in denen der Pike herrscht: Stauseen in Einsamkeit, die auf den

Kreis der geschäftigen Städte hinabblicken, die Bolton, Bury, Wigan, Blackburn und Preston umfassen, und die sie versorgen Bedürfnisse.

RIVINGTON PIKE.

Die großen Stauseen neben der Straße, die von einer hässlichen Zwergmauer und einem Eisengeländer abgegrenzt sind, sind voller Fische und ähneln in vielerlei Hinsicht natürlichen Seen; Aber die Landschaft, so kühn sie auch sein mag, ist struppig und karg, und die dürftigen Bäume wirken auf diejenigen, die an die weichere und üppigere Vegetation des Südens gewöhnt sind und ausgehungert sind. Aber wenn man den Mut hat, den Waggons voller Bohnenfresser aus Bolton zu folgen, die diese Szenen bevorzugen , wird man bei Dean, jenseits des Dorfes Rivington, ein recht bezauberndes bewaldetes Tal und einen Wasserfall finden.

RIVINGTON PIKE VON DER STRASSE.

MEILEN STANDISH

Das ist jedoch keineswegs der Weg nach Chorley; sondern eher eine Beilage: wenn auch um einiges appetitlicher als die Hauptstraße selbst. Chorley lag zu Lelands Zeiten, also vor vierhundert Jahren, in traurigen Trümmern. „ Chorle ", bemerkt er, ein mühsamer Reisender , „wunderbar arm, ohne Markt." Hier lächelt Ihr modernes Chorleianer das Lächeln des bewussten Wertes, denn der Ort ist das Gegenteil von dem, was er damals war, und ist wunderbar reich und bevölkerungsreich. Gleichzeitig kann ich überhaupt nichts dazu sagen, außer der fortwährenden Erzählung von Baumwollspinnereien, die hier durch den Kattundruck ergänzt wird. Es gibt eine alte Pfarrkirche mit Reliquien des heiligen Laurentius, ihres Schutzpatrons, die 1442 von Sir Rowland Standish aus der Normandie mitgebracht wurden und doppelt hinter Glas und einem Eisengitter eingeschlossen sind; und mit der kunstvollen überdachten Kirchenbank der Familie Standish aus Duxbury Park, in der Nähe . Zu den Vorfahren der Standishes zählen so unterschiedliche Charaktere wie der treue Knappe John Standish, der dabei half, Wat Tyler zu erledigen; und der viel berühmtere Miles Standish, „ein stumpfer alter Kapitän, ein Mann nicht der Worte, sondern der Taten", der 1584 geboren wurde und 1620 mit den Pilgervätern auf der Mayflower nach Amerika segelte. Die Chorley- *Gemeinde* Das Taufregister von 1584, in dem sein Name vorkommen sollte, ist unkenntlich gemacht, was die Theorie stützt, dass sein Anspruch, der rechtmäßige Erbe des Duxbury-Anwesens zu sein, von seinen zeitgenössischen Verwandten gefürchtet wurde, die auf diese Weise verdächtigt werden, dies zu versuchen es ungültig machen. Was auch immer seine Erfolgsaussichten waren, er gab sie auf, indem er nach Neuengland segelte, wo er zum bekanntesten dieser frühen Kolonisten wurde und in Longfellows „ *Courtship of Miles Standish" ihre Apotheose fand* . Der Dichter stellt ihn als den älteren, verwitweten Gouverneur von Plymouth dar, der in Priscilla verliebt ist und gleichzeitig zu schüchtern und zu beschäftigt ist, um selbst Liebe zu machen, und seinen jugendlichen Sekretär John Alden, der selbst in Priscilla verliebt ist, aussendet , um ihn zu umwerben sie, „das schönste Mädchen in Plymouth", stellvertretend. Der arme John ging wie befohlen seiner Mission nach und erfüllte sie loyal. Aber ohne Erfolg. Johns Argumentation zufolge schien Miles in jeder Hinsicht im Vorteil zu sein. Er war ein großer Mann, der Größte in der Kolonie und Erbe riesiger Ländereien; ein Gentleman, wie alle Standishes, mit einem silbernen Hahn mit rotem Kamm und Flechtwerk als Waffen und allem anderen. Aber diese großen Gaben bedeuteten nichts für Priscilla, die ebenso wenig wie jedes andere Mädchen das Liebesspiel durch einen Stellvertreter ertragen konnte, und als sie den wahren Stand der Dinge erkannte, fragte sie: „Warum sprichst du nicht für dich selbst, John?"

Ein 120 Fuß hohes Denkmal steht auf dem Captain's Hill in Duxbury zur Erinnerung an diesen beleibten, aber schüchternen Seemann und bildet, wenn die Elemente freundlich sind, ein auffälliges Wahrzeichen. Aber Regen ist Ihr Teil in diesen Breitengraden, was vielleicht der Grund ist, warum der Autor, der mit dieser Behinderung nicht allein ist, den „Meerblick" nicht gefunden hat, von dem das Schild eines Gasthauses am Straßenrand an der Straße von Chorley nach Preston spricht. Aber egal, ob es regnet oder die Sonne scheint, das ist kein Wunder, denn gemessen auf der Karte sind es von dort über das flachste Land bis zum Meer sieben Meilen.

Ganz in der Nähe, auf der rechten Seite, liegt Whittle-le-Woods – für die Amerikaner sollte der Name etwas Humorvolles enthalten, diese Nation der Schnitzer –, die für ihre alkalischen Quellen gefeiert wird (eine ausschließlich lokale Berühmtheit), souverän, wie man sagt, gegen rheumatische Erkrankungen, aber wirksamer scheint es beim Brauen zu sein, denn „Whittle Springs Ale" – eine Art Stingo – dringt einem auf Schildern und Horten bis nach Preston auf.

Clayton Green ist eine abgelegene Siedlung von Clayton-le-Woods, einem der mehreren unwichtigen Dörfer in der Nachbarschaft mit dieser ausländischen Verbindung. Über Clayton Green gibt es überhaupt nichts zu sagen, das in meiner Erinnerung nur der Ort ist, an dem ich in einem strengen Sommer unter den tropfenden Bäumen am Eingang eines Parks Schutz suchte und sah, wie ich dort zitterte Im kalten, nassen Wind kriecht ein hundertbeiniges Insekt glücklich in seine warme, gemütliche Spalte zwischen den Steinen der Trockenmauer, aus dem miserablen Tag heraus. Und der kalte Wind wehte, der Regen fiel, und die Motoren rauschten im knöcheltiefen Matsch der schlammigen Straße vorbei, und es waren noch über fünf Meilen bis zum Stadtrand von Preston.

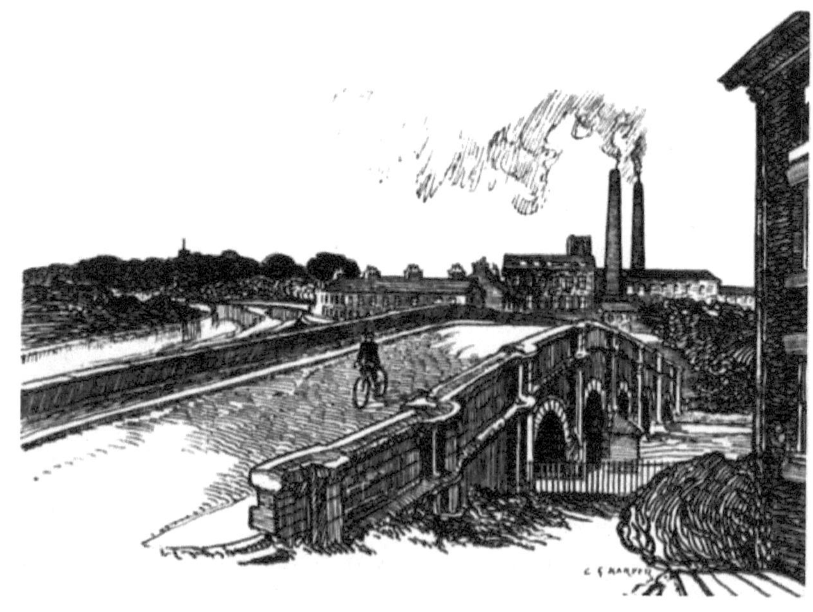

DARWEN BRIDGE UND WALTON-LE-DALE.

Bamber Bridge, wo Sie sehen, ist jetzt nicht die rustikale Brücke über den Nebenfluss des Ribble, die dem Ort seinen Namen gab, sondern ein sehr belebter und schmutziger Bahnübergang. ein bisschen wie eine geschäftige Stadt mit Baumwollspinnereien. Dahinter führt die Straße zum Ribble selbst und zur Darwen Bridge, die 1901 wieder aufgebaut wurde und der jüngste Nachfolger der ursprünglichen Brücke aus dem Jahr 1366 und 1752 ist.

Walton-le-Dale, das Dorf auf der rechten Seite, scheint ein eher friedlicher Ort zu sein und hat wenig Geschichte, aber es war beinahe Schauplatz eines blutigen Kampfes zwischen Katholiken und Presbyterianern beim Aufstand der Old Pretender im Jahr 1715. Fast Der gesamte katholische Adel von Lancashire war gekommen, um den Streitkräften des Prätendenten zu helfen, und der Aufstand stand kurz davor, sich von einem dynastischen Konflikt und einem Zusammenstoß zwischen Whig- und Tory-Idealen in die weitaus ernstere Angelegenheit eines Religionskrieges zu verwandeln. Der Aufstieg der Tories und der Katholiken löste bei den Whigs und den niederen Kirchenmännern heftige Feindseligkeiten aus, aber die meisten von ihnen ließen ihren Zorn in gewalttätigen Worten ab. Nicht so die tapferen Boanerges aus der abweichenden Kapelle von Chowbent in der Nähe von Bolton, die nicht nur Feuer und Gemetzel spuckten, sondern auch die Führung von achtzig Mitgliedern seiner Gemeinde übernahmen, die er an die Front marschierte; Die Vorderseite ist der Durchgang des Ribble gegenüber Preston. Dort postierte der umkämpfte Minister – dieser tapfere Parson Woods, „General Woods", wie sie ihn nannten – seine Männer, um der Überquerung des Flusses standzuhalten, und soll sein Schwert gezogen und geschworen haben, dass er als Erster durch den Körper rennen würde zeigte Anzeichen von Schüchternheit. Dort angekommen, nur bewaffnet mit dem, was Baines, der Historiker aus Lancashire, als „Geräte der Landwirtschaft" bezeichnet – was für ein schöner Ausdruck, der die Unbeholfenheit der armen krummen Sense und des Spatens abdeckt! –, vor einer starken Truppe von Rebellen, bewaffnet mit Geräten Im Hinblick auf den Krieg waren sie zweifellos schüchtern; Aber der mutige Vorstoß von General Wills rettete die Situation, und Parson Woods hatte keine Entschuldigung, seine Hände mit Blut zu beschmieren . Aber König Georg der Erste erkannte seinen Ernst und sandte ein Trinkgeld von 100 Pfund, das Woods umgehend unter seinen Männern aufteilte. Sie wiederum übergaben es für den Wiederaufbau ihrer Kapelle.

Im Übrigen bleibt nur noch eine Bemerkung zu diesem einzigartigen Epitaph aus dem Jahr 1685 in der Walton-le-Dale-Kirche, bevor wir die Brücke nach Preston überquert haben:

„Hier liegt der Körper einer reinen Jungfrau, verlobt mit dem Mann Xt Jesus, Frau Cordelia Hoghton , deren ehrenhafte Abstammung Sie kennen. Kenne jetzt ihren Aufstieg.“

XIII

ÜBERQUERT und zurückblickt, ist der Blick entlang des Tals auf die Stelle, an der Walton steht, bezaubernd. aber mit der außergewöhnlichen Expansion der Baumwollspinnindustrie in Lancashire und dem Bau vieler neuer Mühlen scheint es, als ob der Reiz der Landschaft vergeht. Die Mühlen sind bereits vom Nord- zum Südufer des Flusses rübergekommen.

Preston war schon immer als „stolz" bekannt. Der alte Reim lautete:

Stolzer Preston,

Arme Leute,

Hohe Kirche,

Niedriger Kirchturm.

Aber der Reim ist längst veraltet. Man würde zögern zu sagen, dass Preston in irgendeiner Hinsicht arm ist, obwohl der Vorwurf, dass die Kirche einen niedrigen Kirchturm habe, in den vergangenen Jahren sicherlich ausgeräumt wurde; denn der Turm von St. Werburgh ist besonders schön und erhaben und erreicht eine Höhe von 303 Fuß. Wenn es notwendig ist, einen Ursprung für den vermeintlichen Stolz des stolzen Preston zu finden, sollte ich ihn in der Tatsache suchen, dass die Stadt schon immer die Hauptstadt des Herzogtums Lancaster war, und nicht in der Geschichte ihrer Damen, die sich einst auch für sich selbst hielten überlegen, sich mit den Geschäftsmännern der Nachbarschaft zu paaren .

„Proud Preston" nimmt eine stolze Lage auf einem hohen Gelände mit Blick auf den Ribble und seine weitläufigen Ebenen ein. Der Name „Priesterstadt" leitet sich davon ab, dass der Ort einst im Besitz eines Benediktinerklosters war. Vor der Gründung des Priorats wurde die Stadt jedoch „Amounderness" genannt, was eher auf den Bergrücken oder Ness zurückzuführen ist als jetzt, ein auffälliges Objekt auf allen Ebenen. Penwortham, auf der gegenüberliegenden Seite des Flusses, war in dieser frühen Zeit der wichtigste Ort, denn dort stand die große Burg der Earls of Chester, die dem friedlichen Volk Schutz vor den Einfällen der Schotten bot; aber als die Grafschaft Lancaster zum Herzogtum gemacht wurde, und die Verteidigung Mit Sitz in Lancaster verfiel Penwortham und Preston wuchs bevölkerungsreich. Die Unsinnigkeit dieses Umzugs über den Fluss an einen Ort ohne starke Verteidigung wurde sofort deutlich, denn kaum war Preston zu einer wichtigen Stadt herangewachsen, kamen die Schotten unter Robert Bruce und brannten fast die gesamte Stadt nieder.

Insgesamt wurden Preston fünfzehn Urkunden verliehen, die von der Zeit Heinrichs des Ersten bis zu der Zeit Karls des Zweiten reichen; vor allem in Anerkennung seiner Bedeutung als Hauptstadt des Herzogtums Lancaster; und wünschenswerte Privilegien, wie das Recht auf Gefängnis und Galgen, Grabbein und Pranger, wurden hinzugefügt, damit Preston sich ganz unabhängig von Lancaster mit den hier anfallenden Fällen befassen konnte, die diese Instrumente der Gerechtigkeit erforderten.

Dennoch war es immer eine wohlhabende und geschäftige Stadt, wie das Alter ihrer Zünfte beweist; und erlitt im Parlamentskrieg erhebliche Verluste, als es Schauplatz zweier Kämpfe zwischen Royalisten und Rundköpfen war. Der erste war im Jahr 1643, als die Meinungen der Stadtbewohner geteilter Meinung waren und Kämpfe auf den Straßen stattfanden; der zweite im Jahr 1649, als eine royalistische Armee unter dem Kommando von Sir Marmaduke Langdale und dem Herzog von Hamilton von Clitheroe nach Ribbleton Moor vertrieben wurde , am Rande der Stadt, bei Cromwell, mit einer zahlenmäßig unterlegenen Streitmacht.

Der nächste Vorgeschmack auf kriegerische Zeiten war 1715, was für Preston eine sehr ernste Zeit zu sein schien; Denn bei der jakobitischen Rebellion, die dieses Jahr unvergesslich machte, spielten die Bürger der Stadt mehr als nur eine zu große Rolle als Wohlwollende der Sache. Sowohl englische als auch schottische Rebellen machten diesen Einfall aus Schottland zu etwas Neuem in der bewegten Geschichte dieser Dinge. In alten Zeiten waren die Schotten als Feinde aus dem Norden gekommen; Jetzt wurde der alte Prätendent, „Jakobus der Siebte von Schottland und Dritter von England", am Marktkreuz mit allen Zeichen der Zustimmung verkündet, und die Gastfreundschaft der Stadtbewohner und das Lächeln der jungen Damen wurden denen entgegengebracht, die ihn besuchten Man dachte, sie sollten derzeit „den Kurfürsten" in London verärgern.

Dieser freundliche Empfang brachte den Rebellen Unheil. Sie hatten Preston am 9. November erreicht, aber anstatt weiterzumarschieren und zu kämpfen, verbrachten sie die kostbaren Tage mit Schlemmen und Flirten. Und wie sich herausstellte, bildeten diese gastfreundlichen Bürger und hübschen Mädchen das, was Militärstrategen eine „Eindämmungstruppe" nennen würden. Sehr hilfreich für die königlichen Armeen, die sich beeilten, den Rebellen, die in der Stadt Preston gefangen wurden, so ordentlich wie möglich entgegenzutreten. Die Zahl der Eindringlinge betrug zweitausend, aber es ist typisch für das Missmanagement dieser unglückseligen Rebellion, dass sie seit dem 6. Oktober, als sich die nordumbrischen Jakobiten in Rothbury versammelt hatten, uneins waren. Später, als sie sich mit einer Gruppe schottischer Rebellen zusammengetan hatten und entlang der Grenzen und so hinunter nach Lancashire marschiert waren, gab es wenig Autorität und keine Disziplin. Die Schotten wollten in Schottland kämpfen, und die Engländer ihrerseits lehnten es ab, den Aufstand dort durchzuführen. Also zogen sie murrend und unzufrieden nach Süden, unter der Führung von Forster of Etherston , der zum „General" gewählt wurde, aber eine Person ohne angeborene Fähigkeiten oder erworbene militärische Kenntnisse und einfach einer der berühmten, seit langem abstammenden Northumbrian Forsters war ; Sie waren weniger wegen ihrer Verdienste berühmt als vielmehr deshalb, weil sie schon so lange in Northumberland existierten und so viele Hektar Land besaßen.

Entmutigt über die Schwäche der Invasion verließen fünfhundert der Aufständischen das Land und marschierten wieder nach Hause. Die restlichen fünfzehnhundert wurden in Preston durch den römisch-katholischen Adel von Lancashire, ihre Diener und Pächter auf die Zahl zwölfhundert verstärkt, aber sie scheinen eher eine Peinlichkeit als von Nutzen gewesen zu sein.

Über Manchester und Wigan kam General Wills im Auftrag von König George nach Preston. Seine Streitmacht zählte nur tausend Mann, und wenn die Invasoren von einem Soldaten oder sogar von einem Zivilisten mit normalem Mut und Entschlossenheit befehligt worden wären, wäre der Aufstand von 1715 möglicherweise erfolgreich gewesen. Aber Forster war ein erbärmlicher Kerl. Er hat Preston nicht einmal in einen angemessenen Verteidigungszustand versetzt . Es handelte sich nicht um eine ummauerte Stadt, und als Wills' Annäherung bekannt wurde, wurden hastig Barrikaden errichtet. Aber die ausgezeichnete Verteidigungslage vor der Stadt, wo die Straße hohl verlief und wo die Brücke über den Fluss allein von wenigen erfolgreich hätte gehalten werden können, wurde nicht ausgenutzt.

Als Forster von Wills' Marsch hörte, tat er mit Sicherheit etwas Außergewöhnlicheres als je ein anderer Militärbefehlshaber, als der Feind sich näherte: Er ging zu Bett! Ich glaube, wir hätten ihn mehr respektieren können, wenn er weggelaufen wäre. Wie es dazu kam, dass die anderen Anführer, die Earls of Derwentwater und Kenmure, ihn lediglich von seinem Sofa weckten und keine strengeren Maßnahmen ergriffen, ist ein Rätsel. Vielleicht wäre es besser gewesen, wenn sie es getan hätten; Denn obwohl die verbarrikadierte Stadt den Angriff von Wills am 12. zurückschlug und ihm tatsächlich schwere Verluste zufügte, erklärte sich Forster bereit, sich bedingungslos zu ergeben, und lieferte Lord Derwentwater und Colonel Macintosh als Geiseln aus und übergab die Stadt tatsächlich am 15.. Inzwischen waren die Katholiken aus Lancashire geflohen, und niemand sah, wie sie fortgingen.

Kämpfe bei Sheriffmuir und anderswo in Schottland, bevor der Aufstand niedergeschlagen wurde, aber die Kapitulation bei Preston markierte das Ende dieses Einfalls auf englischen Boden. Es wurden 1400 Gefangene gemacht, viele davon von beachtlichem Ansehen. Einige von ihnen waren halbbezahlte Offiziere, wurden als Deserteure behandelt und kurzerhand erschossen; Hunderte wurden nach Chester Castle deportiert und anschließend in die Sklaverei im Ausland verkauft; aber diejenigen, die die bewegenden Geister gewesen waren, wurden nach London gebracht. Unter ihnen waren die ungeheuerlichen Forster, Lords Derwentwater, Kenmure, Nithsdale , Carnwath , Widdrington, Wintoun und Nairn. Sie erreichten London am 9. Dezember; Sie ritten zu Pferd von Highgate aus, die Arme auf dem Rücken gefesselt, zum Klang der Trommel: ein gespielter „öffentlicher Auftritt", um die Hoffnungen zu verspotten , die sie in einer glücklicheren Stunde auf einen Triumphzug nach London geäußert hatten.

Insgesamt handelte die Regierung nachsichtig. Derwentwater und Kenmure wurden hingerichtet, 22 Rebellen wurden in Lancashire und vier in London gehängt; Doch Lord Nithsdale floh aus dem Turm, während er mit seiner Frau die Kleidung tauschte, und anderen wurde die Flucht gestattet oder sie wurden nach einer Weile begnadigt.

Forster entkam Newgate durch eine raffinierte List, die nur zu Zeiten möglich war, als Gefängnisse noch fast wie Hotels betrieben wurden. Er hatte Pitts, den Gouverneur, in sein Zimmer gelockt, und die beiden saßen dort und tranken Wein, während Forsters Diener den Aufseher des Oberwärters im Keller einsperrte. Dann verließ Forster den Raum, angeblich für einen Moment, kehrte aber nicht zurück, und der Gouverneur erhob sich alarmiert und stellte fest, dass er eingesperrt war. Während er vergeblich schrie und gegen die dicke Eichentür klopfte, hatten Forster und sein treuer Diener es bereits getan Sie verließen das Gefängnis und machten sich auf den Weg nach Rochford an der Küste von Essex, von wo aus sie sich nach Frankreich begaben.

Forster beteiligte sich nicht mehr an öffentlichen Angelegenheiten, sondern reiste nach Italien und starb 1738 in Rom. Hätte er in Preston eine ebensolche Feldherrschaft gezeigt wie diese auf seiner Flucht, wäre mit dem Prätendenten vielleicht alles gut gegangen.

Der Aufstand von 1745 hatte einen größeren Erfolg als der Aufstand von dreißig Jahren zuvor, aber wir finden, dass Preston den Rebellen dieser Zeit nicht in annähernd gleichem Maße Zuflucht und Ermutigung gewährte. Die

Fröhlichkeit von Preston war dieses Mal nicht für sie. Aber was bedeutete diese Fröhlichkeit überhaupt? Nach dem Maßstab der wilden Hochländer zu urteilen, kommen viele vielleicht erst in letzter Zeit aus ihren einsamen Tälern; aber vom englischen Standpunkt aus betrachtet scheint es sehr wenig zu sein, wenn man das damals vom einzigen Weinhändler der Stadt getätigte Geschäft als Vergleich heranziehen kann. Es scheint, dass der Kaufmann, der Manchester belieferte, in Preston lebte, dem Urlaubsort des Adels, und selten gebeten wurde, mehr als eine Gallone Wein auf einmal zu liefern: und das in einer Zeit, in der man sich normalerweise nicht mit Alkohol verband.

Damals war es ein sehr kleiner Ort mit kaum mehr als 6.000 Einwohnern; Doch als das Fabriksystem in der Baumwollproduktion eingeführt wurde, wuchs sie schnell und ist heute eine große Stadt mit mehr als 113.000 Einwohnern. Nichts anderes zeigt uns so anschaulich, wie weit wir von diesen Tagen in Bezug auf die Umstände und den Geist entfernt sind, als die einfache Gegenüberstellung dieser beredten Figuren, die weitaus beredter sprechen als die leidenschaftlichste beschreibende Schrift.

PRESTON: RATHAUS, HARRIS PUBLIC LIBRARY und SESSIONS HOUSE

PRESTON RATHAUS

In den Straßen und Häusern von Preston herrscht nach wie vor eine gewisse Pracht: eine aristokratische „Kreisstadt"-Umgebung, die nicht durch die Expansion des Industrialismus verschlungen werden konnte: ein Erscheinungsbild aus dem 18. Jahrhundert, das sich ruhig weigert, aus dem Leben gedrängt zu werden. In Preston mangelt es nicht an den Vorzügen des Lebens, soweit sie sich in vielen hübschen Teeläden und Restaurants widerspiegeln. aber lassen Sie den Fremden an einem Samstagabend in die

Stadt kommen, und er wird eine andere Phase des Daseins erleben, denn dann ist der Ort typisch für alle Städte in Lancashire bei diesem höchsten Marketinganlass. Die Straßen sind voller Menschen aus Preston und allen umliegenden Dörfern: Es ist ein Marketing- und Vergnügens-Saturnalia, bei dem die strahlend beleuchteten Geschäfte, die Schubkarren und die Shows um den Brauch Tausender gut gelaunter Mühlenarbeiter wetteifern, deren Der Wochenlohn brennt Löcher in ihre Taschen.

Das Rathaus von Preston war lange Zeit das herausragende Rathaus von Lancashire und eine Quelle besonderen Stolzes für die Stadtbewohner, doch andere haben es seitdem in den Schatten gestellt. Es wurde von Sir Gilbert Scott entworfen und sieht aus wie eine Fortsetzung des ebenfalls von ihm entworfenen Bahnhofs St. Pancras in London, der aus unerklärlichen Gründen in der Provinz verloren gegangen ist. Manchester, die größte Stadt, hält, *bien entendu*, alle Tricks, hat in den Rathäusern zu Recht ein Nickerchen gemacht und das Spiel gewonnen. Sogar in Preston wurde seine Vorrangstellung seitdem in Frage gestellt, denn auf demselben Platz steht das riesige Gebäude des Harris Institute and Public Library, das im ionischen Architekturstil entworfen wurde: ein sehr strenger griechischer Kontrast zum fröhlichen frühen Englisch des Rathauses. Aber es gibt noch spätere Konkurrenten, das Sessions House und das Post Office, die die Aufmerksamkeit herausfordern. Von diesen beiden stammt das erste aus der gegenwärtigen modischen eklektischen Renaissance, während das Postamt das Produkt des Office of Works und überhaupt keinen Stil ist. Der große Platz, auf dem diese verschiedenen Gebäude stehen, ist daher heutzutage in hohem Maße eine Ausstellung architektonischer Methoden, die unvereinbar sind und sich gegenseitig zerstören.

"ABSTINENT"

Außerhalb von Preston weiß wahrscheinlich nicht einer von tausend Menschen, wie das Wort „Abstinenz" in den Volksgebrauch gelangte. Es soll in jeder Hinsicht absichtlich von „Dicky Turner" erfunden worden sein, einem reformierten Trinker, der bei einem Treffen im September 1833 im Old Cockpit vehement gegen die Argumente der Gemäßigten deklamierte Alkoholiker und bestanden auf völliger Abstinenz. „Ich werde mich nicht mit diesem Moderationsversprechen zufrieden geben müssen", sagte er: „Ich werde für immer und ewig im Stich gelassen. "

„Gut gemacht", rief die Versammlung, und das Wort wurde mit Begeisterung angenommen.

„ TEETOTAL "

Es hatte keinen Bezug zu Tee, wie oft angenommen wurde, und es war auch nicht das Ergebnis eines stotternden Versuchs, das Wort „total" zu verwenden; denn Turner war kein Stotterer, sondern dafür bekannt, dass er in jeder Notlage Worte schmiedete; ganz zu schweigen davon, ein Täter dessen zu sein, was ein Ire als „Bullen" bezeichnen würde: wofür das Folgende ein hervorragendes Beispiel ist. Zur Förderung der Abstinenzbewegung sagte er: „Wir werden unsere Äxte auf unseren Schultern tragen und die große Tiefe durchpflügen, und dann wird das Schiff der Abstinenz galant über das Land segeln."

Ein Stein auf dem Kirchhof von St. Peter ist zu seiner Erinnerung und der Erinnerung an seine Mitarbeiter in ihrer Sache mit einer Inschrift versehen

Unter
diesem Stein sind
die Überreste von
RICHARD TURNER,
dem Autor des Wortes, begraben TEETOTAL ,
bezogen auf die Abstinenz von allen berauschenden GETRÄNKEN ,
der am 27. Oktober 1846 im Alter von 56 Jahren sein Leben verließ.

Hier – wo *haben* Sie diesen Hut her? – sehen Sie das furchterregende Spektakel (nach modernen Vorstellungen), das Dicky Turner bot.

Es ist zu beachten, dass in dieser Behauptung über den Ursprung von „Abstinenz" eine Einschränkung steckt, die allgemein nicht anerkannt wird. Dieser Vorbehalt wird im Allgemeinen übersehen, ist aber wichtig. Er war in der Tat der einzige Autor des Wortes in seiner Anwendung auf völlige Abstinenz, denn es war zu dieser Zeit in Irland gut bekannt und findet sich in den Schriften von De Quincey und Maginn. Aber jede Geschichte ist gut, bis die nächste erzählt wird, und in einer anderen Version soll „Abstinenz" aus der allgemeinen Unterzeichnung eines Versprechens zu mäßigem Alkoholkonsum entstanden sein: Diejenigen, die unterschrieben und auf völlige Enthaltsamkeit vorbereitet waren, fügten ein T für „total" hinzu ", zu ihren Unterschriften.

Um mit Preston abzuschließen: Hier wurde Focardi, damals ein unbekannter und bedürftiger Bildhauer, zu seiner längst berühmten Gruppe „You Dirty Boy!" inspiriert.

Als er in einem bescheidenen Vorort der Stadt übernachtete, wurde er Zeuge der Szene, in der die alte Frau den sich windenden Bengel schrubbte und ihn mit Seife einrieb. Als er die humorvollen Möglichkeiten einer solchen Gruppe erkannte , sicherte er sich die beiden als Models und machte sich sofort an die Arbeit. Er konnte weder den Preis von 500 Pfund vorhersehen, zu dem die Statue gekauft wurde, noch die weltweite Werbeberühmtheit, die ihr durch Bilder und nachgebildete Terrakotta-Statuetten durch die Besitzer von Pears' Soap zuteil wurde.

XIV

DIE zweiundzwanzig Meilen zwischen Preston und Lancaster sind eher wegen der Vorzüglichkeit der Straße als wegen des Interesses des Weges bemerkenswert. Wenn Sie die Haltestelle hinter Gallows Hill – oder dem, was einst unter diesem Namen bekannt war – erreicht haben, wo zahlreiche Rebellen von 1715 ihre Fehleinschätzung sühnten, und an der Stelle angekommen sind, an der die Straßenbahnen aufhören, wird die Straße hügelig, und zwar grenzt zunächst auf der einen und dann auf der anderen Seite an die Eisenbahn und den Lancaster-Kanal. In Hollowforth wurde 1853 aus den Steinen eines alten Obelisken, der früher auf dem Marktplatz von Preston stand, etwas errichtet, das wie ein altes Tor aussieht. Der kleine Fluss Wyre wird zweimal überquert, bei Brock's Bridge und Garstang. In Myerscough, wo das Hochziehen früher für Pferde sehr anstrengend war, ist die Inschrift zu lesen:

Um die Leiden
der Tiere zu lindern, die in unserem Dienst
arbeiten , wurde der steile Anstieg dieses Hügels auf Kosten von Mary und
Margaret Cross of Myerscough
IM JAHR 1869 abgesenkt
. Diese Tat der Barmherzigkeit appelliert an jeden Passanten, dass auch er
den Geschöpfen, die Gott gestellt hat, Barmherzigkeit
erweist unter seiner Hand

GARSTANG.

Garstang, das ziemlich schön an der Straße liegt, mit seinem alten Gasthaus „Royal Oak" und dem alten Marktkreuz, das für diejenigen, die sich um diese

Dinge kümmern, nicht im Geringsten an bessere Zeiten erinnert, war tatsächlich einst eine Marktstadt . Aber Garstang hat seine alte Bedeutung überlebt. Es gab eine Zeit, in der es einen Bürgermeister und eine Körperschaft besaß, die stolz auf das Jahr 1314 zurückblicken konnten. Selbst im Jahr 1680 war es wichtig genug, um eine Erneuerung seiner alten Gründungsurkunde zu erreichen, aber es hat längst alle Relikte seines alten Zustands verloren. Die störenden Bestrebungen des Kommunalverwaltungsrates fegten den Bürgermeister und seine Untergebenen im Jahr 1883 hinweg und beschenkten Garstang stattdessen mit einem schönen neuen Town Trust. Es klingt alles sehr verbessernd und wunderbar, aber der einfache Mann ahnt in all dem nur den Unterschied zwischen Tweedledum und Tweedledee; natürlich mit den unvermeidlichen rechtlichen Kosten für die Durchführung dieser wunderbaren Änderung.

Zu der Zeit, als Garstang einen großen Viehhandel betrieb, kam dieser einzigartige Charakter des 17. Jahrhunderts, Richard Braithwaite, der sich selbst als „betrunkener Barnaby" bezeichnete, mit seiner üblichen Haut auf dem Weg von Lancaster vorbeigestolpert.

Von dort nach Garstang, bete, dass du es hörst,

gibt es einen tollen Tiermarkt;

Als ich die Straße entlang joggte

Es war mein Glück, mich kennenzulernen

Eine junge Färse, die vor ihr

Nahm mich hoch und warf mich über sie.

Es gibt zwei Witze, die zu Garstang gehören. Das eine ist die anderthalb Meilen entfernte Pfarrkirche in einsamer Lage, das andere ist die Eisenbahn, die hier die Straße kreuzt. Heutzutage treiben die Bewohner, von denen die Zeit stark abhängt, die Straße heim, mit der Absicht, dem ahnungslosen Fremden, der vielleicht stehenbleibt, um das Kreuz zu begutachten, den großen Eisenbahnwitz zuzumuten. Sie fixieren ihn, wie es der alte Seemann, der Hochzeitsgast, tat, mit ihren glitzernden oder tränenden Augen, je nachdem, und fragen ihn mit heiserer Stimme und zeigendem Finger, ob er diese Eisenbahn sieht. Sicher, dass er das tut, kommt dann mit seltsamem Lachen die Antwort: „Die längste Eisenbahn in England, die ‚Garstang and Not End'." Nun ist die „Garstang and Knott End Railway" mit nicht ganz sieben Meilen wahrscheinlich die kürzeste in der Länge: daher dieses erstaunliche Funniment . Wo es jedoch endet, ist Pilling. Eines Tages , wenn die seit langem geplante fünf Meilen lange Verlängerung nach Fleetwood und die dortige Verbindung mit der Eisenbahn fertiggestellt sind, wird der Witz ausgestorben sein und der Humor von Garstang in schwärzester Nacht versunken sein.

„ BAY-PFERD "

Hinter Garstang erscheinen rechts die Bleasdale Fells. Die alte Bedeutung der Straße vor der Eisenbahn, die heute so schnell und häufig verkehrt, zeigt sich an den verschiedenen Gasthäusern entlang des Weges. Es gibt die Gasthäuser „New Holly", „Middle Holly" und „Old Holly" oder „Hamilton Arms". Das „New Holly" in Forton ersetzt ein älteres Haus mit demselben Namen, das noch immer in Hollins Hill auf der linken Seite an der alten Straße steht, die 1825 außer Betrieb genommen wurde. Sogar der Bahnhof „Bay Horse" am Straßenrand Der Name geht auf ein Gasthaus zurück, das einst als Umkleideraum für die Reisebusse diente. 1825 wurde das Gasthaus „Bay Horse" geschlossen und 1892 wiedereröffnet.

Galgate und Scotforth bedürfen keiner Beachtung, außer dass Ersterer seinen Namen vermutlich von „ Gaelgaet " erhalten hat , einer Passage für die Gälen oder Schotten, und dass der Name Scotforth eine ähnliche Bedeutung hat. Denn wir befinden uns jetzt in der Nähe des Landes, in dem es früher immer zu Grenzüberfällen kam: der Bezirk, zu dessen Verteidigung Lancaster Castle am einfachen Fluss Lune erbaut wurde.

XV

LANCASTER ist ein schöner Name, wenn er nur so ausgesprochen wird, wie er sein sollte; Aber der Reisende , der vielleicht so etwas wie ein Kenner schöner alter Ortsnamen ist, ist ein wenig schockiert, wenn er findet, dass die Stadt vor Ort als „ Lankystir " und die Grafschaft als „ Lankyshire " bekannt ist. Die alte bewegende Geschichte des Ortes verblasst und sinkt in dieser schrecklichen Aussprache.

Schließlich steckt in einem Namen sehr viel. Ein „Lancashire-Mann" hat einen kommerziellen Klang: Man erkennt darin den Spalt einer Münze, und in Wahrheit hat es eine moderne Angemessenheit, denn Lancashire ist heutzutage nichts anderes als kommerziell. Nennen wir ihn jedoch einen „Lancastrianer", dann wird er für die Vorstellung sofort zu einem umkämpften Krieger, der es wert ist, mit allen Umständen des Rittertums in den Rosenkriegen eine Rolle zu spielen.

LANCASTER.

Es gibt noch einige wenige Spuren der römischen Antike von Lancaster in der Burg – der Burg am Fluss Lune, die dem Ort seinen Namen gab –, aber es sind hauptsächlich normannische und mittelalterliche Umstände, in denen es vorkommt . Die Burg, der eigentliche Anfang und Ursprung von Lancaster, steht auf einem kühnen Hügel, der sich über die Lune erhebt, in einer so günstigen Verteidigungslage, dass die Natur sie fast mit Bedacht für diesen Zweck hätte bereitstellen können, und stellt die Festung dar , die von Roger von Poictou erbaut wurde hielt ganz Lancashire von Wilhelm dem Eroberer. Es lässt sich nicht genau sagen, wie viel von dem einstmals beeindruckenden römischen Castrum, das er hier vorfand, genau bekannt war, denn den Normannen ging es mehr um Eroberungen und die Sicherung ihrer militärischen Erfolge mit Festungen als um die Bewahrung von Antiquitäten. Der Kult der Antike war tatsächlich noch nicht geboren; und als der große Roger um 1094 mit dem Bau des düsteren Bergfrieds begann, der immer noch das Hauptmerkmal von Lancaster Castle darstellt, scheute er nichts an römischen Altären und skulpturalen Reliquien, die ihm in irgendeiner Weise nützlich sein könnten. Für ihn und seine Erbauer waren sie Relikte alter, vergessener Dinge, bereits tot und verdammt durch das Heidentum und die römische Herrschaft, vor einigen, sechshundert Jahren: eine so ferne Zeit zum Beispiel, wie von unserer Zeit zurück bis zu der von Edward dem Zweiten , was für uns kein unbeträchtlicher Zeitraum zu sein scheint.

So gingen in die Fundamente seiner immens dicken Burgmauern und in den Schuttkern viele Steine mit römischen Inschriften ein, die Antiquare heute sehr schätzen würden. Der Adrian-Turm mit dem Brunnenturm wurde ursprünglich in der Römerzeit erbaut: der erste bereits im Jahr 125 n. CHR . und der Brunnenturm im JAHR 305 n. Chr. von Constantius Chlorus. Roger, der Normanne, scheint diese repariert und ergänzt zu haben. In der Römerzeit war der Keller des Adrian-Turms ein Ort, an dem das Getreide für die Garnison gemahlen wurde. Später wurde daraus eine Bäckerei und seit 1892 ein Museum. Bei den Ausgrabungen im Jahr 1890 wurden ein alter Boden und eine beträchtliche Menge Schutt bis zu einer Tiefe von achteinhalb Fuß entfernt, wodurch das ursprüngliche Niveau zum Vorschein kam. Im Zuge dieser Arbeiten wurde ein Teil des römischen Mühlsteins zum Mahlen von Mais entdeckt, und hier verbleibt er zusammen mit so unterschiedlichen Objekten wie einem römischen Altar, der 1797 in den Fundamenten der Shire Hall gefunden wurde; einige Piken, die von den schottischen Rebellen von 1715 erbeutet wurden, verbotene Girlanden aus Fesseln, und ein „Stuhl des Verrückten", ausgestattet mit Bolzen und Ketten, wie er zu der Zeit verwendet wurde, als die dunklen unteren Kammern des Bergfrieds als Irrenanstalt des Landkreises dienten, und , zusammen mit der furchtbaren Behandlung, die den Wahnsinnigen zuteil wurde, diente nur dazu, sie in ihrem Wahnsinn zu bestätigen. Es gibt in der Tat einige sehr furchterregende Dinge in dieser alten Festung, dem Gerichtsort und dem Gefängnis von Lancaster Castle, das alles war, von der Residenz der Könige bis hin zum Schuldnergefängnis und dem Bezirksgefängnis .

Als Shire Hall, Sessions House, Assize Courts und Gefängnis bleibt es bestehen. Zu den gruseligen Sehenswürdigkeiten des Schlosses gehören vor allem die untereinander liegenden Kerker im Brunnenturm im Keller, in denen die Gefangenen im Dunkeln lagen und mit noch verbliebenen Eisenringen am Boden befestigt waren. Das Dach des oberen Kerkers zeugt von seiner Bauweise. Zuerst wurde die Erde mit einer starken Schicht aus

Korbweiden bestreut, dann ließ man flüssigen Zement darüber laufen und bildete beim Trocknen eine kompakte Masse.

Anschließend konnte die Erde unter dem raffiniert konstruierten Dach problemlos ausgehoben werden. Einige wenige Korbweiden sind noch darin erhalten.

Modernere Hilfsmittel der Justiz sind im Drop Room und im Crown Court selbst zu sehen, wo auf der Rückseite der Anklagebank möglicherweise noch das „Holdfast" und das Brandeisen zu sehen sind, das einst zum Brandmarkieren von Übeltätern mit einem M verwendet wurde die Muskelkraft des linken Daumens. Die Operation wurde vor Gericht durchgeführt und der Erfolg der Operation vom Obergefängniswärter mit der Formel „Eine faire Note, mein Lord!" verkündet.

„Eine faire Note, mein Herr."

Die tragischen Erinnerungen an Lancaster Castle reichen von mittelalterlichen Bluttaten über die Hinrichtungen von Gefangenen während der jakobitischen Aufstände bis hin zu den lediglich schmutzigen Hinrichtungen, seitdem es ein Gefängnis war . Von 1799 bis 1889, als die Burg nicht mehr als Gefängnis für ganz Lancashire diente, wurden hier nicht weniger als 228 Kriminelle gehängt.

Er ist ein glücklicher Besucher, der zur Eröffnung des Assize nach Lancaster kommt (es sei denn, er kommt zur Verhandlung), denn alte Zeiten leben wieder auf beim Festempfang der Richter durch die Javelin-Männer in ihrem blau-gelben Kostüm begleiten Sie sie zu ihren Unterkünften und stehen Sie bei der Eröffnung der Sitzung von Oyer und Terminer vor Gericht.

Der beeindruckende Zugang zu Lancaster Castle erfolgt über das Tor von John o' Gaunt, eines der vielen Werke, die von dieser historischen Persönlichkeit, Shakespeares „altehrwürdigem Lancaster " , hinzugefügt wurden, als sein Vater, Edward der Dritte, ihn zum Herzog von Lancaster ernannte und erzog Lancashire als Folge des Zustands der Pfalzgrafschaft. Der „ Altehrwürdige " selbst steht als Abbild in einer Nische über der Tür. Man möchte die Statue gerne als zeitgenössisch bezeichnen, aber die Reiseführer, in denen keine abfälligen Geheimnisse verborgen sind, erzählen die enttäuschende Geschichte, dass sie erst aus dem Jahr 1822 stammt.

JAVELIN-MAN.

LANCASTER CASTLE.

John o' Gaunt sollte man in Lancaster, im Schloss oder in der Stadt nicht meiden. Tatsächlich ist er im ganzen Land anzutreffen, denn er war nicht nur Herzog von Lancaster (obwohl das keine Kleinigkeit war), sondern besaß Herrenhäuser in fast allen Teilen Englands. Darüber hinaus ging aus ihm das Haus Lancaster, die Rote Rose, hervor, dessen Kämpfe mit der Yorker Weißen Rose eine so lange und blutige Reihe von Kapiteln in der englischen Geschichte bilden. Hier in Lancaster, vom „John o' Gaunt's Chair", dem obersten Turm des Burgfrieds , bis hinunter zur Horseshoe Corner, ist der große Herzog überall und schildert mit feiner Unparteilichkeit auf Ansichtskarten, Porzellan und Silberlöffeln. Horseshoe Corner ist eine ansonsten übliche Straßenkreuzung, bei der in der Mitte der Fahrbahn ein Hufeisen eingefügt wird. Es ist in dieser langen Zeitspanne repräsentativ für einen Hufeisen, das John o' Gaunts Pferd an Ort und Stelle gegossen hat, und wird alle sieben Jahre erneuert.

Die St.-Marien-Kirche, die an das Schloss angrenzt und von ihr nur durch die traurige Stelle auf der Terrasse getrennt ist, an der bei öffentlichen Hinrichtungen Verbrecher gehängt wurden, ist ein schönes, kühnes Bauwerk mit senkrechtem Charakter, über das man möglicherweise viel sagen könnte es auf architektonische Weise; aber es interessiert mich vor allem, weil es eine Gedenktafel aus Messing enthält, die inzwischen sehr abgenutzt ist, für Thomas Covell, achtundvierzig Jahre lang Gouverneur des Schlosses, sechsundvierzig Jahre Gerichtsmediziner und sechsmaliger Bürgermeister von Lancaster. Er starb 1639 im Alter von achtundsiebzig Jahren und ist Gegenstand des folgenden Lobgesangsvers:

Hör auf, hör auf mit dem Morgen , alle Tränen sind vergeblich , um zu helfen,

Hee's fledd , nicht tot; aufgelöst, nicht zerstört .

Im Himmel ruht seine Seele , sein Körper hier

Schläft in diesem Staub und seinem Ruhm jeden Tag Wo

Triumphe; die Stadt , das Land weiter weg,

Das ganze Land verkündet seinen edlen Wert.

Sprechen Sie von einem Mann freundlich , so höflich,

So frei und in jeder Hinsicht großmütig,

Diese Geschichte wurde hier im Großen und Ganzen erzählt , sehen Sie?

In Kürze zusammengefasst : Covell war er .

Er wird stehend dargestellt, mit zum Gebet gefalteten Händen; ein langes, vorne offenes Gewand, das den Blick auf seine hohen Militärstiefel freigab.

Kein fröhlicherer Kerl als der gute Covell hat jemals den Vorsitz über den Kerker und die Kleinstadt geführt. Gefangene, die das Glück hatten, nach Lancaster Castle gebracht zu werden, nutzten es als Landhaus; und damit sie ihre Freilassung zur Rückkehr rechtfertigten, gingen und kamen sie ganz nach Belieben. Einige von ihnen, das heißt. Päpstlichen Rekusanten war die größte Aufmerksamkeit gewiss, und der Bischof von Carlisle, der mit einigem Eifer über das Thema schrieb, erklärte: „Es steht ihnen frei, zu gehen, wann und wohin sie wollen; um zu jagen, zu feilschen und an Pferderennen teilzunehmen." Covell genoss das Leben und war anderen Menschen mit gleichem Temperament gegenüber freundlich gesinnt. Für Burton jedoch, einen der Puritaner, der nach Lancaster Castle geschickt wurde, um sich die Ohren abschneiden zu lassen, war dieser übermütige Gouverneur ein „bestialischer Mann".

„Drunken Barnaby" war nicht dieser Meinung. Zweifellos tranken die beiden so manches Bier zusammen; Barnaby schreibt ihn auf:

Ein reifer und weicher Jaylor

Die Welt hat keinen solchen Kerl.

John Taylor, der sogenannte „Wasserdichter", der auf seiner „ Pennyless Pilgrimage" nach Edinburgh und zurück die gastfreundlichen Tische vieler Männer heimsuchte, erzählt, wie

Der Iayler hatte ein gutes Bett, gute Betten, gute Laune ,

Wo ich nichts bezahlte und nichts fand ;

und kurz gesagt , er war im Amateurbereich weitgehend das, was sein Bruder beruflich war, der das Gasthaus „George" in der Stadt führte; und seltsamerweise war seine Frau nicht weniger gastfreundlich als er.

Wir sind es nicht gewohnt, Lancaster als einen Seehafen zu betrachten, aber in dieser Hinsicht war er einst viel wichtiger als Liverpool selbst. Das ist zwar lange her, aber noch nicht so sehr, sehr lange: tatsächlich nicht weiter zurück als zur Zeit Karls des Ersten, der das erhob, was man die „anstößige" Steuer nannte – aber welche Steuer es nicht ist , an den Steuerempfänger ? – von Schiffsgeld, veranschlagte Lancaster mit 30 £, Liverpool mit 25 £ und Preston mit 20 £. Was Manchester in seinem Schiffskanal mühsam und kostspielig gemacht hat, könnte von Preston und Lancaster, die näher am Meer liegen, leichter und billiger durchgeführt werden: und zweifellos wird eine Zeit kommen – aber darüber haben wir keine Bedenken. Mittlerweile gibt es in der Lune Lachse, wie Wanderer am Flussufer bei Crook o' Lune entdecken können, und Lancaster weiß noch nichts über große Handelshäfen. Angesichts der modernen Entwicklungen hat der Stadtrat jedoch das Bedürfnis nach einem Gemeindemotto verspürt. „Das altehrwürdige Lancaster " wurde vorgeschlagen, aber das Heralds' College war auf Genauigkeit bedacht und wies darauf hin, dass sich dies auf John o' Gaunt und nicht auf die Stadt bezog, und schlug stattdessen „Luck to Loyne" vor; und dementsprechend heißt es „Luck to Loyne".

Die schönste Aussicht auf Lancaster bietet sich von der Skerton Bridge, die den Fluss Lune überquert, an einem Punkt, an dem sich das Schloss und die alte Kirche St. Mary fein auf dem Burghügel gruppieren und zu Recht die herausragendsten Objekte bilden, so historisch sie auch sind. Unglücklicherweise hat die Entwicklung der Eisenbahn viel dazu beigetragen, ihre majestätische Einfachheit zu zerstören. Eine Eisenbahnbrücke vom grausamsten Gitterträgertyp, die von dem Punkt aus überquert, der unter dem seltsamen Namen „Green Ayre" bekannt ist, schneidet das schönste Bild in zwei Hälften, und eine Reihe von Abstellgleisen haben die grünen Ufer des Lune für immer zerstört Sie distanzieren sich und bilden unerwünschte Nachbarn für die überwältigende Schönheit des Ladies' Walk.

Die Skerton Bridge, die die Straße von Lancaster nach Carlisle führt, ersetzte im Jahr 1900 die alte Lune Bridge aus dem Jahr 1788, die ihrerseits ein viel älteres Bauwerk ersetzte.

WACHSTUCH

Aber der kommerzielle Geist hat das historische Lancaster erobert und Fabriken verschiedener Art strecken ihre Schornsteine in den Himmel. Die manuelle Herstellung von Wachstuch begann vor vielen Jahren in kleinem Maßstab in einem alten Schuppen, der von einem Malergesellen namens Williamson gemietet wurde. Das Unternehmen florierte schnell und entwickelte sich zu einem wohlhabenden Großhandelsunternehmen. Der Sohn des Malergesellen ist jetzt Baron Ashton, sehr zum Unmut vieler eifersüchtiger Leute, die seinem Vater in den Tagen der kleinen Dinge einen Job gaben. Es handelt sich um eine Industrieromanze, die dazu beigetragen hat, das Erscheinungsbild von Lancaster, der ruhigen, ernsten Landstadt von einst, zu verändern. Bis vor wenigen Jahren gab es dort ein kahles und karges Hochland namens Lancaster Moor, das die Stadt überragte. Heute ist es mit Bäumen und Sträuchern in den „Williamson Park" umgestaltet. Ein riesiges neues Rathaus ist ebenfalls ein Produkt von Williamson, und mit Blick auf ganz Lancaster und die Bedeutung des alten Schlosses selbst in den Schatten stellend, fesselt ein riesiges Schreckgespenst von etwas, das „Ashton Memorial" genannt wird, von nah und fern das Auge, wie ein St. Paul's Kuppel auf dem Hügel. Wenn Sie Lancaster von Norden her betreten, können Sie es genauso wenig verpassen, wie Sie es von Ludgate Hill aus verpassen könnten, St. Paul's zu sehen. Amerikanische Touristen fragen auf ihre malerische Art: „Wer zum Teufel hat es gebaut?" und ihnen wird gesagt, dass es zu Ehren und Ruhm der Familie Williamson erbaut wurde . Es weckt schreckliche Gedanken darüber, was den historischen Orten des alten England noch bevorstehen könnte, wenn jeder geadelte Hersteller von Tapeten, Abflussrohren und dergleichen das Gefühl haben wird, dass die Verdienste seiner Rasse ebenso prominente Werbung erfordern wie seine Waren .

XVI

DER Vorort Skerton an der Nordseite der Skerton Bridge führt zum Weiler Slyne , der auf einem Hügel mit Blick auf die Morecambe Bay liegt. Der Ortsname „ Slyne “ sieht in gedruckter Form genauso unangenehm aus wie die persönlichen Namen Silas, Matthias oder Jabez, und seine Bedeutung scheint, wie bei den ähnlichen Ortsnamen „Slindon“ und „ Slinfold “ in Sussex, offensichtlich zu sein der Forschung entgangen sein. Ein malerisches altes Herrenhaus, heute ein Bauernhof, mit einem seltsamen Eingang mit Inschrift

G

C M1681,

liegt an der Straße und umfasst mit dem alten Gasthaus „Cross Keys“ aus dem Jahr 1727 fast alles, was Slyne zu bieten hat . Hier kommt die Abzweigung nach links zur Hest Bank, am Ufer der Morecambe Bay, von wo aus alte Reisende , sehr mutig, bei Niedrigwasser eine Abkürzung über den tückischen Treibsand nach Grange und Cartmel nahmen, anstatt den Umweg von Carnforth zu nehmen und Milnthorpe. Lancashire ist hier in zwei getrennte und unterschiedliche Teile gespalten: Lonsdale südlich der Sande und Lonsdale nördlich; dazwischen kommt ein großer Teil Westmorlands.

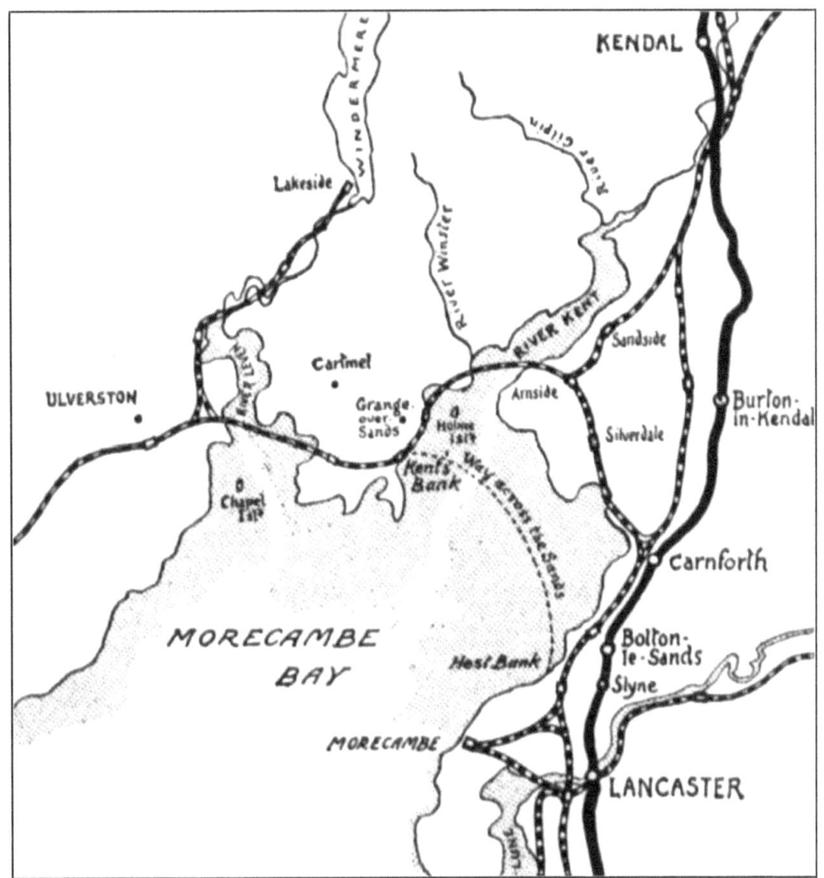

KARTE DER ROUTE „OVER-SANDS".

Die Geographie des Bezirks rund um Lancaster ist keineswegs einfach. Es ist ein Land, das an das Meer grenzt, das hier und da in Form großer Sandbuchten und langer, zungenartiger Flussmündungen kurzer, aber turbulenter Flüsse ins Land vordringt, die ihren Ursprung als Gebirgsbäche inmitten der düsteren Höhen haben der ewigen Hügel und Berge der Seenplatte haben ihre plötzlichen Stimmungen, die durch die Schneeschmelze und Regenstürme bestimmt werden. Die ferne Landschaft in der Umgebung von Lancaster ist immer von Berghöhen umgeben, und die flachen Küsten der Morecambe Bay wirken in diesen verschiedenen Kontrasten umso flacher und die weiter entfernten Fjälls erscheinen umso rauer.

Eine beträchtliche Anzahl dieser kleinen Flüsse ergießt sich von den Seen ins Meer: der Lune, der Kent, der Keer, der Winster , der Leven, der Crake und der Duddon. Die Straße weiter nach Kendal und Carlisle umgeht alle Flussmündungen und führt ereignislos weiter; Aber Reisende , die schnell zwischen Lancaster, Furness und Ulverston hin- und herreisen wollten, hatten keine andere Wahl, als sich bei Ebbe auf den gefährlichen Weg „Over Sands" über die innere Bucht der Morecambe Bay zu begeben. Die Alternative war die unwillkommene und früher auch gefährliche, nämlich den extravagant langen Umweg über Milnthorpe, Crosthwaite und Newby Bridge unter Whitbarrow zu gehen , wo sich die tückischen Moose ausbreiteten, die fast so gefährlich waren wie der Sand der Meeresküste die gesetzlosen und verzweifelten Viehzüchter lauerten. Angesichts dieser Probleme entschieden sich die Wanderer der alten Zeit im Allgemeinen für den Sand.

Die Geschichte von „Lancaster Sands", wie sie oft genannt werden, ist romantisch und melancholisch. Die gefährliche Überfahrt erfolgte zwischen Hest Bank und Kent's Bank, eine Entfernung von elf Meilen, über eine nasse Sandwüste, die bei Flut zwölf Fuß tief im Meerwasser liegt. In der heutigen Zeit des Eisenbahnverkehrs und seit 1864, als die Ulverston and Lancaster Railway eröffnet wurde, wird die Over-Sands-Route weniger häufig genutzt, und zwar hauptsächlich von Bauernkarren und neugierigen Touristen; Aber in allen früheren Jahrhunderten war es notwendig, und es wurden große Anstrengungen unternommen, um die Sicherheit der Reisenden auf der anderen Seite so weit wie möglich zu gewährleisten.

Die Sande werden erstmals von Tacitus in seiner Geschichte des zweiten Feldzugs erwähnt, den Agricola gegen die Western Brigantes führte , die Stämme, die Furness und den nördlichen abgetrennten Bezirk Lancashire, der heute als North Lonsdale bekannt ist, bewohnen. Die Römer scheinen mit ihrer üblichen kombinierten Gründlichkeit und Umsicht Dammwege angelegt zu haben, die die Mündungen des Kent, des Leven und des Duddon überqueren, deutlich landeinwärts von der exponierten Over-Sands-Route und etwas auf der Route der heutigen Eisenbahnbrücken; aber es gibt nur noch sehr wenige Spuren ihrer Handarbeit.

Die nächste historische Erwähnung findet sich erst im Jahr 1325, als der Abt von Furness beim König beantragte, seine Gerichtsbarkeit in diesem Bezirk auszuweiten, um die Leven Sands zu erfassen, die so gefährlich waren, dass viele Reisende, einmal sechzehn und dann sechs auf einem anderen war es von der Flut überrollt worden und ertrunken. Seiner Bitte wurde stattgegeben, und der Abt errichtete auf einer Insel auf halber Höhe der

Flussmündung eine kleine Kapelle, in der die Mönche rund um die Uhr für die Sicherheit bzw. je nach Fall für die Seelen beteten . von denen, die überqueren wollten. Es ist jedoch kaum anzunehmen, dass die Privilegien der Abtei auf diese Weise ausgeweitet worden wären, wenn die Hilfe für Reisende lediglich in Form von Gebeten erfolgt wäre. Eine praktischere Note war der Anbau eines Leuchtturms oder Leuchtfeuerturms an die Kapelle, verbunden mit der Bereitschaft der Mönche, Fremde zu führen. Seit 1820 erhält der Führer durch Leven Sands vom Herzogtum Lancaster ein Jahresgehalt von 22 £ und eine Zuwendung von drei Acres Land. Darüber hinaus erhält er gemäß den Bestimmungen des Ulverston and Lancaster Railway Act von 1851 weitere 20 Pfund pro Jahr als Entschädigung für Gebührenverluste, die durch die Eröffnung der Eisenbahn verursacht wurden; Denn obwohl er ein Beamter ist, erhielt er häufig Geschenke und freiwillige Honorare von denen, die er in der Zeit vor der Eisenbahn begleitete.

Die längere Reise von Hest Bank nach Kent's Bank stand unter der besonderen Obhut des Priorats von Cartmel, das schon früh einen offiziellen Führer unterhielt, der aus einem Zuschuss von Peter's Pence an das Priorat für diesen besonderen Zweck bezahlt wurde diesen öffentlichen Dienst zu leisten. Reisende kamen hier auch in den Genuss der Gebete der Mönche, die sie tatsächlich oft brauchten.

Mit der Auflösung der Klöster unter Heinrich VIII. verfiel dieses überaus notwendige Amt des Führers keineswegs. Die Kosten wurden dem Herzogtum Lancaster in Rechnung gestellt: „Der Carter über dem Kent", wie der Führer genannt wurde, erhielt vom Generalverwalter 20 Pfund pro Jahr und der Führer über die kürzere Passage des Keer 10 £ bezahlt. Der Carter hat zweifellos seine Pflicht erfüllt, aber die Sands forderten hin und wieder ihre Opfer. So sind in den Registern von Cartmel die folgenden tragischen Einträge zu lesen:

TRAGÖDIE

„ *1576, 12. September.* Ein junger Mann wurde begraben , der im Brodwater ertrank ."

„ *Am 1. August 1582* wurde ein Sohn von Leonard Rollinson aus Furness Fell begraben , der am 28. Juli am Grainge ertrank ."

„ *Am 4. Februar 1610* ertrank John Ffell , Sohn von Augustine aus Birkbie , auf Conysed Sands."

„ *1630, 10. August* , Wm. Bester Herr, ertrunken auf Melthorp Sands."

Allein die Register von Cartmel bezeugen, dass über 120 Menschen ihr Leben verloren haben, als sie die Kanäle dieser tückischen Küste überquerten.

Der Wettlauf weltlicher Führer durch ganz Kent begann nach der Übergabe des Priorats Cartmel mit Thomas Tempest. Der Sohn trat die Nachfolge des Vaters im Amt an, aber bald darauf scheinen sie Carters geworden zu sein; wahrscheinlich haben sie den Namen von ihrem offiziellen Titel übernommen.

Der Dichter Gray, der 1769 das Lake Country bereist, erzählt eine erbärmliche Geschichte einer Familie, die auf halber Strecke über die Sands vom Nebel erfasst wurde: „Ein alter Fischer erzählte mir in seinem Dialekt eine bewegende Geschichte, wie ein Bruder des Handwerks – ein Cocker , wie er ihn nannte – machte sich eines Tages auf den Weg, um die Sands zu überqueren, wie sie es häufig zu tun pflegten (für Niemand im Dorf kannte sie besser als der alte Mann. Als sie etwa auf halber Strecke waren, stieg dichter Nebel auf, und als sie weiterkamen , stellten sie fest, dass das Wasser viel tiefer war, als sie erwartet hatten. Der alte Mann war verwirrt. Er blieb stehen und sagte, er würde ein kleines Stück weitergehen, um ein Zeichen zu finden, das ihm bekannt sei. Sie blieben eine Weile für ihn, aber vergebens. Sie riefen laut, aber keine Antwort. Schließlich drängten die jungen Frauen ihre Mutter, darüber nachzudenken , wo sie waren, und weiterzugehen. Sie würde den Ort nicht verlassen. Sie wanderte verloren und erstaunt umher. Sie wollte ihr Pferd nicht verlassen und mit ihnen in den Karren steigen. Nach langer Zeitverschwendung beschlossen sie, umzukehren und übergaben sich der Führung ihrer Pferde. Die ältere Frau wurde bald abgewaschen und starb. Die Mädchen klammerten sich eng an ihren Karren, und das Pferd brachte sie, manchmal watend, manchmal schwimmend, lebend an Land zurück, aber bewusstlos vor Schrecken und Kummer, und viele Tage lang unfähig, über sich selbst Rechenschaft abzulegen. Die Leichen der Eltern wurden bei der nächsten Ebbe gefunden, die des Vaters, nur wenige Schritte von der Stelle entfernt, an der er sie zurückgelassen hatte.“

LANCASTER SANDS.

[*Nach JMW Turner, RA*]

Man erinnert sich noch heute an die Geschichte, wie in den Tagen, als Busse bei Niedrigwasser über Grange Sands fuhren, ein außenstehender Passagier seinen Koffer verlor, aufgeregt hinter ihm her sprang und dabei halb im tückischen Treibsand verschlungen wurde . Er wäre wahrscheinlich umgekommen, wenn der an den Ort gewöhnte Wächter nicht zu seiner Rettung gekommen wäre und ihn mit einem lauten „Glucksen", ähnlich dem Geräusch, das man macht, wenn man einen Korken zieht, herausgezogen hätte.

TRAGÖDIEN DES SANDES

Aber eine ernstere Angelegenheit war die von 1811, 129, als die Kutsche von Over-Sands, der Lancaster-Etappe, im Kent-Kanal umkippte, weil die Pferde unruhig wurden. Sie brachten die Kutsche zum Stehen, und die Strömung spülte den Sand unter den Rädern einer Seite weg, wodurch die ganze Angelegenheit völlig aus dem Ruder lief. Es war fast eine Tragödie, denn fünfzehn Passagiere, drinnen und draußen, wurden an einer sehr gefährlichen Stelle zappelnd im Sand und im Wasser herumgeschleudert. Eine junge Dame, die in voluminösen Kleidern den Kanal hinuntertrieb, wurde von der Wache gepackt und die Passagiere drängten sich an der Seite des umgestürzten Busses zusammen; aber das gesamte lose Gepäck wurde weggeschwemmt und ging verloren, und zwei Vorstehhunde ertranken. Die

Passagiere wurden auf den Rücken der Kutschpferde zur Landung gebracht, und die letzten wurden nicht allzu früh abgeholt; denn die Kutsche sank allmählich und wurde schließlich vollständig im Sand versunken.

Nur knapp entkam Major Bigland, der eines dunklen Abends in seiner Truppe von Lancaster aus überquerte, um Cartmel zu erreichen. Stattdessen fuhr er in Richtung Meer, und nur durch großes Glück gelang es ihm, in der Nähe von Conishead zu landen . Eine Postkutsche ging verloren und der Postbote und eines der Pferde ertranken 1821 in der Nähe von Hest Bank, und 1825 wurde die Lancaster-Kutsche auf halbem Weg umgehauen und ein Pferd ertrank. Die Passagiere konnten nur mit Mühe gerettet werden. 1832 versank die identische Kutsche im Treibsand. Viel später, im Jahr 1846, fuhren neun fröhliche Urlauber, die von der Pfingstmesse in Ulverston zurückkehrten, an einen tückischen Ort in der Nähe von Black Scar am Leven Sands und ertranken alle sofort. Und eine ähnliche Katastrophe ereignete sich für eine siebenköpfige Gruppe Landarbeiter überquerten die Kent Sands nach Lancaster im Jahr 1857, dem Jahr, in dem die Furness Railway eröffnet wurde und der Over-Sands-Bus eingestellt wurde. In jedem Fall waren die Leichen leicht zu finden; Dies ist ein Hinweis auf die düstere Geschichte eines alten Seefahrers, der auf die Frage, ob Führer jemals im Sand verloren gegangen seien, schlicht antwortete: „Ich habe nie erlebt, dass jemand verloren ging. Hin und wieder sind ein oder zwei ertrunken, aber in der Regel werden sie bei Ebbe gefunden."

DIE ZEIT DER ÜBERFAHRT

Um 1785 wurde eine Kutsche zwischen Ulverston und Lancaster in Betrieb genommen, die täglich über die Sandstrände fuhr. Die Szene an der Kreuzung war merkwürdig. Der berittene Fuhrmann ging an der Spitze und folgte im Allgemeinen einer Reihe von Karren und anderen Landfahrzeugen, die eine Prozession bildeten, die einer östlichen Karawane ähnelte, die die Wüsten Arabiens durchquerte. Die Führung durch den Carter war absolut notwendig, denn obwohl der Weg bei jeder Ebbe von einer Menschenmenge überdeckt werden konnte, verwischte die ankommende Flut unweigerlich jede Spur davon, und die Kanäle veränderten sich ständig. In einem zeitgenössischen Bericht heißt es: „Der Carter scheint ein fröhlicher und angenehmer Kerl zu sein. Er trug einen groben Mantel und ein Paar Stiefel und saß auf einem guten Pferd, das anscheinend bis zu den Rippen im Wasser stand. Als wir zu ihm kamen, empfahl er uns, bis zur Ankunft der Kutsche zu warten, die fast eine Meile entfernt war, da die Flut dann weiter draußen vorbei sein würde. Als die Kutsche herankam, nahmen wir in einer Prozession das Wasser und überquerten zwei Kanäle, in einem davon stand das Wasser den Pferden bis zum Bauch. Die Kutsche fuhr ohne die geringste Schwierigkeit hinüber, gezogen von schönen, großen Pferden. Auf der anderen Seite angekommen, erhielt der Carter unsere Trinkgelder und wir ritten weiter, wobei wir uns dicht an einer Reihe von Stäben hielten, die in den Sand gepflanzt waren, um den Weg anzuzeigen. Der Kanal ist selten zwei Tage lang zusammen am selben Ort. Vielleicht erstellen Sie das Diagramm eines Tages, und bevor die Tinte trocken ist, wird sie sich verschoben haben.“

Ein ausreichender Beweis für die Gefahren des Sandes ist die Tatsache, dass diejenigen, die ihn am besten kannten, schon immer diejenigen waren, die ihn und die „grausame kriechende Flut“, die sich mit der Drehung des Windes leicht von einer kriechenden Flut verwandeln kann, am meisten fürchteten zu einem zischenden, brodelnden Galopp über die gefährlichen Ebenen.

Es ist der Schrei des kommenden Feindes,

Reiten Sie, reiten Sie um Ihr Leben, Sir John;

Aber das Wasser wurde immer tiefer

Der wilde Meeresschaum strömte weiter.

Der richtige Zeitpunkt für einen Überfahrtsversuch ist fünf Stunden nach Hochwasser, aber auch dann nur bei schönem Wetter. Eine starke Meeresbrise wird die Flut bringen, eine ganze Stunde vor den Gezeitentabellen; Nach heftigen Regenfällen ist die Überquerung jedoch unmöglich, da das Hochwasser der Flüsse den Sand in alle Richtungen durchdringt und die gesamte Strecke in einen riesigen Treibsand verwandelt. Zu keinem Zeitpunkt sollte der Fremde die Passage ohne kompetente Hilfe versuchen.

Die Gefahren der Küste von Lancashire wurden noch einmal deutlich, als diese Zeilen geschrieben wurden, in der Untersuchung, die im September 1907 gegen John Richardson stattfand, einen Landarbeiter, der bei Broadfleet Bridge, Pilling, in der Nähe von Garstang im Treibsand versunken war . Während er über den Sand ging, sank er bis zur Hüfte ein, und da er weit entfernt von jeder menschlichen Behausung war, konnte man seine Schreie nicht hören; mit dem Ergebnis, dass er durch langsames Ertrinken einen schrecklichen Tod fand, während die grausame Flut über das einsame Ufer kroch.

Turners Bild von der Kutsche, die den Sand überquert, ist dramatisch, aber jetzt ist dort nichts Dramatisches mehr zu sehen. Es ist eine graue und düstere Szene. Auf der Skyline links ist der hohe, hässliche Turm von Morecambe zu sehen, und auf der rechten Seite sind verschwommen die Berge von Lakeland zu sehen. Die London and North-Western Railway verläuft entlang der Küste, sperrt an ihrer Station Hest Bank den ordnungsgemäßen Zugang, und die Over-Sands-Route wird nur noch selten genutzt.

XVII

CARNFORTH.

DAS Dorf Bolton-le-Sands, das am Lancaster-Kanal und in Ufernähe liegt, ist ein kleiner Ort mit vielen Gasthäusern – dem „Blue Anchor", „Black Bull" und anderen – und einer alten Kirche, die umgeben ist und fast überragt durch Bäume. Darauf folgt Carnforth , das fast während Sie warten, im neu entdeckten Wohlstand seiner Eisenhütten wächst, in denen eine beträchtliche Menge des Hämatit- Erzes des angrenzenden Furness-Distrikts geschmolzen wird. Dahinter können wir auf einer der Routen nach Kendal, über Milnthorpe oder über Burton-in-Kendal wählen, und nehmen die zweite Route, vorbei am Gasthaus „Longlands". wo Spuren einer älteren Straße nach Kendal zu finden sind. Eine Meile weiter existiert ein beträchtlicher Abschnitt davon, auf der linken Seite der heutigen Autobahn, als verlassene Straße, hier und da sehr schmal und mit Gras bewachsen. Im Allgemeinen haben die Landwirte es jedoch nach und nach abgeschafft und auf ihren Weiden eingesetzt, und selbst dieser verbleibende Abschnitt wird derzeit in ähnlicher Weise geschluckt und verdaut. Teile davon sind nicht ohne romantische Aspekte: So steht beispielsweise ein riesiger Granitfelsen, der seit Menschengedenken „Buckstone " genannt wird , in der Hecke und erinnert an die Prüfungen der Reisenden in einer vergangenen Zeit, als Straßen kaum besser waren als kurvenreiche Pfade und Wegweiser gab es nicht. Sie gingen, diese zitternden Reisenden , wie angewiesen „am

Buckstone vorbei ", der jahrhundertelang ein so sicheres Wahrzeichen wie alles andere in dieser Landschaft war. Und jetzt ist es vergessen, außer von den Bauern und Feldleuten und denen, deren Geschäft oder Vergnügen in den Nebenwegen und Hecken liegt. Viele umliegende Häuser und Naturobjekte sind nach den wilden Hirschen benannt, die einst das Viertel durchstreiften: darunter Roanad Hill sowie die Farmen Hilderstone und Deerslack .

Vom Buckstone aus sehen Sie den schroffen, terrassenförmig angelegten Hügel von Farleton Knott, den der County-Historiker als „das Gibraltar von Westmoreland" bezeichnet hat, und darunter die dicht gedrängten Häuser von Burton-in-Kendal; Aber bevor Sie diese verfallene Stadt erreichen, wird die alte Straße abgeschnitten und eine moderne Straße führt rechts auf die Autobahn, vorbei an Dalton Park, durch dessen Gelände die alte Straße gewunden verlief. Dennoch kann man ein paar Meter innerhalb der Parkmauer zwischen den Bäumen einen groben Meilenstein erkennen, der außer der Zahl „10" nichts als Inschrift trägt. Das war bitte die knappe Art, Reisenden mitzuteilen , dass sie zehn Meilen von Lancaster entfernt waren. Es ist offensichtlich, dass die Wanderer der alten Zeit ein gewisses Verständnis der Einheimischen mitbringen mussten.

Die alte Grenze zwischen Westmoreland und Lancashire, die in jüngster Zeit etwas verändert wurde, ist auf dem Weg nach Burton-in-Kendal auf einem Messingschild markiert, gegenüber einer Gruppe alter Cottages, die in einer Mulde neben der modernen Hochstraße stehen. Der Ort heißt Heron Syke , und die tiefe Mulde und das erhaltene Fragment der alten Straße veranschaulichen den alten Namen und weisen auf einen sumpfigen Ort mit einem Bach hin, der einst von Reihern frequentiert wurde.

DER BUCKSTONE.

Und hier sind wir in Westmoreland. Die Behörden haben noch nicht bestritten, ob es ursprünglich „Westmoreland" oder „ Westmereland " hieß, denn die Moore und die Meres, *also* die Seen, sind in der Grafschaft gleichermaßen ausgeprägt; und aus dem gleichen Grund gibt es keine einheitliche Schreibweise des Namens „Westmoreland"; mit zwei „e" oder mit einem. Das eine „e" scheint mittlerweile die beliebteste dieser Versionen zu sein , aber ich für meinen Teil entscheide mich für den romantischer wirkenden alten Stil.

Der alte Wollmarkt von Burton-in-Kendal ist ausgestorben, und das ist heutzutage ein sehr ruhiger, ereignisloser Ort, an dem eine schmale Straße mit grauen Steinhäusern in einen kleinen Platz mündet, auf dem die Granitsäule eines Marktkreuzes stand drei Stufen, Stände, die von einer Bedeutung zeugen, die ansonsten nicht nur vergangen, sondern fast vergessen wäre. Das Marktkreuz diente gleichzeitig als Stock und Pranger, denn die Stufen waren mit Vorrichtungen ausgestattet, mit denen geringfügige Straftäter buchstäblich „an die Fersen gelegt" wurden. Es gab zwei Paar davon, wie der Neugierige leicht erkennen kann, und dort, so sicher befestigt, waren die Schurken und Vagabunden aus Burtons geschäftigeren Tagen Spott, Beleidigungen und Geschossen ausgesetzt.

Das Marktkreuz und der Pranger, BURTON-IN-KENDAL.

In der Nacht des 30. April 1812 errichteten einige böswillige Personen nicht weniger als elf Tore auf der anderen Straßenseite zwischen Lancaster und Burton-in-Kendal, mit der Absicht, die Post zu stören; was tatsächlich nur knapp entging. Diese Schurken wurden nie gefasst.

Burton ist oder war ein treuer Ort und tut sein Möglichstes, um nationale Ereignisse zu feiern. Es liegt in der Natur der Dinge, dass es mit den knappen Mitteln, die ihm zur Verfügung stehen, nicht viel bewirken kann, und der Höhepunkt seiner Bemühungen zeigt sich in einer ganz gewöhnlichen Gaslaterne, die zum Gedenken an die Hochzeit des Prinzen von Wales errichtet wurde im Jahr 1863.

DAS „DUKE OF CUMBERLAND" INN UND FARLETON KNOTT.

Farleton Knott – die meisten Hügel in dieser Gegend sind „Knotts" – überragt auffallend die Straße nach Kendal und erhebt sich in grauen Steilhängen, Bergrücken und Terrassen über eine ebene Strecke, wo neben dem einsamen Weg das bescheidene alte, weiß getünchte Gasthaus „Duke of Cumberland" steht . Darauf folgt in beträchtlichem Abstand das Gasthaus Crooklands mit der Kirche von Preston Patrick auf der rechten Seite und der Weiler End Moor, die alle in einem grünen und fruchtbaren Tal liegen oder dieses überblicken, in das sich ein silberner Bach hineinschlängelt leuchtende Schleifen. Die Szene mit ihrem üppigen Gras und den schönen Bäumen könnte eher in einem der kühneren Teile von Surrey als im Norden liegen.

KENDAL CASTLE UND DIE STRAßE NACH KENDAL.

Jetzt nähern wir uns Kendal, dessen Burgruine einen abgerundeten grünen Hügel überragt und zerklüftete Mauern hervorragt, die fast wie ein Felsvorsprung aussehen. Kendal Castle scheint eine so bedrohliche Festung gewesen zu sein – und aus dem Norden, wo die meisten seiner möglichen Feinde herkommen könnten, sieht es immer noch besonders beeindruckend aus –, dass anscheinend niemand es jemals angegriffen hat. Sie gingen in die andere Richtung, wenn sich ein anderer Weg finden ließ, oder – noch besser – blieben zu Hause stehen.

KENDAL

In Kendal wurde die vielverheiratete Katherine Parr geboren, deren Familie zu dieser Zeit die Burgherren waren. Drittens wurde sie von Heinrich dem Achten geheiratet und hatte das Glück, ihn zu überleben. Wie wenig sie diesen königlichen Ehemann bedauerte, können wir daran erkennen, dass sie zwei Monate nach seinem Tod zum vierten Mal eine alte Flamme heiratete, Admiral Lord Seymour von Sudeley, und dann, ein Jahr später, im Alter von sechsunddreißig Jahren starb.

An der Straße nach Milnthorpe, eine Meile vor Kendal, steht das kleine Herrenhaus von Collin Field, ein Übernachtungsort, den die beeindruckende Dame Ann, Gräfin von Pembroke, oft auf ihren Reisen zwischen ihren verschiedenen Residenzen nutzte. Es wurde 1660 von ihrem Sekretär George Sedgwick gekauft, der lange dort lebte und seine Freizeit damit verbrachte, über seine große Geliebte zu schreiben. Das Haus ist ein bewundernswertes Exemplar der halbbefestigten kleineren Wohnhäuser dieser Zeit.

XVIII

UND also nach Kendal, über den Fluss.

Kendal, ursprünglich Kirkby Kendal, *also* Kirk-by-Kent Dale, ist in der Tat sehr wasserreich, denn hier schäumt der Fluss Kent, verstärkt durch Nebenflüsse, die aus den nebligen Hügeln herabfließen, in Wehren herab und wird auf einer Straße überquert und Nebenstraße, über nicht weniger als drei Brücken. Für den „sanften" Angler gibt es in diesen Gewässern gute Angelmöglichkeiten. Aber warum „sanft" und wo die Sanftheit mehr ist, als ich begreifen kann. Zum Spaß ködert der Angler seine grausame Angel, und wenn der Sport gut ist, fängt er, selbst ein Vorbild der „Natur, rot an Zähnen und Klauen", mit seinem teuflischen Widerhaken eine unglückliche Forelle oder Äsche in den Kiemen.

Die Straßen von Kendal sind größtenteils „Tore", wie Stramongate und Strickland Gate, und waren einst malerisch im strengen Stil dieser nördlichen Breiten; aber Kendal, heutzutage eine sehr wohlhabende landwirtschaftliche Stadt und in einer günstigen Lage am Tor des Lake Country, wird stark umgebaut und sieht für diejenigen, die vorbeieilen, kaum vom üblichen Ablauf der Provinzstädte entfernt aus. Autotouristen, die von und zu den Seen reisen, lassen sich nicht dazu herab, in Kendal Halt zu machen, und wer das tut, wird an jedem Sommer- und Herbsttag eine regelrechte Prozession von Autos bemerken, die von und zu diesen Ferienorten eilen und Kendal als einen unwillkommenen, eindämmenden Zwischenfall betrachten Bewohner und Hunde, die nur unter Gefahr für Auto und Geldbeutel überfahren werden dürfen.

Die große Kirche von Kendal liegt niedrig am Fluss und ist großartig, nicht in ihrer Höhe oder in irgendeiner imposanten architektonischen Gestaltung, sondern in der schieren Fläche, die sie einnimmt. Es hat nicht weniger als fünf Gänge und wirkt daher gedrungen. Es ist eine Art Westmoreland Westminster Abbey, der Ort der Bestattung unzähliger Barone und Gutsherren aus der Burg auf dem Hügel dort drüben und aus dem umliegenden Land. Ihre privaten Kapellen, in denen Parrs und Bellinghams , Stricklands, Howards und andere ruhen, sind jetzt nicht ein wenig abgenutzt und nicht mehr privat; und ihre Leichenruhmlichkeit wurde verdunkelt. Aber für jemanden der alten Schule von County-Historikern oder geduldigen Genealogen wäre das Innere der Kendal-Kirche mit Schraffuren, heraldischen Schnitzereien und blähenden Epitaphien ein Studium der Jahre. Für mich sind eher die seltsamen Vorfälle und die seltsamen Inschriften des Ortes interessant.

So hängt zum Beispiel in der einst privaten Kapelle der verstorbenen Bellinghams ein Helm mit einer Geschichte. Es scheint, dass einst, in den Tagen, als Cavalier und Roundhead ihren Streit ausfochten, im Bezirk Windermere eine Familie von Philipsons blühte, mit einer berüchtigten Person, Major Robert Philipson, an der Spitze: so wild und rücksichtslos, dass er allgemein bekannt war als „Robin der Teufel". Es ist kaum nötig hinzuzufügen, dass er kein Puritaner war. Dieser rüpelhafte Charakter war sehr erzürnt darüber, dass sich die Puritaner unter einem Oberst Briggs in der Stadt niedergelassen hatten, und machte sich eines Sonntags mit einer Anzahl Reiter auf den Weg, um den Oberst in der Kirche zu töten. Zum Glück für Briggs hatte er an diesem Tag nicht am Gottesdienst teilgenommen, und Philipson, der mit gezücktem Schwert über das Gebäude tobte, wurde von seiner Beute abgeschreckt. Allerdings scheint es nicht ganz sicher zu sein, dass Robin Glück gehabt hätte, wenn Briggs anwesend gewesen wäre, denn auch ohne Ihr Kommandant, die anwesenden Leute, ließen ihn laufen, und in seiner Eile wurde sein Helm gegen einen Torbogen geschleudert. Er hielt nicht an, um es zu bergen, sondern machte sich so schnell er konnte davon. So viel zu deinen Draufgängern. Der Helm wurde als Trophäe aufgehängt. Aber Smelfungus , der Altertumsforscher, der die besten Geschichten immer mit seinen trockenen Fakten verderben muss, erzählt uns, dass der Helm in Wirklichkeit ein Teil der Begräbnisrüstung von Sir Roger Bellingham ist, die über seinem Grab hängt.

Zu den interessanten Gegenständen in der Kendal-Kirche gehören Teile eines alten Kreuzes aus der Zeit um 850 n. CHR . und das Denkmal für über 150 Offiziere und Männer des 55. (Westmoreland-)Regiments, die bei diesem dümmsten aller Patzer, der Krim, fielen Der Krieg, aus dem außer den Vertragspartnern der Armee niemand einen Vorteil gezogen hat. Hier ist auch eine chinesische „Drachenflagge", die in Chusan erbeutet und 1874 in der Kirche deponiert wurde.

Hier befindet sich auch ein Denkmal für den unglücklichen Sir Augustine Nichols, Oberster Richter der Common Pleas, der 1616 auf einem Staatsbesuch in Kendal vergiftet wurde. Das merkwürdigste Objekt in der Kirche von Kendal ist jedoch das Epitaph eines ehemaligen Pfarrers, Reverend Ralph Tyrer , BD, der im Juni 1627 starb. Die seltsamen Reime, aus denen es besteht, sollen von ihm selbst geschrieben worden sein; aber wie auch immer das sein mag, es ist sicher, dass der Autor, der sie verfasst hat, ein großes Interesse daran hatte, die Nachwelt zu rätseln. Er hat es auch

effektiv gemacht. Er hat auf seine schroffe und unhöfliche Art dargelegt, dass
–

<table>
<tr><td>London hat mich großgezogen,</td><td>Westminster hat mich gefüttert,</td></tr>
<tr><td>Cambridge hat mich beschleunigt,</td><td>Meine Schwester hat mich geheiratet,</td></tr>
<tr><td>Das Studium hat mich gelehrt,</td><td>Das Leben suchte mich,</td></tr>
<tr><td>Das Lernen hat mich gebracht,</td><td>Kendal hat mich erwischt,</td></tr>
<tr><td>Die Arbeit drängte mich,</td><td>Krankheit machte mir Kummer,</td></tr>
<tr><td>Der Tod hat mich bedrückt,</td><td>Das Grab besaß mich,</td></tr>
<tr><td>Gott hat mir zuerst gegeben,</td><td>Christus hat mich gerettet,</td></tr>
<tr><td>Die Erde sehnte sich nach mir,</td><td>Der Himmel wollte mich haben.</td></tr>
</table>

„Meine Schwester hat mich geheiratet": Das ist der Kern der Sache; aber es scheint nicht, dass dies im eigentlichen Sinne ernst genommen werden sollte. Was die tatsächliche Interpretation betrifft, werden uns mindestens zwei Geschichten angeboten: Die eine, dass seine Schwester ihn als zu beschäftigten oder zu schüchternen Mann empfand, um selbst zu werben, ihn um sich werbte und ihm eine Frau ihrer Wahl gab . In diesem Fall hat sie viel gewagt. Die alternative Theorie besagt, dass das hier verwendete Wort „Schwester" eine akademische Bedeutung haben und darauf hinweisen soll, dass er in Cambridge ausgebildet wurde, aber anschließend *ad eundem* an der „Schwesteruniversität" Oxford zugelassen wurde.

Die Einwohner von Kendal waren in früheren Zeiten ein turbulentes Volk, das das eintönige Leben der Wollherstellung und des Baumwolldrucks durch Unruhen auflöste und so seinen guten Ruf bis in die frühen Jahre des 19. Jahrhunderts bewahrte, als die ersten Parlamentswahlen stattfanden Entschuldigung genug für einen Ausbruch. Das Herstellen und Färben des einst berühmten „Kendal Green"-Tuchs gehört der Vergangenheit an, und Frieden ist heute das charakteristische Merkmal von Kendal, doch der Ruf des Viertels für seinen scharfsinnigen Witz bleibt bestehen, und zwar in der alten Geschichte des Reiters, der fragte ein Landsmann der Zeit des Tages. „Zwölf Uhr", sagte der Mann und blickte auf den ländlichen Chronometer, den Himmel.

"Zwölf!" rief der Reisende aus . „Ich dachte, es wäre mehr."

„ Wussten Sie jemals , dass es Moor oder Zwölf ist?" gesellte sich zu dem Mann und wandte sich ab.

Der Reisende war beeindruckt von dieser ungewöhnlichen rustikalen Fähigkeit zur Schlagfertigkeit und schickte seinen Diener hinter ihm her, um zu erfahren, ob er eine Rolle als Narr spielen möchte.

„Hier, Kerl“, sagte der Diener, „mein Herr möchte wissen, ob du einen Platz als Narr haben möchtest.“

Die Antwort war entmutigend: „Will er dann zwei auf sie haben , oder wirst du gehen?“

Die turbulenten Menschen von Kendal haben ihren Charakter zweifellos aus den alten Verhältnissen des Ortes gewonnen, der ständig den Einfällen schottischer Plünderer ausgesetzt war. Starke Unabhängigkeit und die Bereitschaft, sich zu behaupten, werden so zu Eigenschaften dieser Männer aus den Tälern und Hügeln. Hinter der modernen, selbstgefälligen Fassade der Geschäfte in den älteren Straßen, in denen Häuser und Hütten um Höfe herum gebaut sind, zu denen nur enge Gassen führen, die im Falle eines Angriffs leicht zu verteidigen sind, ist noch etwas von den alten Prüfungen der Stadt Kendal zu erkennen.

Das letzte Mal, dass sich diese alten Verteidigungsanlagen wieder als nützlich zu erweisen schienen, war im Jahr 1745, als Prinz Charlie, in Erinnerung an dessen Unternehmungen dieser Weg so reich ist, mit seiner undisziplinierten Gefolgschaft kam. Aber es passierte nichts Ernstes: Der Prinz übernachtete in Stricklandgate , im alten, noch bestehenden Herrenhaus mit der Nummer 93, und ruhte sich dort erneut auf seinem Rückzug aus. Am nächsten Tag kam der Herzog von Cumberland ihm dicht auf den Fersen, und auch er hielt vor dem alten Haus an und bemerkte freundlich, dass sie am Tag zuvor seinen Cousin dort bewirtet hätten. Ich vermute, dass der mehr oder weniger unwillige Gastgeber des Prinzen und des Herzogs aus Angst vor Konsequenzen so höflich wie möglich erklärte, dass er bewirtete, wen er müsse.

SCHLOSSMILCH.

Schließlich gibt es in Kendal einzigartig wenig Bildqualität. Das alte Stadthaus der Bellinghams in Stramongate aus dem Jahr 1546 existiert noch, obwohl die Familie ausgestorben ist; aber es verwandelt die gewöhnliche Front eines Eisenwarenladens in die Straße. Tatsächlich kann man sich das alte Kendal nur in diesem schönen, robusten Gebäude, der Castle Dairy, in der Wildman Street vorstellen. Es soll die Molkerei des alten Schlosses gewesen sein und enthält noch immer einige der vielen alten und merkwürdigen Relikte, die in alten Schränken und geheimen Orten in seinen immens dicken Mauern zu finden sind, zusammen mit einigen Fragmenten von Buntglas, die das Wappen der Burg tragen Stanleys, Earls of Derby. Aber die seltsame Genealogie der sächsischen Könige und das alte illuminierte römische Messbuch wurden in die öffentliche Bibliothek gebracht.

XIX

Zwischen Kendal und Penrith, einer Entfernung von 26 Meilen, liegt der trostloseste und schwierigste Abschnitt des Landes auf der gesamten Strecke von London und Glasgow. Es ist der Bezirk dieses hochgelegenen Tafellandes, 1.400 Fuß über dem Meeresspiegel, das von den alten Kutschern und auch den Passagieren als „ Shap Fell" gefürchtet wurde. Das gesamte Wetter von Westmoreland entsteht inmitten der unwirtlichen Höhenlagen von Stainmoor und Shap Fell, die außerdem von dem lokalen Phänomen heimgesucht werden, das als „Helmwind" bekannt ist. Dies ist, vielleicht zum Glück für Reisende , kein Wintersturm, sondern ein verspielter Windstoß, der die Tage im Mai und Juni charakterisiert . Wenn der Tourist liest, dass es stark genug ist, um Pferde und Kutschen umzuwerfen, und dass sein Lärm zwanzig Meilen weit zu hören ist, wie Donner oder das Brüllen eines Wasserfalls, denkt er ernsthaft darüber nach, diese Etappe seiner Reise zu Ende zu bringen Schiene. Der Helmwind hat seinen Namen vom „Helm" oder der Kappe leichter Wolken, die zum Zeitpunkt ihres Wehens stundenlang unbeweglich am Himmel ruhen. Er weht über die Fjells von Westmoreland und Cumberland, rauscht an ihren steilen Hängen hinab und peitscht das Wasser der Seen in wütende Wellen und treibende Gischt.

Der Aufstieg zu dieser nicht sehr vielversprechenden Region beginnt mit einem sanften Anstieg an der Mint Bridge, eine Meile von Kendal entfernt. Es geht weiter, mit zunehmend steilerem Gefälle, aber mit zwei kurzen Gefälleabschnitten über neuneinhalb Meilen, bis der Gipfel erreicht ist. Obwohl Shap Fell einen so hässlichen Namen hat, übersteigt der Anstieg zu keinem Zeitpunkt 1 zu 10. Es ist eher der langwierige Charakter des Aufstiegs zum exponierten Gipfel, der die Straße bemerkenswert macht.

Coaching-Vorfälle

Die Trainerunfälle auf dieser Etappe waren bemerkenswert selten. Das wichtigste Ereignis dieser Art ereignete sich, als eine Landpost an der Kirbythore -Brücke am Hucks Brow umkippte, weil die Pferde vor einem recht harmlosen Wasserrad zurückschreckten. Die Kutsche stürzte zweieinhalb Meter tief in die Tiefe, ein Pferd kam ums Leben, doch damit endete der Schaden. Ein tapferer Wollhefter aus Yorkshire, der draußen ritt, wurde weggeschleudert und musste einen kompletten Salto vollführen, aber er landete sicher auf seinen Füßen und gerade noch rechtzeitig, um „in der Mitte" ein Paket aufzufangen, das davonflog wundersame Geschwindigkeit aus den Armen einer Frau und erwies sich bei der Inspektion als Baby. Als sie ihm zu seinem Einsatz gratulierten, sagte er trocken: „Ein streunendes Baby ist im Allgemeinen kein guter Fang für einen Mann."

Es war nur richtig und richtig, dass es auf einer Straße wie dieser nur wenige Amateurkutscher gab. Es hätte in der Tat einen höheren Ton an Anstand geklungen, wenn es überhaupt keinen gegeben hätte. Was die Post anbelangt, so verbot die Postordnung, nicht nur auf dieser Straße, sondern auf Straßen im Allgemeinen, Kutschern strikt, Amateuren das Fahren zu gestatten, und erwartete, dass die Wachen eingreifen, um etwas Derartiges zu verhindern. Einmal, als der junge Teather von Teather & Son, dem Postunternehmer, den Platz des Kutschers eingenommen hatte und seine eigenen Pferde lenken wollte, ergriff ein halb empörter und halb verängstigter Passagier die Zügel, weil der Wachmann dies nicht wollte ein Veto gegen die Vereinbarung einlegen. Was mit diesem Wachmann geschehen wäre, weil er seine Anweisungen nicht buchstabengetreu befolgte, wissen wir nicht, denn zu dieser Zeit gab es zufällig einen Regierungswechsel, und als der Wachmann etwas unverschämt wissen wollte, welcher der beiden Generalpostmeister – das Eintreten oder Ausscheiden – er sollte sich zu seiner Verteidigung äußern , die Angelegenheit durfte fallen gelassen werden.

Einer der wenigen privilegierten Amateure war Mr. James Parkin, der im Allgemeinen auf Teathers Gelände von Penrith in Richtung Carlisle arbeitete. Er gehörte zu denen, die nur die besten Gespanne lenkten, und gab daher auf, als die Eisenbahnen immer mehr in Bedrängnis kamen und die Pferde auf den kürzeren Strecken minderwertig wurden. Er pflegte zu sagen, dass es ihm egal sei, ein „Schrauber" zu sein. Er war eine sehr stabile, aber langsame Peitsche: zu langsam für die Post, und ihm fehlte die Energie, um seine Pferde über das galoppierende Gelände gleiten zu lassen, wo wirklich wissenschaftliche Kutscher die verlorene Zeit immer wieder aufholten. Tatsächlich hielt der Wachmann ständig seine Uhr hoch und ermahnte ihn, sie „mitzuschicken ".

Ramsay aus Barnton war ein recht guter Peitsche, wenn das Vieh gut war, aber er suchte sich gern seinen Boden aus. Nightingale, der große Coursing-Richter jener Zeit, war derjenige, der „eine Kutsche durch das Land fuhr". Er nahm die Pferde, wie sie kamen, ob Kicker oder Jibber, und hielt seine Zeit dank seiner guten Nerven und seinem feinfühligen Umgang mit den Bändern auf eine Sekunde.

Kutscher

Man sagte auch, Pfarrer Bird sei „seiner Arbeit gewachsen" und ein so gutherziger Mensch, dass er, als sich der reguläre Kutscher von Keswick nach Kendal das Bein brach, sechs Wochen lang seinen Platz einnahm und die Gebühren für ihn einzog . Es wird die Geschichte erzählt, dass eine Dame dem Pfarrer-Kutscher eines Nachmittags am Ende der Reise eine halbe Krone schenkte und ihm am selben Abend auf einem Ball in Kendal vorgestellt wurde. Er bat sofort um einen Tanz, aber sie war sehr empört darüber, dass ein Kutscher so etwas annehmen sollte. Die Angelegenheit wurde jedoch erklärt, und zwar zu einer solchen Zufriedenheit, dass sie nicht nur tanzte, sondern schließlich auch Mrs. Bird wurde.

Unter den regulären Kutschern nahm John Reed einen sehr hohen Platz ein. Er war ein beleibter und sehr stiller Mann: alles für seine Pferde und nichts für seine Passagiere. Er fuhr mit der Glasgow Mail von Carlisle nach Abington, probierte nie Bier oder Wein und hatte nie einen Unfall. Dies war umso bemerkenswerter, als Mr. Johnstone of Hallheaths , Besitzer von Charles XII., die Post mit nichts als Vollblütern eine Etappe entlang trieb ; und wenn sie „abgeflogen" wären, hätte nicht einmal Reed, so kräftig er auch war, sie zurückhalten können.

John Bryden war das genaue Gegenteil von John Reed und voller Fröhlichkeit und guter Geschichten auf der Verpackung. Die beiden Drydens waren in ihrem Stil sogar noch schneidiger: Einer hatte die Kunst, seinen Pferden das Traben beizubringen, während die meisten Männer sie im Galopp gehabt hätten; der andere war ein wunderbarer Sänger. Immer wenn die Post einen langen Anstieg erreichte und er die Geschwindigkeit drosseln musste, betörte er den Weg mit „Sie trug einen Kranz aus Rosen" oder „Ich weiß, dass eine Blume in meinem Garten wächst" in einem satten Tenor, der ihn gesichert hätte ein gutes Konzertsaal-Engagement in diesen Zeiten.

Ein weiterer bemerkenswerter Kutscher war „Little Isaac Johnson". Er blieb 35 Jahre lang auf der Box und hatte nie einen Unfall. Er war ein Meister im Umgang mit Pferden und achtete immer darauf, ihn zu seinem Anführer an der Seite zu machen. Wenn ein solcher dort hingelegt wurde, konnte er ihn härter bestrafen und schlug unruhigen Tieren gern in den Oberschenkel. Er könne sie „ziemlich aufmuntern", wenn sie weiter rebellierten.

Die Telfers waren Kutscher derselben strengen Schule und über die Shap-Tradition hinaus bekannt. Jem Barnes hingegen war fett und schwerfällig und hatte kein Feuer; so dass die Leute *sagten* , er hätte sowohl seinen Schlafplatz als auch seinen Galoppplatz. Aber zumindest eines Nachts, als er über Shap Fell nach Norden fuhr , gab es kaum eine Chance zu schlafen. Bei dieser Gelegenheit musste er nicht nur über alle Schneeverwehungen galoppieren, sondern auch einen Postboten und ein Paar an der Spitze anbringen. Der Stangenhaken brach mitten in der blendenden, schneebedeckten Reise, und die Hand seines beinahe Namensvetters, Jem Byrns, des Wachmanns, war fast am Schraubenschlüssel festgefroren, als er einen Ersatz-Stangenhaken hervorholte und ihn befestigte An. Der Schnee fiel die ganze Zeit in Flocken, so groß wie Kronenstücke, und die einzige komische Erleichterung war die Stimme einer „starken Dünung", die vom Logensitz unter einer perfekten

Schildpattbedeckung aus Umhängen und Pelzen kam: „Was? *"Hält ihr mich hier in der Kälte und wärmt eure eigenen Hände an der Lampe?"*

George Eade, ein anderer aus dieser angesehenen Gesellschaft, war sehr taub, hatte aber genug Gehör, um viele Beschimpfungen von Mr. Richardson vom „Greyhound" in Shap zu bemerken , weil er ihn seinen Pferden weggenommen hatte. Eines Tages kam Richardson heraus und war besonders langweilig – überhaupt nichts, worüber man sich beschweren könnte –, aber George, der nichts erkennen konnte und zu dem Schluss kam, dass er beim alten Thema war, hatte sofort seine Unterstützung. " *Häng dich auf!* „sagte er, „ *ich bin nicht vor meiner Zeit; Ich wette 5 £ davon; Schau auf meine Uhr!"*

Jack Pooley war ein großartiger Charakter. Als er sich aus der Box zurückzog, trat er der Yeomanry bei und meldete sein Pferd für eine Kavallerieplatte bei einer Rennveranstaltung. Zwei der Teilnahmebedingungen waren, dass es niemals 50 £ gewonnen haben durfte und außerdem ein Mischling sein musste. Da einige Einwände erhoben wurden, wurde es notwendig, ihn vor dem Ausschuss zu prüfen. Auf die erste Frage, ob sein Pferd jemals 50 Pfund gewonnen habe, antwortete er: „Nein, tatsächlich! Aber er hat dazu beigetragen, viele Fünfzig zu verlieren – er lief drei Jahre lang als Trainer eines Gegners." Die nächste Frage war: „Woher kommt er, Mr. Pooley?" "Von?" sagte Jack. „Ich würde sagen, er stammte von einem Kurzhornbullen, er ist so ein Teufelsbrüller." Die Antworten seien äußerst zufriedenstellend gewesen, heißt es.

Die Postkutscher auf der Shap- und Penrith-Etappe litten eine Zeit lang unter einer Stute, die am Ende von zwei Meilen nacheinander bei jedem von ihnen stehen blieb. Schließlich wurden sie alle ihrer überdrüssig, und es wurde angeordnet, dass sie nicht lebend zurückgebracht werden dürfe, wenn sie sich erneut weigerte . Sie machte sich auf den Weg zu dieser schicksalhaften Reise und schmollte plötzlich, wie es ihre Gewohnheit war, und setzte sich wie ein Hund mitten auf die Straße, die Vorderbeine ausgestreckt. Der Kutscher, vom Unternehmer mit der Macht über Leben und Tod ausgestattet, stürzte sich nicht in tragische Extreme. Er stieg herunter, holte ein Geländer aus der Hecke und schlug ihr mit der flachen Seite neunmal unterhalb der Knie. Diese Behandlung erwies sich nicht nur auf dieser Reise, sondern für alle Zeiten als wirksam, und sie war bis heute fügsam und willig.

Wie tapfer und beharrlich kämpften die Posten und Posten in Winternächten gegen die heulenden Windböen von Shap und Stainmoor , manchmal kämpften sie mit Schneestürmen und Schneeverwehungen, bei denen nicht nur der Kutscher und der Wachmann, sondern auch die Passagiere Hand an den Schneeschaufeln und Schneeschaufeln hatten grub und wühlte, bis Hände und Füße, die zuvor vor Kälte betäubt waren, wieder glühten! Wie ängstlich strengten sie, als das Graben und Graben fast wirkungslos und die Schneeverwehungen unpassierbar schien, ihre Sicht an, um in der trüben Nacht voller treibender Schneeflocken einen Blick auf die fröhlichen Lichter des Gasthofs am Straßenrand zu erhaschen, dem „Willkommen in Cumberland". Er erzählt Reisenden , die an diese Straße gewöhnt sind, nicht nur den Komfort, der ihnen zur Verfügung steht, sondern auch den Abschied von den Schrecken Westmorelands und die Annäherung an die geschützte kleine Stadt Penrith.

XX

Vier Meilen und drei Viertel von Kendal entfernt, bei WATCHGATE, eröffnet sich die schönste Aussicht entlang Sleddale . Dahinter befindet sich das Gasthaus „Plough" mit einem Bildschild und dem Reim:

Er, der durch den Pflug gedeihen würde,

Er selbst muss entweder halten oder fahren.

eine Aussage, der sich die Landwirte nicht einstimmig anschließen.

BOROUGHBRIDGE, SHAP FELL.

HUCKS BROW

Dahinter liegen wiederum Hucks Brow, das Ende der ersten Etappe aus Kendal, und Forest Hall, das zusammen mit der Abbey Farm in Shap eine der beiden größten Schaffarmen in Westmoreland bildet. Ein weiterer Anstieg von anderthalb Meilen und ein steiler Abstieg führen nach Boroughbridge, einem Weiler, in dem eine alte Brücke einen Gebirgsbach überspannt und der von einigen Cottages und dem Gasthaus „Bay Horse" benachbart ist. Von hier aus erfolgt der letzte und schwierigste Aufstieg. Eine alte Straße führt in Serpentinen weiter unten durch das Tal, vorbei an der Hausefoot Farm, aber sie hat schon lange keinen Zweck mehr, sondern nur eine rein lokale Bedeutung.

Die Straße über den Shap- Gipfel ist auf Torfmooren gebaut und muss ständig repariert werden. Die sumpfige Beschaffenheit des Fundaments fällt dem zufälligen Wanderer nicht ins Auge, kann aber leicht entdeckt werden, wenn man beim Vorbeifahren eines Autos daneben steht und es deutlich spürbar wackelt.

Beim Abstieg vom Gipfel in Richtung Shap- Dorf kreuzt sich die alte Straße auf der rechten Seite, und weiter rechts, eine halbe Meile über die Moore, erblickt man das Hotel Shap Wells, das sich aus seiner bewaldeten Senke erhebt.

Dr. Granville, der 1845 ein Werk über englische Spas schrieb, kam zu gegebener Zeit nach Shap Wells und bemerkt zu Recht die wilde und abgelegene Lage der Brunnen und des Hotels, legt aber keinen Wert auf die wirklich schreckliche Antike -Ei- Geschmack des Heilwassers, das, wenn seine Heilkraft im richtigen Verhältnis zu seinem Geschmack steht, notwendigerweise sehr bemerkenswert heilend sein muss. Er spricht eher von der Farbgebung des Wassers als vom *Blumenstrauß* und betont beredt seinen bläulichen, schillernden Farbton. Er war mitten im Sommer hier und fand im Hotel eine „Dame, die am 6. August an einem Grillfeuer saß (an dem ich übrigens auch gern teilnahm)". Aber trotz des seltsamen Geschmacks und Aromas des Wassers ist das Hotel stark frequentiert. Nicht das Wasser, sondern die erfrischende Luft macht nun den Reiz aus.

Gestalten

das Dorf Shap selbst keine durchschnittliche Höhe hat, scheint es nach dem vier Meilen langen Abstieg vom Gipfel recht geschützt zu sein. Wenn Sie das Dorf betreten, steht noch immer das alte „Greyhound"-Gasthaus aus der Zeit der Trainer. Und zwar nicht nur aus der Trainerzeit, sondern auch aus früheren Zeiten, wie die Tafel über der Tür mit der Jahreszahl 1703 verkündet. Dies war zweifellos das Gasthaus, in dem Prinz Charlie auf seinem Weg vorbeikam und die Wirtin als „traurige, imposante Frau" vorfand. Der seltsame Windhund auf der Tafel erinnert ein wenig an die sächsische Vorstellung eines Pferdes, wie es auf dem White Horse Hill in Berkshire geschnitzt wurde.

Zeichen des „Windhundes", SHAP.

Shap ist ein großes Dorf mit einem Viehmarkt und einem seltsamen gedrungenen Gebäude im Stil eines „Marktkreuzes", das heute als Gemeinderaum genutzt wird. Bei Touristen ist es jedoch vor allem für seine Abtei berühmt, die nur eine Meile entfernt in spärlicher Ruine existiert weg, in einer einsamen Situation: einsam, bis auf die große Abbey Farm. Sie erreichen es über einen Schafpfad und über eine schmale Brücke, die von den alten Mönchen so gut gebaut wurde, dass sie bis heute stabil steht und Mylord Lonsdale nicht durchlässt, wenn er Besucher in seinem großen Auto hinüberfährt, um das zu sehen Turmruine, praktisch alles, was von der Abtei übrig geblieben ist. Als ich hierherkam, gejagt von Regenstürmen und Gewittern, die zwischen den Hügeln rauschten und grollten, war die Unterkunft wichtiger, und ich weiß mehr von der freundlichen Gastfreundschaft der Farm als von den Altertümern der Abtei, die später Von allen gibt es nur wenige außer zerbrochenen Säulen und den Steinsärgen verstorbener und vergessener Äbte und Brüder. Die Abtei wurde 1541 von Richard Evenwode , dem letzten Abt, niedergelegt. Der Jahresumsatz betrug damals 154 £, was damals ein gutes Geschäft war. Heute durchstreifen schottische Bergschafe mit schwarzem Gesicht und Hörnern das Gelände der Abtei.

SHAP ABTEI.

Hackthorpe mit einer alten Halle, heute ein Bauernhaus, neben der Straße, bringt uns in die Nachbarschaft von Lowther Castle und seinem wunderschönen Park, dem Sitz des Earl of Lonsdale. Das Herrenhaus selbst, das 1808 von Smirke erbaut wurde, ist prächtig, in dem Sinne, dass es riesig und kostspielig zu bauen war und in seiner Ausstattung fürstlich ist, aber es ist weder ein Schloss noch gotische Architektur, obwohl der Architekt es entworfen hat, und der zweite Lord Lonsdale, für den es entworfen wurde, stellte es sich liebevoll so vor.

DER „Böse LORD LONSDALE "

Lowther, der „ böse Lord Lonsdale", d Cumberland für „Geist". Dieser einst berüchtigte Charakter, „dieser brutale Kerl", wie Boswell ihn nannte, war bis zu einem gewissen Grad exzentrisch und gab tatsächlich zu, „wirklich ein Verrückter zu sein, obwohl er zu reich ist, um eingesperrt zu werden". Eine seiner Exzentrizitäten war die Haltung von Wildpferden anstelle von Hirschen in seinem Park in Lowther. Zu reich und mächtig, um sich einen Scherz darum zu scheren, was man von ihm hielt, fuhr er in düsterer, veralteter Majestät in einer alten, schimmeligen Kutsche umher, die von struppigen, unbeschorenen Pferden gezogen wurde. Die Einfahrt dieser Equipage in Penrith, wo er den größten Teil des Besitzes und politisch gesehen alle Einwohner besaß, wurde mit schrecklicher Erwartung dessen, was er als nächstes tun würde, betrachtet und fast ebenso sehr gefürchtet wie die Ankunft eines bewaffneten mittelalterlichen Richters mit dem Auftrag, Rebellen vor Gericht zu stellen.

Zu seinen Lebzeiten war er ein Vertreter der schlimmsten und gröbsten Feudalbarone des Mittelalters, doch sein Tod versetzte ihn in noch größere Angst. Die ehrfurchtsvollen Bauern erzählten noch lange, wie er mit Mühe beerdigt wurde und wie, während der Geistliche für ihn betete, sein schelmischer, körperloser Geist den erstaunten Geistlichen beinahe von seinem Schreibtisch gestoßen hätte. Es folgten Unruhen in der Halle und Lärm in den Ställen, und Männer und Pferde hatten keine Ruhe. Die Halle wurde fast unbewohnbar, und im Freien bestand ständig die Gefahr, dem edlen, aber bösartigen Spuk zu begegnen, entweder beim Fahren in seiner gespenstischen „Kutsche und sechs" oder auf einem Spaziergang über die dunklen Straßen. In einem verzweifelten Fall dieser Art hielt man einen katholischen Priester für unerlässlich als Geisterschicht. Die etablierte Kirche würde nicht dienen, und was Andersdenkende betrifft – bah! Der Priester kam und betete, aber Jemmy war hartnäckig und hielt einer langen Belagerung stand, und als er von allem, was heilig war, beschworen wurde, war er nur bereit, ins Rote Meer verbannt zu werden – wo lästige Geister als eine Art spirituelle Botanikbucht angesiedelt sind – für ein Jahr und einen Tag. Dies wurde als nicht gut genug angesehen. Der Bezirk hatte im Leben zu viel von ihm erfahren und wünschte sich sehnlichst, endgültig von seinem Geist erschossen zu werden, und so wurde der Priester gedrängt, so viel zu beten, wie er konnte, was er auch tat und schließlich den Tyrannen überwältigte. Anstatt ihn ins Rote Meer zu transportieren, wurde er für immer unter dem großen Felsen von Walla Crag, Haweswater, begraben !

Schältürme

In Clifton, südlich von Penrith, beginnt das eigentliche Grenzland. Wir sind immer noch fünfunddreißig Meilen von der eigentlichen Grenzlinie entfernt, aber wir befinden uns jetzt in der „Einflusssphäre" (wie internationale Politiker es jetzt ausdrücken würden) der alten Strolche, Viehdiebe, Plünderer und Brandstifter von der schottischen Seite, die immer wieder in gut berittenen Trupps, die vielleicht zwanzig oder vielleicht fünfhundert zählten, über den Solway kamen und oft das Land vom Vieh befreiten; Sie kehrten so schnell zurück, wie sie gekommen waren, und ließen brennende Gehöfte zurück. Diese Zeiten haben in der alten Wohnarchitektur von Herrenhäusern und Gehöften zahlreiche Spuren hinterlassen, die noch heute deutlich zu sehen sind. Burgen gibt es hier wie anderswo auch, aber dieses Grenzland ist das Land der Schältürme. In Zeiten, als der Süden Englands in Sicherheit lebte und die Menschen keine Häuser mehr bauten, die nur halbe Festungen waren, lebten diese oft überfallenen nördlichen Grafschaften immer noch in ständiger und begründeter Besorgnis, und jeder, der etwas zu verlieren hatte, hatte seine eigene Festung , in dem kleinen Schälturm, der je nach den Umständen sein gesamtes Zuhause oder einen beträchtlichen Teil davon war. Viele der Schältürme sind als unbewohnte Ruinen erhalten geblieben; andere bilden den zentralen Teil von Häusern und Herrenhäusern, die seitdem vergrößert wurden. In Clifton steht ein solcher.

Es handelt sich um eine faire Art der Verteidigung , die einmal unbedingt notwendig ist. Man sieht die Sorgfalt, mit der darauf geachtet wurde, stark zu bauen, mit dicken Mauern, die keine schnell vorrückende Räuberbande in der Lage wäre, abzureißen; und Sie sehen auch, dass es ebenso unmöglich war, zu brennen. Das Erdgeschoss war nicht nur außergewöhnlich solide, es hatte auch keinen Zugang von außen und war nur durch eine Falltür im darüberliegenden Stockwerk zu erreichen.

Sobald der Bauer oder der damalige Gutsbesitzer Alarm geschlagen hatte, trieb er sein Vieh in die Barmkin oder Umzäunung, die an seinen Zufluchtsturm angeschlossen war, und stieg, indem er seine ganze Familie zusammenrief und seine Wertsachen sicherte, mit ihnen über eine Leiter hinauf ging in den ersten Stock, zog die Leiter hinter sich her und wartete auf die Ereignisse. Zur Verteidigung hatte er einen Vorrat an schweren Steinen an den Leitern über dem zweiten Stock; oder aus den schmalen Fensterschlitzen heraus konnte er Pfeile abschießen oder heißes Wasser, kochenden Teer oder häusliche Abwässer auf Feinde schleudern, die nahe genug kamen.

Aber das Vieh war immer noch in Gefahr, und die Männer des Hauses waren normalerweise besorgt, den Turm mit den Frauen und Kindern zu besetzen und, wenn die Chancen nicht überwältigend waren, draußen zu kämpfen; und so mancher Bauer aus Westmoreland und Cumberland ist beim Schutz seines Viehbestands gestorben.

Clifton sollte auf Karten mit den herkömmlichen gekreuzten Schwertern markiert werden, die den Ort einer Schlacht anzeigen, denn hier wurde am Abend des 18. Dezember 1745 die Schlacht von Clifton Moor entschieden, die letzte, die jemals auf englischem Boden ausgetragen wurde. Es stimmt, dass es, gemessen an der Zahl der Toten und Verwundeten, keine große Angelegenheit war, aber es gab dem Schicksal des Young Pretender wahrscheinlich eine endgültige Wendung. Es wurde auf halbem Weg des panischen Rückzugs aus Derby ausgetragen und war eine Nachhutaktion, die den Rückzug der Hauptstreitkräfte nach Penrith und Carlisle abdeckte. Etwa zweitausend Highlander stellten hier auf der schlammigen Straße und auf den Feldern vor dem Dorf Stellung, als die Sonne unterging, und die Streitmacht des Herzogs von Cumberland, hauptsächlich bestehend aus Kerrs, Blands, Montagus, Kingstons und Cobhams Dragonern, griffen sie in der zunehmenden Dunkelheit an.

CLIFTON.

DIE SCHLACHT VON CLIFTON

Die Rebellenkavallerie machte sich sofort auf den Weg. Laut dem Bericht von Lord George Murray gingen auf schottischer Seite „unsere Reiter, als sie den Feind sahen, nach Penrith": eine unschuldige Formulierung, die die kluge, wenn auch unrühmliche Tatsache, dass sie „ein Lager" hatten, eher verschleiert Ein Schuljunge würde sagen, oder „hat einen Kerl gemacht", wie es in der Umgangssprache heißt: Man überlässt es der Highland-Infanterie, ihr Bestes zu geben. Es kam zu einem planlosen Trubel. Niemand konnte jemanden sehen. Die Highlander waren völlig unsichtbar, und die englischen Dragoner waren nur durch das Schimmern ihrer Buff-Gürtel in der Dunkelheit zu erkennen. Mr. Thomas Savage, ein Quäker, dessen Haus mitten im Geschehen lag, war besorgt um sich selbst und um sein Vieh, das sich zwischen die Kämpfenden stellte, aber er hatte wirklich wenig Grund zur Beunruhigung; denn beide Seiten feuerten so hoch und weit, dass nicht einmal eine Kuh getötet wurde, und nachdem all das Schießen und Hacken beendet war und die Rebellen geflohen waren und das mehr oder weniger verwüstete Feld im Besitz des Feindes zurückgelassen hatten, war es soweit stellte fest, dass nur zwölf (oder einem Bericht zufolge fünf) Hochländer getötet und etwa vierzig bis siebzig gefangen genommen worden waren. Auf englischer Seite wurden elf Dragoner getötet und neunundzwanzig verwundet. Mancher Eisenbahnunfall hat größere Schäden angerichtet.

Die Register der Clifton-Kirche zeugen von diesem Ereignis in den folgenden Einträgen:

am Abend zuvor von den Rebellen im Gefecht zwischen dem Herzog getötet wurde von Cumberlands Armee und sie am Ende von Clifton Moor neben der Stadt."

„Robert Atkins, ein privater Dragoner des Regiments von General Bland, wurde am 8. Januar 1746 begraben."

Letzterer war offensichtlich einer der Verwundeten.

Der Herzog von Cumberland wollte eine Unterkunft für die Nacht und übernachtete dementsprechend im Haus von Mr. Savage, der sich im Verlauf der Angelegenheit eingeschlossen hatte, während seine Schwiegertochter sich im Küchenschrank versteckte. Der Bericht des Quäkers über den Herzog lautete: „Er war ein angenehmer, angenehmer Gesellschafter – ein Mann mit Talent, sehr freundlich und kein Stolz auf ihn."

Niemand hat diesen Kampf so gut überstanden wie Colonel Honeywood von Howgill , der offenbar selbst ein Gastgeber war und noch besser abgeschnitten hätte, wenn es nicht einen Unfall gegeben hätte, durch den selbst die Mutigsten der Tapferen unrühmlich zu Fall gebracht werden könnten Erde. Sein Können wurde von einem Highlander bestätigt, der auf die Frage, wie es seinen Leuten erging, witzig antwortete: „Wir fuhren auf unterschiedlichen Rädern , bis der lange Mann in den Gummistiefeln den Deich überquerte , aber sein Fuß rutschte auf einem Scheißhaufen aus, und." wir haben ihn erwischt." Die Highlander hätten dem „Lang-Mann" beinahe geholfen, denn sie versetzten ihm drei Schwerthiebe in den Kopf und gingen dann. Er scheint ein bezauberndes Leben geführt zu haben, denn er war zu dieser Zeit als Invalide aus dem Kontinentalkrieg zurückgekehrt, in dem er in der Schlacht von Dettingen nicht weniger als dreiundzwanzig Breitschwerthiebe und zwei Musketenkugeln erlitten hatte.

Seine Verletzungen scheinen ihm keinen bleibenden Schaden zugefügt zu haben, denn er lebte vierzig Jahre länger.

XXI

IM Tiefland unterhalb von Clifton liegt Brougham Hall und in der Nähe Brougham Castle, beide am Eamont River. Ein großer Teil der Halle ist uralt, aber der größte Teil der Außenfassade, die im herrschaftlichen Stil umgestaltet wurde , sieht aus wie ein akademischer Versuch, den architektonischen Stil des 14. Jahrhunderts wiederherzustellen. Wenn gesagt wird, dass die Arbeit zu Beginn des 19. Jahrhunderts durchgeführt wurde, wird man mit großer Wahrscheinlichkeit annehmen, dass das Ergebnis langweilig und leblos ist. Früher war es der Sitz der Broughams und gelangte schließlich in den Besitz der Familie Bird, von der das Anwesen 1727 vom Großvater von Lord Brougham, dem Lordkanzler und einer großen politischen Persönlichkeit in den Tagen Georgs des Vierten, erworben wurde Viertens und Königin Victoria. Dr. Granville, der Mitte des 19. Jahrhunderts hierher reiste, um Heilbäder auszuprobieren, blickte voller Ehrfurcht auf die Halle als Residenz dieses Staatsmannes.

Der Doktor hegte eine bemerkenswerte Verehrung für diese fähige, aber exzentrische Persönlichkeit und war vielleicht der einzige, der dies tat. Er sagt: „Wie das Château de Vernet wird Brougham Hall, wenn das Grab Vorurteile und politische Feindseligkeiten hinweggefegt hat, von Tausenden besucht werden, die begierig darauf sind, das Schloss des englischen Voltaire zu *sehen* ; Er, der sich mit dem enzyklopädischen Wissen und dem scharfen Witz des französischen Philosophen der leidenschaftlichen und feurigen Beredsamkeit von Mirabeau anschloss." So der begeisterte Granville.

Beredsamkeit? Brougham konnte mit jedem eine Leidenschaft in Stücke reißen, aber er schimpfte. Es ist wahr, dass die Postboten die Kutschen der Reisenden in diesen Gegenden etwas von der direkten Straße abfuhren, um einen Blick auf die Residenz von Lord Brougham zu werfen; aber diese Reisenden betrachteten den Ort und Brougham selbst mit Neugier, so wie man einen isländischen Geysir betrachten könnte, mit dem er tatsächlich nicht unpassend verglichen werden kann. Seine Spritzer waren ebenso reichlich und genauso heiß.

Nicht jeder blickte mit Ehrfurcht auf Brougham, wie die Karikaturen seiner grotesken Physiognomie beweisen. Jemmy Anderson, ein bekannter Postbote in diesem Bezirk, ließ sich von ihm nicht schämen; aber dann verehrten die Postboten niemanden. Es war in den Tagen, als der zukünftige Lordkanzler noch Mr. Henry Brougham, QC, war, als Jemmy Anderson ihn postwendend von Shap nach Penrith fuhr und ihn auf eine ungewohnte

Höhe brachte. Jemmy joggte leise mit etwa sieben Meilen pro Stunde auf einem fast kaputten Wheeler dahin, bis der feurige Geist in der Postkutsche es nicht länger ertragen konnte. Der künftige Lordkanzler ließ die Frontscheibe herunter und rief: „Postjunge, ich gebe dir keinen Pfennig, denn du hast mich wie eine Schnecke getrieben." „In der Tat", antwortete der kluge Cumbrianer, „das wunna Gib mir einen Farden , willst du? Dann habe ich Bin jetzt weit genug gekommen !" Damit stieg er langsam ab und begann, seine Pferde von der Kutsche zu lösen, bis eine appellierende Stimme von innen zu einem Kompromiss führte, durch den der wütende Anwalt, der extra für einen Auftritt bei einem *Célèbre* in Penrith ausgewählt worden war, kapitulierte, und so weiter Durch die Anzahlung seines Geldes – worauf der beleidigte Postbote bestand – ließ sich Jemmy Anderson überreden, die Etappe zu beenden.

Die Familie Brougham, der die Halle noch immer gehört, geht auf die sächsische Zeit zurück, und einer ihrer Vorfahren, „Brum" genannt, befestigte hier bereits im Jahr 1284 seinen Wohnsitz.

GRABPLATTE VON UDARD DE BROHAM.

Ein früher Vorfahre war Udard De Broham , ein Kreuzfahrer, der 1185 starb. „Seine Seele ist bei den Heiligen, denen wir vertrauen"; aber sein Schädel, der aus seinem Grab in der Brougham-Kirche geraubt wurde, grinst aus der

Glasvitrine im Saal, und sein treues Schwert, das mit ihm begraben wurde, liegt in der Nähe . Im Jahr 1846, als an der Kirche Reparaturarbeiten durchgeführt wurden, wurde das Skelett von Udard unter der hier abgebildeten Inschriftplatte entdeckt, nur einen halben Meter tief. Er war mit gekreuzten Beinen und einem Sporen auf einer Ferse hier gelegen. Bei ihm war ein Glasfragment aus phönizischer Herstellung vergraben, innen blau, außen aber mit schwarzen und weißen Streifen gemustert, nicht unähnlich den gestreiften Pfefferminzbonbons, die bei der Landjugend noch immer beliebt sind. Dies galt in der abergläubischen Zeit, in der Udard blühte , als Talisman oder Glücksbringer und wurde zweifellos von ihm aus Palästina mitgebracht und als sein wertvollster Besitz bei ihm begraben.

Zu dieser Zeit wurden insgesamt neun alte De Brohams entdeckt, darunter die Überreste von Gilbert, dem Sohn von Udard , einem Mann von gigantischer Größe, der 1230 starb. Daneben lag ein seltsamer emaillierter Metallreif von wunderschöner Verarbeitung und in perfektem Zustand ihn; und sein Grab wurde ordnungsgemäß davon geplündert.

BROUGHAM SCHLOSS.

Aber Brougham Castle ist schöner als die Halle oder als Erinnerungen an De Brohams . Brougham leitet seinen Namen in den langen Gassen der Zeit von *Brovacum ab* , einer römischen Station in diesen Außenposten der römischen Herrschaft, die dicht mit solchen übersät ist. Und ein Militärposten von höchster Bedeutung blieb es bis zur Zeit Heinrichs des Vierten. Normannen bauten den Bergfried der alten Burg, und die Familien Vipont und De Clifford bauten ihn aus und hielten die Marschgebiete gegen die Schotten oder kämpften für oder gegen ihre Herrscher, mit mehr oder weniger Erfolg, bis ihre Linie in einer Frau endete : die berühmte Ann Clifford, Gräfin von Dorset, Pembroke und Montgomery, die ein ebenso guter Mann war wie jeder andere. Sie wurde 1590 geboren und genoss während dieser Zeit lange Tage und geistige Stärke, bis sie schließlich 1676 starb. Sie heiratete zweimal und war beide Male unglücklich, wurde zweimal verwitwet und blieb mit einer einzigen Tochter zurück. Nach ihrer zweiten Witwenschaft zog sie sich in diese Szenen ihrer Jugend zurück und beschäftigte sich mit dem Wiederaufbau ihrer alten und zerstörten Burgen Brougham, Appleby, Skipton, Bardon Tower, Pendragon und Brough; zusammen mit der Restaurierung zahlreicher Kirchen und der Errichtung von Denkmälern für verschiedene Menschen, darunter auch für sie selbst. Sie war eine ebenso unermüdliche und fleißige Baumeisterin wie die alte Bess von Hardwick selbst und eine herrische und herrische alte Dame, die sogar Cromwell widerstand. Er erklärte, er würde ihre Burgen niederreißen, sobald sie sie wieder aufgebaut hätte, aber sie antwortete nur, dass sie jedes Mal wieder aufgebaut würden, und Cromwell musste nachgeben. „Lass sie bauen und sie wird es tun, für mich", sagte er. und baute sie entsprechend auf. Sie wird als „perfekte Meisterin der Vorhersage und Nachbereitung " beschrieben, die „gut wusste, wie man sich in allen Dingen unterhält, von der Prädestination bis zur Slea -Seide"; und sie war sicherlich hartnäckig gegenüber ihren Rechten oder dem, was sie als ihre Rechte ansah; Sie war eine ebenso bemerkenswerte Prozesspartei wie eine Bauunternehmerin. Allen Berichten zufolge war sie nichts weniger als ein absoluter Schrecken, und der schlichte Mann, der von ihrem autokratischen Verhalten liest, neigt dazu, zu glauben, dass ihre Ehemänner das Unglück ihrer Ehen viel stärker zu spüren bekamen als sie selbst.

DER SCHLOSSBAUER

Wir wissen viel über diese außergewöhnliche Frau, denn zu ihren Aktivitäten gehörte das Schreiben in ungeheurer Länge über sich selbst und ihre Vorfahren; und auf diesen Seiten verweilt sie mit amüsanter Selbstzufriedenheit bei der frühen Schönheit ihres Gesichts, ihrer Form und ihres Geistes.

Gräfin-Säule.

Im Jahr 1652 ließ sie Brougham Castle gründlich reparieren und machte es später zu ihrem Hauptwohnsitz. aber die Zeit der Burgen war vorbei, und wie sie wirklich vorhergesehen haben musste, waren ihre Werke nach ihrem Tod dem Verfall überlassen. Ihre einzige Tochter hatte den Earl of Thanet geheiratet, der 1728 den Abriss des größten Teils von Brougham Castle und den Verkauf des Baumaterials veranlasste. Und hier steht es heute, eine Hülle ohne Dach.

„Dein gemachter Roger" sind die kühnen Worte, die über dem Tor eingemeißelt sind; Er erzählt uns, dass der erste Lord Clifford der große Erbauer der Burg war. Sein Enkel trug wesentlich dazu bei; und es muss ein mächtiger Ort gewesen sein. Cliffords of Brougham und ein Dutzend anderer Festungen wagten ungestraft den zehnten Teil davon, den kleinere Männer ruiniert hätten; und die Boten der Könige, die mit beeindruckenden versiegelten Dokumenten geschickt wurden, wurden zum Abendessen in Brougham Castle auf dem Wachs und Pergament der von ihnen mitgebrachten Befehle abgesetzt und bereiteten auf diesen unappetitlichen Materialien unter den grimmigen Augen eine herzhafte, aber unfreiwillige Mahlzeit zu meines Herrn, ohne Wein, um sie herunterzuspülen, oder ohne Gewürz, um sie damit zu würzen .

YANWATH HALL.

Und jetzt ist die Szene nur noch das Thema für einen Künstler; und auch ein wunderschönes Thema. Die alten Ruinen befinden sich in idealer Lage auf einer hügeligen Graswiese, die zum glitzernden Eamont hin abfällt , eingerahmt von Bäumen und entfernten Bergen, die die Szenerie einschließen.

Das ist der gegenwärtige Zustand des Stolzes der alten Gräfin Ann; Aber etwas von ihrer Leidenschaft für das Gedenken bleibt nicht allzu weit entfernt in dem Denkmal erhalten, das in der ganzen Gegend als Gräfinsäule bekannt ist . 1656 von ihr erbaut . Es ist mit ihren Wappen und denen verbündeter Familien geschmückt und trägt die Inschrift:

Diese Säule wurde anno 1656 von Ye Rt errichtet. Edle Anne Gräfinwitwe von Pembrook, Tochter und Alleinerbin Ihres Rt . Ehrenwerter George, Earl of Cumberland, für die Erinnerung an ihren letzten Abschied an diesem Ort von ihrer guten und frommen Mutter, ihr Rt · Ehrwürdige Margarete, Grafenwitwe von Cumberland , am 2. April 1616, in Erinnerung daran hinterließ sie auch eine Rente von vier Pfund, die an jedem 2. Tag im April für immer an die Armen in dieser Pfarrei von Brougham verteilt werden sollte Vpon ihr Steintisch hier in der Nähe.

LAUS DEO.

Der Eamont , der Eden und der Lowther wurden gut bewacht, wie die befestigten Häuser an den Furten noch heute beweisen. Yanwath Hall, ein altes Zuhause der Threlkelds , ist ein schönes Beispiel für einen Peel-Turm, der zu einem Wohnsitz ausgebaut wurde. Es ist eines der frühesten und interessantesten, da es Mitte des 14. Jahrhunderts erbaut wurde. Der ursprüngliche Turm mit starken, sechs Fuß dicken und zinnenbewehrten

Mauern ist 55 Fuß hoch und blickt auf einen Innenhof, den Barmkin oder die innere Vorburg, wo die alten Türen und Fenster aus Eichenholz mit Eisenbändern und Nieten bewacht wurden durch dicke Pfosten zeigen, wie besorgt die alten Besitzer in unsicheren Zeiten um ihre persönliche Sicherheit waren.

ASKHAM HALL.

ASKHAM HALL

Cliburn, Sockbridge und Barton Kirke waren allesamt befestigte Häuser, die wie Burgen auf einem Schachbrett an diesen Flüssen angeordnet waren. Das schönste dieser alten befestigten Herrenhäuser ist das romantisch gelegene und malerisch gestaltete Askham Hall, heute das Pfarrhaus von Lowther, aber im Dorf Askham gelegen. Es liegt hoch über dem bewaldeten Lowther, das zwischen seinen Felsen unter dem Lowther Park schäumt, und war ursprünglich der mit Burgen versehene Sitz der Familie Sandford. Die Fassade wirkt schon mürrisch und abweisend genug, und das Innere ist zwar mit Eichenholz getäfelt und nach den Ideen von vor zweihundertfünfzig Jahren in ein Wohnhaus umgewandelt worden, eignet sich jedoch nicht als fröhliches Wohnhaus. Aber die Ergänzungen, die Thomas Sandford 1574 an der Seite vorgenommen hat, sind hervorragend skizzierbar. Sie bestehen aus einem Torhaus und Nebengebäuden, die einen Innenhof umschließen. Die Tropfleiste über dem Torbogen hat einen besonderen Stil und ähnelt einem Kabel. seine Enden hatten die Form von Ammoniten. Über dem Bogen befinden sich die Wappen von Sandford, zusammen mit denen von Crackanthorpe und Lancaster of Howgill , und diese Inschrift besteht aus seltsam zusammenlaufenden Buchstaben:

Thomas · Sandford · Esqvyr ,

Forthys · payd · Meatahyr [1]

Das · Jahr · von · ovr · Savyore

XV · hvndreth · seventyfovr .

Die Sandfords endeten schließlich, nach dreihundert Jahren, im Jahr 1680.

XXII

KEHRT MAN von diesen Quests zur Straße zurück, wird der Lowther an der Lowther Bridge überquert. Neben dem Fluss und unmittelbar an der Straße entlang befindet sich das Erdwerk, das als „King Arthur's Round Table" bekannt ist, eine alte erhöhte Plattform, über deren Zweck nur Vermutungen angestellt werden können. Es wird angenommen, dass nicht König Artus, sondern die nordischen Siedler die Urheber dieser Bühne waren, auf der ihre unhöflichen Waffendemonstrationen stattfanden: insbesondere ein Duell, das als „Holmegang" bekannt ist, eine Art Gladiatorenkampf, an dem die Gegner teilnahmen wurden mit Messern bewaffnet, zusammengebunden und dann gezwungen, bis zum Tod zu kämpfen. Das sind die schrecklichen Erinnerungen an diese nun friedliche Szene. Auf der gegenüberliegenden Straßenseite befindet sich inmitten eines Baumgürtels eine Arena, die den nicht weniger tragischen Ritualen der Druiden zugeschrieben wird.

KÖNIG ARTHURS TRINKBECHER.

König Artus wird außerdem in einem riesigen runden roten Sandsteinbecken gefeiert, das im Hof des angrenzenden Gasthauses „Crown" steht. Er ist vor Ort als „King Arthur's Drinking Cup" bekannt und hat ein

Fassungsvermögen von etwa 80 Gallonen, was ausreicht, um nicht nur den Durst von König Arthur, sondern auch von einem Megatherium zu stillen. Aber ganz abgesehen von allzu absurden Legenden ist die Sache in der heutigen Zeit der Zink-Zisternen erstaunlich. Wer diesen Panzer so mühsam aus einem massiven Steinblock herausgehöhlt hat, wann und wie lange ihn diese Arbeit beschäftigt hat, ist gleichermaßen unbekannt.

EAMONT BRÜCKE

Auf dem Damm, der das prähistorische Lager umschließt, wurde in den letzten Jahren ein Denkmal in Form eines Iona-Kreuzes zum Gedenken an den Patriotismus von vier Eingeborenen von Eamont Bridge errichtet. Aber lassen Sie die Inschrift auf dem Kreuz selbst die Geschichte erzählen: „In dieser Krise in der Geschichte des Imperiums, als Freiwillige zum aktiven Dienst im Südafrikakrieg eingeladen wurden, schickte dieses Dorf Eamont Bridge vier: John Hindson, William Todd , und Arthur Warwick vom 24. Coy. (Westmoreland und Cumberland) Imperial Yeomanry und William Hindson vom Volunteer Coy. des Grenzregt. Von diesen wurden John Hindson und William Todd am 30. Mai 1900 in Faber's Put getötet. Dieses Denkmal wurde 1901 durch eine öffentliche Spende an diesem historischen Ort von Lord Brougham und Vaux errichtet. Dulce et decorum est pro *patria mori* . "

Eamont River überspannt , hat dem Dorf, das im Laufe der Jahre hier entstanden ist, seinen Namen gegeben. Es ist ein kleiner, verstreuter Ort, aber einige der Häuser sind alt und einige tragen Inschriften. „ Omne solum forti patria est ", sagt einer, mit den Initialen „HP" und dem Datum „1671". „HP" war offenbar ein Schüler von Ovidius Naso.

Die Straße über die Eamont Bridge ist sehr steil und schmal und der Aufstieg dahinter noch steiler; so dass der Fremde, der die Wut beobachtet, mit der die Fahrer der Ausflugswaggons und Motorwagen die Auf- und Abstiege auf ihrem wilden Weg von und nach Penrith und Ullswater bewältigen, zuversichtlich mit einem Unfall rechnet, „während er wartet". Aber sei es Geschicklichkeit oder Glück, die Unfälle passieren nicht, und erwartungsvolle Fremde müssten , um ihre Erwartungen zu erfüllen , an Ort und Stelle warten, bis das Moos auf ihnen wuchs.

Den Reiseführerautoren zufolge findet sich in die Brüstung der Brücke möglicherweise der gastfreundliche Satz „Willkommen in Cumberland" eingraviert. Tatsächlich verlassen Sie beim Überqueren Westmoreland in Richtung Cumberland, und nachdem Sie so viel von diesem freundlichen Gefühl gelesen haben, suchen Sie eifrig nach der Inschrift. Ach! vergeblich.

So etwas gibt es nicht und gab es auch nie. Was Ihnen stattdessen ins Auge fällt, ist ein Gasthaus, dessen Schild „Willkommen in Cumberland" mit einer Darstellung von Pfeifen und Punschschalen und mit einem seltsamen Bild einer Persönlichkeit geschmückt ist – es muss eine Persönlichkeit sein, denn er trägt ein Kleid -Mantel und Seidenhut – überschwängliche Begrüßung eines Highlanders in voller Highland-Feige. Jeder schaut den anderen erstaunt an, und der Pilger der Straßen staunt mit fasziniertem Blick über beide. Das ist also das „Willkommen", und zwar keineswegs so desinteressiert, wie man es erwarten würde. Eine weitere verschwundene Illusion!

EAMONT BRÜCKE.

Sogar das Gasthaus trägt seinen moralischen Stempel, denn über der Tür steht „ Struimus in Diem, sed Nox. " venit " mit dem Datum „MDCCXVII" und den Namen Nathan und Elizabeth Gower. Ein gewisser „RL Wharton" scheint diese Meinung befürwortet zu haben (nachdem er sich ordnungsgemäß erkundigt hatte, was das Lateinische bedeutet) und hat zustimmend seinen Namen und das Datum 1781 eingetragen.

XXIII

PENRITH leitet seinen Namen ab, ursprünglich Penrhydd ; „der rote Hügel" von Beacon Hill, 937 Fuß hoch, unter dessen Schutz dieser Ort mit engen und überfüllten Gassen liegt. Der Beacon Hill diente in früheren Zeiten als Schutz für das umliegende Land, denn von seinem Gipfel aus loderten die Warnflammen, die viele Meilen des bedrohten Westmoreland über die Annäherung der einfallenden Schotten informierten.

Aber obwohl Penrith von seinem großen Patenhügel geschützt wird, war es zu keiner Zeit wirksam vor dem Eindringling geschützt. Carlisle, achtzehn Meilen weiter nördlich, war ihr großes Bollwerk, und wenn diese befestigte Stadt fiel oder geschickt umgangen wurde, dann war der Fall von Penrith in der Tat traurig, wie in dem bemerkenswerten Fall von 1345, als die Schotten 26.000 Mann zählten strömten über die Grenze und brannten die Stadt und viele umliegende Dörfer nieder; Als Gefangene nahmen sie bei ihrer Rückkehr so viele gesunde und kräftige Männer mit, wie sie finden konnten, um sie als Sklaven an die Meistbietenden zu verkaufen. So war das Leben an den Grenzen im vierzehnten Jahrhundert, und wenn wir diese Dinge lesen, neigen wir dazu, der Schlussfolgerung von Taylor, dem „Wasserdichter", zuzustimmen:

Wer hat dann in den Grenzen gewohnt?

Lebte kaum glücklicher als diejenigen in der Hölle.

Im nächsten Jahr bauten die verbliebenen Einwohner von Penrith mit der gnädigen Erlaubnis des Königs, sich zu schützen, eine Gemeinschaftsburg, und jeder Bürger baute, soweit es ihm möglich war, sein eigenes Wohnhaus auf starke und verteidigungsfähige Weise wieder auf. Daher die düsteren, dickwandigen Häuser, die auch heute noch viele der engen Gassen säumen.

Dass die Burg mindestens einmal wieder aufgebaut wurde, scheint sicher. Einer dieser Umbauten erfolgte durch Richard, Herzog von Gloucester, der, bevor er zu Richard III., dem feindlichen Charakter der Geschichte, wurde, Gouverneur dieser Marken war und hier in allen prächtigen Umständen residierte. Jetzt ist der Ort eine Ruine, ein Zustand, den er dem Volk von Penrith selbst zu verdanken hat, das zu Beginn der Zeit von Königin Elisabeth der Ansicht war, dass es einen dringenderen Bedarf an einem Gefängnis als an einer Festung gäbe, und dementsprechend mit dreißig Ladungen Stein eine errichtete sehr sicheres, wenn auch nicht sehr komfortables Gefängnis . Zur gleichen Zeit baute sich Robert Bartram, ein Kaufmann der Stadt, ein Haus aus den gleichen Materialien; und dort steht es bis heute auf dem Kirchhof mit der Aufschrift „RB, 1563".

Es gibt also nichts Malerisches in den kahlen, dachlosen roten Mauern des Schlosses. Es hat wenig oder gar keine Geschichte und steht in der unromantischen Nachbarschaft des Bahnhofs, in erhöhter Lage auf einem Hügel über der Stadt.

Obwohl der Herzog von Gloucester das Schloss wiederaufbaute, wird er hauptsächlich mit einer viel geschützteren Lage in der Stadt selbst in Verbindung gebracht. Selbst im Melodram von Richard III. gab es Pausen zwischen den Akten, in denen er sich von der Schlacht abwandte und den Tod seiner Verwandten ertragen musste, um Ruhe und Erfrischung zu suchen, und er fand sie hier in den wohl überaus komfortablen Gemächern dessen, was gewesen sein musste war einst Dockwray Hall, ein altes Gebäude, das auf dem Platz namens Great Dockwray steht und heute, in Erinnerung an ihn, das Gasthaus „Gloucester Arms" ist.

Das alte Haus sieht von außen nicht so ansprechend aus, wie es unter diesen historischen Umständen sein sollte. Das liegt vor allem an der Stuckverkleidung, die in der Farbe verwesender Leber bemalt ist. Das einzige äußere Zeichen dafür, dass das Haus etwas Außergewöhnliches ist, ist das geschnitzte und verzierte Schild über der Tür, das das Wappen von Richard selbst zeigt, getragen von zwei weißen Ebern mit vergoldeten Mähnen. An einem anderen Eingang befindet sich ein Schild mit drei Windhunden, „in blass, courant", wie ein Herold sagen würde, und die Inschrift „IW, 1580": Die Initialen stehen für „John Whelpdale", der umfangreiche Änderungen am Gebäude vornahm .

Der Pilger, der nicht nur grobes Essen und Trinken zu sich nimmt, sondern auch die feineren Gewebe seines Körpers an historischen Schauplätzen und antik getäfelten Räumen nährt, wird im „Gloucester Arms" große Freude finden. Vielleicht schläft er dort, wo der blutrünstige Richard schlief – und das hoffentlich mit einem besseren Gewissen – und blickt vielleicht auf einen Bankettsaal, der jetzt leider unterteilt ist, in dem unsere Vorfahren Schwäne und andere seltsame, längst überholte Gerichte genossen und mit ihnen heruntergespült wurden üble Getränke, die in der heutigen Zeit unbekannt sind.

Ebenso interessant ist das alte Gasthaus „Two Lions" in der Nähe . Es blickt schüchtern auf die Straße hinauf und ist an einem schmalen Eingang versteckt, auf eine Art und Weise, die einem Südstaatler in einer seltsam zurückhaltenden Pose für ein altes Herrenhaus der Landklasse vorkommt; ein Teint, von dem das Haus tatsächlich seit der Antike abgekommen ist. Es war eine Zeit – genauer gesagt die Herrschaft der mehr oder weniger guten Königin Bess –, als das heutige „Two Lions" das „Stadthaus" von Gerard Lowther war, einem bemerkenswerten Mitglied der stets reichen und mächtigen Lowther-Familie; Und obwohl das Äußere wenig anziehend wirken mag, gibt es im Inneren doch eine Fülle an Interesse. Der Kamin der Halle hat drei Wappenschilde, und der Bankettsaal, heute Raucherraum, hat eine verzierte Gipsdecke aus dem Jahr 1585, auf der zehn Schilde mit den Wappen von Lowthers und verbündeten Familien zu sehen sind. In einem Raum im Obergeschoss befindet sich eine weitere Decke, die heraldisch mit den Wappen von Lowther und Dudley aus dem Jahr 1586 sowie den Initialen von Gerard Lowther selbst und Lucy, seiner Frau, geschmückt ist. Den kleineren Händlern von Penrith, die die Hauptbesucher der „Two Lions" sind, kommt eher das schöne Bowling-Green – Bowling reimt sich mit „heulen" in der Sprache der älteren Leute – auf der Rückseite des Gebäudes entgegen Haus.

Von der alten Kirche von Penrith ist außer ihrem gotischen Turm nicht mehr viel übrig, denn der Gebäudekörper stammt erst aus dem Jahr 1722 und ist in einem klassischen Stil gehalten, der an einem so historischen Ort wie diesem als reine Ketzerei erscheint. Nicht einmal die monolithischen ionischen Säulen aus rotem Marmor, die den Innenraum schmücken, noch die reich verzierten vergoldeten Kronleuchter, die der Herzog von Portland 1745 als Anerkennung für die Treue von Penrith schenkte, können den Fremden für den Verlust entschädigen; obwohl die Stadtbewohner natürlich außerordentlich stolz auf sie sind. Aber es gibt viele antike Denkmäler in der Kirche und einige interessante Fragmente von Buntglasfenstern, die der Zerstörung entgangen sind. Unter ihnen ist die goldhaarige Cicely Neville vertreten, das jüngste aller zweiundzwanzig Kinder von Henry Neville, Earl of Westmoreland. Dies ist die „Stolze Cis von Raby", die Ehefrau von Richard, Herzog von York, und Mutter von Edward dem Vierten und Richard dem Dritten. Auch hier sieht man ein grässliches , unschönes Buntglas-„Bildnis" von Richard dem Zweiten, mit Haaren in einem unangenehmen Kanariengelb und ein paar Kinnsprossen derselben Farbe .

DAS GRAB DES RIESEN.

Auf drei Seiten des Kirchturms sieht man noch immer die Skulptur „Bär und zerlumpter Stab" des großen Grafen von Warwick, des Königsmachers, der zu seiner Zeit Herr von Penrith war und die obere Etage des Turms wiederaufbaute; aber zweifellos ist das größte Interesse – und Geheimnis – des Ortes das sogenannte „Riesengrab" auf dem Kirchhof. Niemand weiß, wer hier ruht, aber es ist das Grab eines Häuptlings jener skandinavischen Siedler, die sich im zehnten Jahrhundert in diesen nördlichen Grafschaften niederließen. Die Legende greift natürlich ein, um das zu erklären, worüber die Archäologie keine Ahnung hat. Die unbesiegbare Härte der Legenden ist so groß, dass sie selbst dem ruhigsten Geist erstaunten Respekt einflößt; Und hier fordert uns eine alte Volkssage auf, auf das Grab eines gewissen Sir Hugh

Cæsarius zu blicken , eines Mannes von kolossalen Ausmaßen, der aber metaphorisch ebenso großherzig wie hochmütig war und den umliegenden Inglewood Forest von den Wildschweinen befreite Das war ein Schrecken für die Menschen, zu einem nicht näher bezeichneten Zeitpunkt. Die hohen grauen Sandsteinsäulen, die in einem Abstand von fünfzehn Fuß über seinem Grab stehen, sollen seine Größe markieren und sind mit Runensymbolen bedeckt, stark verunstaltet und erbärmlich verwittert. Dazwischen liegen grobe, bucklige Steine, die im Volksmund den Rücken von Wildschweinen darstellen sollen.

Diese grauen Relikte konnten von denen, die die alte Kirche abrissen, nur knapp der völligen Zerstörung entkommen; und die Arbeit, sie in Stücke zu brechen, hatte bereits begonnen, als die empörten Menschen der Stadt sie stoppten. Deutlich zu erkennen sind die Klammern, die markieren, wo die gebrochenen Säulen repariert wurden. Ein Stein, eigentlich der Kopf eines alten Kreuzes, in der Nähe soll die Stelle markieren, an der der Daumen des Riesen begraben liegt.

Viertel zwischen September 1597 und Januar 1599 fast entvölkerte , wie eine Inschrift in der Kirche berichtet. In Penrith selbst starben 2.260 Menschen und in Kendal 2.500.

Die Hauptstraßen der Stadt wurden stark modernisiert , aber einige alte Wahrzeichen belohnen den Fleißigen. Das „Prince Charles Restaurant", eine Bäckerei, befindet sich in dem Herrenhaus, in dem der Young Pretender wohnte, und einige alte Penrith-Kaufmannshäuser sind noch erhalten: insbesondere eines in Angel Lane, an dessen Fassade die alte lokale Leidenschaft für Erinnerung ihren Ausdruck findet Daten, Initialen und sich verbessernde Maximen entwickeln sich zur Familiengeschichte und zum Epitaph wie folgt:

Dies wurde von Rob t Miers erworben

Merc t, der inter d war

19. Mai 1722 Sein Wy s

Marg t und Ann 19. September

in y e wieder aufgebaut Jahr 1763 Sep. Br - _

30 von WM

Das ist mysteriös, es gibt keine Hoffnung auf Lösung.

Auf dem Gebäude, in dem sich heute eine Kleinkinderschule befindet, befindet sich die Aufschrift „ WIL. ROBINSON, CIVISLONDANNO 1670" in seltsamen Abständen und über dem Eingang zu einer Gasse die

Initialen „REL 1697" mit einer skulpturalen Schere darüber; wahrscheinlich ein Relikt der Tuchhändlerfamilie Langhorn, deren frühestes Erinnerungsstück dieser Art die Inschrift „TEL 1584" ist.

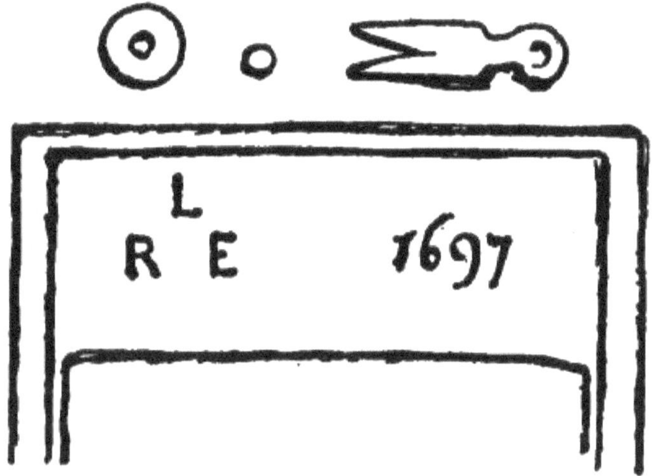

ALTE TÜR, PENRITH.

XXIV

DER Burenkrieg von 1899–1902 hat an der Annäherung an Penrith ein Denkmal am Wegesrand hinterlassen, und ein weiteres in Form einer wunderschönen Bronzestatue, die den Sieg verkörpert, der den Gefallenen Ehre verleiht , steht bei Middlegate, wenn Sie in Richtung Norden aufbrechen. „Scotland Road", die vor Ihnen steht, weist auf die nicht weit entfernte Grenze hin, und dann, am Gasthaus „White Ox", teilen sich die Wege: rechts die Old Carlisle Road, links die neue. Die alte Straße verläuft eine Meile lang sehr steil und holprig. Prinz Charlie hat es marschiert und mein tief empfundenes Mitgefühl. Nachdem man das Gasthaus „Inglewood" passiert hat, das sich verzweifelt zu fragen scheint, was aus dem Verkehr geworden ist, mündet es bei Stony Beck wieder in die bestehende Autobahn, die den Spuren einer alten römischen Straße folgt. Auf der linken Seite, in der Nähe des Bahnhofs Plumpton, befinden sich einige Spuren des römischen Bahnhofs *Voreda* , bekannt als Castlesteads oder Old Penrith. Es hat viele Relikte hervorgebracht. Vom alten Inglewood Forest und den alarmierenden Wildschweinen, die sich darin tummelten, gibt es keine Schilder, und die Straße – eine so ausgezeichnete Straße, wie man sie sich nur wünschen kann – führt ohne große Zwischenfälle nach Carlisle selbst, den Petterill Brook auf der linken Seite Hand. Das Gasthaus „Pack Horse" steht an der Kreuzung nach Lazonby , wo einst die Mautstelle Salkeld stand, und dann, zwei Meilen von High Hesket entfernt, erhebt sich auf der linken Seite der Hügel, der suggestiv als Thiefside bekannt ist : Die fraglichen Diebe, zweifellos die alten Pferdediebe, Viehräuber und moosstreifenden Vagabunden der Grenze. High Hesket ist ein kleines Dorf am Straßenrand mit groben Steinhäusern, die im Allgemeinen weiß getüncht sind und von nun an die Straße durch Cumberland und nach Dumfriesshire prägen. Die Kirche von High Hesket, ein ziemlich bescheidenes kleines Gebäude mit einem Glockenturm anstelle eines Turms, steht übrigens beschämt von einer Kompostschicht in der Nähe eines anderen heruntergekommenen alten „White Ox"-Gasthauses, in dem einst der Verkehr einer vergangenen Zeit herrschte Tag. Die Automobile ignorieren es oder halten einfach für die letzte Demütigung in einem Gasthaus an, einen Eimer Wasser, um ihre Motoren zu kühlen. Die Straße führt bergab nach Low Hesket, kommt schnell nach Carleton und gelangt dann über die schmale Straße von Botchergate in die Mitte von Carlisle.

DIEBSIDE

Carlisle war das erste und stärkste Bollwerk gegen den nördlichen Feind und behielt diesen Charakter fast sechzehnhundert Jahre lang bei, von der fernen Zeit der römischen Herrschaft bis zur Vereinigung der Königreiche unter Jakob dem Ersten. Der Ort, der auf einer Felsklippe steht und die Ebenen von Solway und Eden überblickt, war, so scheint es, von der Natur für dieses Amt vorgesehen, und dementsprechend wurde hier die römische Hadriansmauer nachgezeichnet, die vom Meer aus verlief zur See, von Wallsend bei Newcastle nach Carlisle und endet am Solway Firth bei Bowness. Hier fanden sie eine frühkeltische Siedlung, „Caer Lywelydd "; Aber nicht der Standort Carlisle, sondern Stanwix, sein nördlicher Vorort am gegenüberliegenden Ufer des Eden, bildete die römische Militärstation Luguvallum , also *die* „Station auf der Mauer". Das heutige Carlisle war die Zivilsiedlung. Als die Römer sich zurückzogen, um ihr zerfallendes Reich näher an ihrer Heimat zu verteidigen, lieferte sich *Luguvallum* , bevölkert mit Mischlingen römisch-britischer Herkunft, die sich nicht mit ihnen zurückziehen konnten, jahrelang einen aussichtslosen Kampf mit den Wilden aus Schottland einerseits und mit die Sachsen auf der anderen Seite. Am Ende siegten die Sachsen, wie fast überall sonst, und die Stadt wurde in ihrer Sprache „Caer Luel"; Daher ist der Übergang nach „Carlisle" einer der einfachsten.

Carlisle, die große mittelalterliche Festungsstadt, verdankt ihren Ursprung Rufus. Der mächtige Eroberer, der die meisten anderen Teile dieses Landes unterwarf, ruhte kurz vor Westmoreland und Cumberland, die damals einhundertzwanzig Jahre lang als schottischer Boden galten; Aber es war unter seinem allgemein verachteten Sohn, dass diese weiten Ländereien für England zurückgewonnen wurden; und der schottische König Malcolm, der aus Rache an der Ostküste Englands einmarschierte, wurde 1093 in Alnwick getötet. In diesen umkämpften Ländern sollte jedoch noch viele Jahrhunderte lang kein Frieden herrschen; Aber was getan werden konnte, wurde erreicht, und Carlisle Castle entstand, eine düstere normannische Festung, auf der höchsten Spitze der Stadt. Später wurde es vergrößert und verstärkt, und die starken Stadtmauern verbanden es; Und obwohl die Fabrikgebäude und die rauchenden Schornsteine in der Ferne von Carlisle deutlich zeigen, dass die Stadt heute ein Handelsplatz ist, krönt der normannische Burgfried noch immer die Szene und teilt seine frühere Bedeutung. Bedeutung nur mit der Kathedrale.

Aber trotz seiner Burg und den starken Stadtmauern war Carlisle viel öfter, als man ohne weiteres zählen kann, Schauplatz von Kriegen und wurde oft geplündert und niedergebrannt. Es war also immer ein Ort der Waffen. Im ganzen Land ringsum gingen die Männer bewaffnet zum Pflug, und die großen Herren behielten ihre Ländereien vor dem König unter der strengsten Verpflichtung zum Militärdienst und wurden vom Lord Warden angeführt, zu dessen Pflichten das Abfeuern von Leuchtfeuern und die Aufstellung gehörten aller Männer im Alter zwischen sechzehn und sechzig. Kleine Pächter bewirtschafteten ihre Felder und Höfe unter den Namen „nag-tenements" und „foot-tenements" und waren je nach Grad verpflichtet, zu Pferd oder zu Fuß zu kämpfen.

Als der Feind die Grenze überquerte, herrschte in der Stadt Carlisle eine Aufregung, die mit dem Umstürzen eines Ameisenhaufens einhergeht. Die Glocke der Stadt wurde geläutet, die Bürger versammelten sich unter Waffen, und die Frauen besetzten die Mauern (wenn der Ausdruck erlaubt sein darf) mit Kesseln, kochendem Wasser und Schürzen voller Steine.

In dieser langen Geschichte gab es keine schlimmere Zeit als die Herrschaft Heinrichs des Achten. Der Krieg mit Schottland hatte diesem Land die vernichtende Niederlage von Flodden beschert, wo, um es mit den Worten der schottischen Klage auszudrücken: „Die Blumen des Waldes waren ein Unkraut "; aber das Ergebnis war Anarchie in den Grenzen, wo Tausende von Gesetzlosen lebten, die niemand zurückhalten konnte. Das Büro des Direktors war damals keine leichte Aufgabe, und ein Schotte auf englischer Seite oder ein Engländer auf schottischer Seite geriet für einen Moment in Lebensgefahr. Jeder Mann musste seine Anwesenheit erklären, und in den Straßen von Carlisle durfte niemand ohne Erlaubnis mit einem Schotten sprechen, und niemandem dieser Nationalität war es gestattet, in der Stadt zu leben.

Räuber

Carlisle Castle blieb zu dieser Zeit und noch lange danach ein starker Ort, aber nichts ist erstaunlicher als die Leichtigkeit, mit der Plünderer oft selbst die stärksten Burgen überfielen. Nehmen wir zum Beispiel die Affäre zwischen dem „mutigen Buccleuch" und Kinmont Willie zur Zeit von Königin Elisabeth. Die Grenzen waren seit langem von Kriegen im größeren Maßstab verschont geblieben, doch die moosbevölkernden, rückkehrenden Streifzüge überlebten in ihrer anfänglichen Heftigkeit weitgehend, trotz der einvernehmlichen Ernennung englischer und schottischer Lords Wardens, die das gesetzlose Volk in Schach halten sollten auf beiden Seiten der umstrittenen Gebiete zwischen den Märschen. Die Wardens' Courts wurden ausschließlich in den Bezirken des Solway durchgeführt, und die dort versammelten Personen waren vor Gewalt auf beiden Seiten geschützt. Aber als sich der Hof 1596 in Kershopeburn versammelte, um Beschwerden im Zusammenhang mit den großen Raubzügen der Armstrongs zu regeln, die in einer Zahl von dreitausend von Schottland herübergerückt waren und den gesamten Bestand im Umkreis von Meilen verschafft hatten, waren die Gefühle der Engländer geschwächt roh. Ein bemerkenswerter Mann unter diesen Viehdieben war dieserselbe „ Kinmont Willie", und die Engländer sehnten sich sehnlichst danach, sich an ihm zu rächen. Am Hof war er durch die Regeln dieser Versammlung geschützt, aber als er davonritt, war er leichtsinnig genug, allein loszuziehen, und es geschah, was zu erwarten war. Er wurde gefangen genommen und in einen Kerker in Carlisle Castle gebracht.

Die gesamte schottische Seite der Grenze geriet wegen dieser Vertragsverletzung sofort in Aufruhr, und Sir Walter Scott von Buccleuch, Hüter von Liddesdale , sah sich veranlasst, die Freilassung des Räubers zu beantragen. Buccleuch war ein gesetzestreuer Mensch und wäre wahrscheinlich froh gewesen, wenn Kinmont Willie ordnungsgemäß an seiner Seite gehängt worden wäre, aber dieser Bruch der Vereinbarung zwischen den Wächtern war eine unerträgliche Empörung.

Lord Scrope , der englische Aufseher, teilte ihm mit, dass die Angelegenheit so wichtig sei, dass sie der Königin vorgelegt werden müsse; und sie wiederum ignorierte es völlig. Buccleuch beschloss daher, um jeden Preis den Gefangenen zu retten, der sonst bald gehängt worden wäre, und stellte sich an die Spitze von zweihundertzehn verzweifelten Geistern, die nachts den Esk überquerten und sich zwei Stunden lang schweigend Carlisle näherten bevor es losgeht. Sie hatten zu Pferd Kletterleitern für die Burgmauern und Spitzhacken mitgebracht und machten durch das Hintertor eine Bresche. Was machten diese Wächter, die nicht beunruhigt waren? Schlafen, zweifellos. Jedenfalls wusste die Garnison nichts, bis Buccleuchs Männer sich den Zutritt erzwungen hatten. Der Kerker, in dem der Gefangene eingesperrt war, war bekannt, und er wurde mit Ketten und allem herausgebracht und eilte davon. Die ganze Gruppe machte sich schnell wieder auf den Weg in ihr eigenes Land, bevor die Verfolgung ordnungsgemäß organisiert wurde .

Der letzte Überfall fand tatsächlich im Jahr 1601 statt, als die Königreiche durch die Thronbesteigung Jakobs des Ersten vereint wurden und er sich in Berwick auf einer Reise nach London befand. Mehrere Hundert Schotten plünderten daraufhin an Carlisle vorbei, viele wurden gefangen genommen und ordnungsgemäß gehängt. Jakobus, der darauf bedacht war, die Königreiche tatsächlich zu vereinen, ordnete an, dass der Name „Grenze", der für jahrhundertelange Kriegsführung stand, durch „Mittelland" ersetzt werden sollte, aber der neue Stil scheint nie allgemein verwendet worden zu sein; und das Kommen der Stuarts bedeutete in späteren Jahren viel mehr Ärger für Carlisle und seine Umgebung; denn es war in den Jahren 1644–1645, als die Stadt die längste und schwerste Belagerung ihrer Geschichte erlebte. Es wurde für den König gehalten und acht Monate lang vom schottischen General Leslie belagert. Die Bürger mussten für ihre Treue teuer bezahlen und mussten sich auf den Verzehr von Pferden, Hunden und Ratten beschränken. Hungrige Leute jagten wild umherirrende Katzen über die Dächer, angesichts der Belagerer, die aus großer Entfernung auf sie schossen; und sogar Hanfsamen wurden so teuer, dass sich nur die Reichen sie leisten konnten. Das in der Stadt laufende Geld wurde aus Silberblech geprägt; Aber es gab so wenig zu kaufen, dass, wie ein damaliger Tagebuchschreiber schrieb, „die Bürger vor dem Hungertod so geschrumpft waren, dass sie nicht anders konnten, als einander auszulachen, als sie sahen, wie ihre Kleider an ihnen hingen wie an Männern an Galgen." "

Nach der Kapitulation, die diese denkwürdige Belagerung beendete, litt die Kathedrale von Carlisle so sehr. Der Besucher, der den ehrwürdigen Stapel zum ersten Mal erblickt, ist von seinen ungewöhnlichen Proportionen verwirrt und hat einige Schwierigkeiten, zu unterscheiden, welches Ende im Osten und welches im Westen liegt. Er wurde überall sonst verwendet, um zu sehen, dass das Kirchenschiff einer Kathedrale viel länger ist als der Chor, und dass sich das Gebäude vom zentralen Turm nach Westen erstreckt und fünf- bis sechsmal so lang ist wie der östliche Teil oder Chor. Hier jedoch, als er sich endgültig zurechtgefunden hat, nimmt er wahr, dass der Chor mehr als dreimal so lang ist wie das Kirchenschiff.

Dieser seltsame Anblick der Kathedrale, der aussieht, als ob sie körperlich umgedreht worden wäre, ist ausschließlich der Wut zu verdanken, mit der die Soldaten nach der Belagerung über sie herfielen. Wo es einst acht Joche im frühen normannischen Kirchenschiff gab, sind es jetzt nur noch zwei: Der Rest wurde allesamt als roher Stein verwendet, um die Mauern der Stadt zu reparieren und Wachhäuser zu errichten: eine merkwürdige Umkehrung seiner frühen Verwendung. denn diese Steine stammten in normannischer Zeit von der antiken römischen Mauer.

EAST END, CARLISLE KATHEDRALE.

DER STAHL, DER ANGST MACHT

Aber Carlisle hatte nicht einmal mit dem Sakrileg von 1645 zu kämpfen. Es entkam 1715, denn die Rebellen vermieden es, zu Zusammenstößen mit einer befestigten Stadt zu kommen; aber es erfuhr aus nächster Nähe von der weitaus erfolgreicheren Rebellion von 1745. Aber welchen Nutzen haben zinnenbewehrte Mauern aus Stein, wenn sie schwache Nerven haben? Nach all den mutigen Taten des „fröhlichen Carlisle" ist es traurig, darüber nachzudenken, wie tief der Kampfgeist im Jahr 1745 gesunken war, als die in der Stadt versammelte Miliz es ablehnte, gegen die Rebellen unter Prinz Charlie zu kämpfen. Eine kühne Front hätte die Invasoren gezwungen, Carlisle in Ruhe zu lassen; Aber die Breitschwerter der Highlanders hatten so viel von dem, was Militärhistoriker als „moralische Wirkung" bezeichnen, dass die Milizionäre sich entschieden weigerten, das Risiko einzugehen, von diesem schrecklichen kalten Stahl gespalten zu werden. Der arme Oberst Durand, der das Kommando hatte – wenn wir das überhaupt noch ein Kommando nennen dürfen, das seinen Befehlen nicht gehorcht –, mochte toben, flehen und sogar weinen, aber es war nutzlos, und die Stadt wurde übergeben. Prinz Charlie befand sich im Lager in Brampton, acht Meilen entfernt, und es muss ein stolzer Moment für ihn gewesen sein – wenn auch eine traurige Demütigung für manche –, als Bürgermeister und Konzern zu ihm gingen und ihm auf den Knien die Schlüssel zu den Toren anboten. Am nächsten Tag trat der Prinz triumphierend auf einem milchweißen Pferd ein, vor ihm spielten hundert Pfeifer. Es muss ein schrecklicher Moment gewesen sein – für diejenigen, die den Dudelsack nicht liebten.

Georg der Zweite begann in St. James, seine Position zu überdenken, als er von diesem bahnbrechenden Versagen seiner geschworenen Beschützer hörte, und viele ausgezeichnete, wenn auch zeitraubende Leute in hohen Positionen begannen, die unangenehmen Dinge, die sie über die Kirche gesagt hatten, wegzuerklären Stuarts. Doch schon nach wenigen Wochen zogen sich die Highlander, wie wir wissen, zurück; und indem sie ihre Segel erneut richteten, wiederholten Politiker und Witzbolde erneut ihre Treuebeteuerungen gegenüber dem Haus Hannover und überarbeiteten das alte Zitat aus der Offenbarung, Kapitel XVII. Vers 11, erstmals im Jahr 1715 verbreitet, in dem sie vorgaben zu glauben, dass Jakobus der Zweite von England und Siebte von Schottland und sein Sohn, der Prätendent (*de jure* Jakobus der Dritte und Achte), Gegenstand der Prophezeiung waren: „Und das Tier das war und ist nicht, ja er ist der Achte und ist einer der Sieben und geht ins Verderben."

Ein genialer Fund, das muss man zulassen und genügen, vorausgesetzt, niemand sonst könnte sich auf die Offenbarung berufen und ein anderes Zitat finden, das das erste ein wenig zerstört. Aber ein solcher war tatsächlich im vorhergehenden Vers zu finden, in dem es sehr merkwürdigerweise heißt: „Und es waren sieben Könige: fünf sind gefallen, und einer ist, und der andere ist noch nicht gekommen; und wenn er kommt, muss er eine kurze Weile bleiben." Es gab diese hervorragenden Whigs, die, als sie dies lasen, nicht ganz glücklich waren, bis die Ereignisse zeigten, dass der Aufstand absolut hoffnungslos war.

Der Herzog von Cumberland eroberte die Stadt mit Leichtigkeit zurück und eroberte mit ihr Prinz Charlies ergebene Nachhut: den tapferen Colonel Townely und seine 120 Männer des Manchester-Regiments, zusammen mit über zweihundert Highlandern und einigen wenigen Franzosen. Sie wurden in der Kathedrale untergebracht und von dort in einer langen, melancholischen Prozession nach London gebracht, um dort je nach ihrem Grad als Gentlemen geköpft oder wie gewöhnliche Übeltäter gehängt zu werden. Sie ritten, an Händen und Füßen gefesselt, oder gingen, aneinander gefesselt, den ganzen bitteren Weg.

DIE SCHLOSSDUNGEONS

Der Herzog war vom militärischen Wert der Burg nicht besonders beeindruckt. Er nannte es „einen alten Hühnerstall", aber darin befanden sich die anderen elenden Gefangenen, die nach Culloden nach Carlisle geschickt wurden, ausreichend sicher. Vierhundert von ihnen warteten während des heißen Wetters des Jahres 1746 in den düsteren Kerkern auf ihr Schicksal, und im Oktober begannen die Hinrichtungen. Sechsundneunzig fielen dem Henker zum Opfer, andere wurden über die Meere transportiert. In Gruppen von einem halben Dutzend oder einem Dutzend auf einmal wurden sie aus ihrer Gefangenschaft gerufen und auf Hürden zum hannoverschen Golgatha, dem Galgenberg, südlich der Stadt gezogen, wo sie gehängt und anschließend im Blut geviertelt wurden altherzig gesinnt; Ihre Köpfe wurden anschließend auf Stangen über dem Scotch Gate aufgestellt.

Noch heute können Sie Relikte dieser grausamen Zeit in der Zelle sehen, die in die dicke Ostwand des Bergfrieds eingearbeitet ist: das Gefängnis, in dem Macdonald von Keppoch lebte . Er vertrieb die Langeweile der Gefangenschaft, indem er die Wände mit Zeichnungen verzierte, die er mit einem Nagel ausgeführt hatte, und dort sind sie immer noch zu sehen. Heutzutage ist Carlisle Castle ein etwas schäbiges Militärdepot . Die äußere Vorburg ist ein von Kasernen gesäumter Exerzierplatz, und der innere Burghof und der Bergfried sind Lagerhäuser des Kriegsministeriums. Aber gerade in der unerwartet modernen Umgebung der öffentlichen Bibliothek bringt Ihnen das tragischste Andenken an diese Zeit die Gefahren der Rebellion am deutlichsten vor Augen. Dies ist ein Gipsabdruck eines Denkmals, das Dr. Archibald Campbell in der Savoy Chapel in London errichtet wurde. Die Kapelle wurde 1864 durch einen Brand weitgehend zerstört und mit ihr auch das Marmordenkmal. Der unglückliche Arzt war ein Nichtkombattant, der als Chirurg für die Rebellen in Culloden fungierte und von diesem katastrophalen Feld ins Ausland flüchtete. Nach sieben Jahren kehrte er in seine schottische Heimat zurück und glaubte, dies dann sicher tun zu können. wurde aber angezeigt und hingerichtet.

XXV

DIE größte Persönlichkeit in der Trainerwelt im Norden war Teather, der Hauptauftragnehmer für Post- und Postkutschen auf dem gesamten Gebiet von 166 Meilen zwischen Lancaster und Glasgow. Die Karrieren der Teathers spiegeln die Geschicke der Straße wider. John Teather, der Vater, war ursprünglich Vermieter des „Royal Oak", Keswick, das nicht an der Hauptroute nach Norden liegt; Aber er verließ die relative Dunkelheit dieser Stadt in Lakeland, um sich den geschäftigen Aktivitäten von Carlisle zu widmen, und von dieser strategischen Trainerposition aus steuerte er die Busse 65 Meilen südlich nach Lancaster und 101 Meilen nördlich nach Glasgow.

Acht Postposten gingen täglich in Carlisle ein und aus und sieben Postkutschen; und achtzig Pferde wurden für ihren ordnungsgemäßen Betrieb gehalten. Teather und sein Sohn leiteten dieses wichtige Geschäft: Der Jüngere übernahm es 1837 und lebte nach dem allgemeinen Ruin, das durch den Eisenbahnausbau verursacht wurde, dort, wo sein Vater begonnen hatte, als Vermieter der „Royal Oak" in Keswick.

Mit Beginn des 19. Jahrhunderts wurden einige Schritte unternommen, um Carlisle zu einem Hafen zu machen. Es wurde angenommen, dass ein Schiffskanal von einem Ort namens Fisher's Cross am Solway nach Carlisle, eine Entfernung von zwölf Meilen, die antike Stadt zu einem Ort von kommerzieller Bedeutung machen würde; und dementsprechend wurde der Kanal zwischen 1819 und 1823 zu einem Preis von 90.000 Pfund durchschnitten, und Fisher's Cross wurde mit dem neuen Namen „Port Carlisle" geehrt. Das Unternehmen zahlte nie seinen Lebensunterhalt, da alle Schritte, die in späteren Jahren unternommen worden wären, um die Lage zu verbessern, durch die Einführung der Eisenbahnen unmöglich gemacht wurden; während die Ironie des Schicksals den Kanal schon vor langer Zeit ereilte, als er in eine Eisenbahn umgewandelt wurde.

Im Dezember 1846 fuhr die erste Eisenbahn von Süden nach Carlisle. Dabei handelte es sich um die Lancaster and Carlisle Railway, die längst in die London and North-Western eingegliedert war. Im September 1847 führte die Caledonian Railway von Carlisle nach Moffat die neuen Methoden auf einer weiteren Etappe fort und im darauffolgenden Februar wurde sie weiter nach Glasgow und Edinburgh verlängert. Es war zwangsläufig der Todesstoß für die Reisebusse entlang der Hauptstrecke. Mein alter Freund, Herr WH Duignan aus Walsall, der sich an diese Zeit erinnert, reiste mit der

letzten Postkutsche von Carlisle nach Glasgow. Er ging zum Hotel „Bush"
und buchte für diesen Anlass einen Sitzplatz.

Der Buchhalter bemerkte, als er seinen Namen nannte: „Ich glaube, ich habe
Sie schon oft gebucht, nicht wahr?"

„Ja", antwortete der Reisende .

„Dann, Sir", erwiderte der Angestellte und lehnte das Geld ab, „Herr –" – er
erwähnte den Namen des Hoteliers – „ wird es eine Freude empfinden, wenn
Sie einen Platz annehmen und alles bestellen, was Sie wollen seine Kosten."

Mein Freund erklärte, das sei die Gentleman-sterbendste Post gewesen, die
er je gekannt habe.

Der „Bush" wurde inzwischen wieder aufgebaut, aber im etwa zwei Meilen
entfernten Corby Castle, in dem ehemaligen „Haunted Room", hängt in
einem Rahmen eine interessante Glasscheibe von einem seiner Fenster, auf
der nicht weniger Berühmtheiten beschriftet sind ein Reisender als Hume,
der Historiker, mit dem satirischen Vers, der über den „Bush", die
Kathedrale und Carlisle im Allgemeinen nachdenkt:

Hier wühlen sich Küken in Eiern zum Frühstück herum;

Hier toben gottlose Jungen Gottes Herrlichkeiten;

Hier bewachen Schottenköpfe die Mauer,

Aber Corbys Spaziergänge sind eine Wiedergutmachung für alle.

Sir Walter Scott sah dies im Jahr 1825 und bemerkte in einem Brief an seinen
Freund Morritt humorvoll über „Humes poetische Werke".

EIN EISENBAHNZENTRUM

Der Grund, der Carlisle in früheren Zeiten zum Schlüsselpunkt militärischer
Dispositionen und in späteren Zeiten zu einem so wichtigen
Postkutschenzentrum machte , wirkte sich noch stärker aus, indem er es zum
geschäftigen Zentrum vieler Eisenbahnsysteme machte, das es heute ist.
Carlisle hat denjenigen, die im Westen zwischen England und Schottland
unterwegs waren, schon immer im Weg gestanden. Heute laufen die
rivalisierenden Eisenbahnen alle in einem gemeinsamen Bahnhof zusammen:
und dort nach vielen parlamentarischen Auseinandersetzungen die London
und North-Western, die Midland und ihre jeweiligen Verbündeten, die
Caledonian, die North British und die Glasgow und South-Western Kampf
in der Vergangenheit, komponieren Sie ihre Differenzen.

Der Cheftrainerbetrieb war so früh ruiniert, aber die Zweigbusse blieben noch, und der letzte Bus – der von Hawick nach Edinburgh – verließ Carlisle auf seiner letzten Reise erst am 31. August 1862. Die Trainergeschichte ist jedoch ebenso wenig bekannt in Carlisle durch sichtbare Überreste als die alte Geschichte des Ortes veranschaulicht, denn während das „Bush" wieder aufgebaut wurde, ist das konkurrierende Gasthaus, das „Crown and Mitre " in der Castle Street, in den Zustand einer Kaffee-Taverne verfallen, und das „Blue Bell" in der Scotch Street hat offensichtlich seine besten Tage gesehen.

Wenn Sie nach finsteren Toren, umkämpften Mauern und dergleichen suchen, die ausreichen, um die bewegende Geschichte von Carlisle einzuhüllen, werden Sie im kalten Schatten der Enttäuschung erstarren, denn die Straßen von Carlisle sind breit, viele der Häuser sind modern und es gibt Eisenbahnen stehen ganz im Vordergrund. Die Kathedrale liegt versteckt und fast die einzige malerische Ecke ist die Gasse namens St. Alban's Row. Sogar die alten Aufsatzblöcke, die einst so reichlich an den Bordsteinen standen , um den Reitern dienlich zu sein, und die ein Merkmal von Carlisle waren, sind verschwunden. Nur gelegentlich sind die seltsamen Namen der Straßen und Gassen erhalten geblieben: darunter Rickergate , Whippery und Durham Ox Lane.

ST. ALBANS REIHE.

Carlisle hat heute einen kommerziellen Ruf. Es werden Hüte, Peitschen und Textilstoffe hergestellt, ganz zu schweigen von Färbereien, in denen die Bürger von Carlisle (gegen Bezahlung) bereit sind, für ihr Land zu färben. Auch die Herstellung von Gingham, dessen Geheimnis vor langer Zeit aus Guingamp , seinem Heimatort in der Bretagne, gestohlen wurde, genießt große Aufmerksamkeit, und die Herstellung von Keksen und Pappschachteln bildet die Geschichte der Aktivitäten der Stadt. Aber Carlisle scheint trotz all dieser Entwicklungen ein armer Ort zu sein und keineswegs ein fröhlicher Ort. Der ganze Spaß hörte auf, als Raubzüge und Morde nicht mehr zeitgemäß waren und die einzige Heiterkeit, die man heutzutage sieht und hört, nicht mehr einheimisch ist. Es ist an der großen Carlisle Joint Station zu unpassenden Zeiten zu finden und wird kostenlos, umsonst und umsonst von reisenden Theatergruppen nach Schottland zur Verfügung gestellt. Seit zwei Generationen haben die bescheidenen Komödianten der Kompanien das ermüdende Warten, das manchmal auf den Bahnsteigen von Carlisle ansteht, vertreiben können und die müden Träger mit dem Tanzen von Scotch-Rollen und Schwerttänzen, begleitet von teuflischem Jaulen, in Erstaunen versetzt oder den Wunsch geäußert, dies zu tun ein „willie waucht ", „dee for Annie Laurie", „ fou the noo " oder irgendetwas anderes vermeintlich Schottisches haben. Es ist einer der am meisten geschätzten Kongresse der Theaterbranche auf Tournee.

Dieser große gemeinsame Bahnhof – der Citadel-Bahnhof, wie er genannt wird – grenzt an zwei riesige , mittelalterlich aussehende Trommeltürme aus rotem Sandstein, Restaurierungen zweier gleichartiger Türme aus dem 16. Jahrhundert. Sie sehen dennoch düster aus, weil sie lediglich der Funktion von Schwurgerichten und nicht der Befestigung dienen. Wenn Sie von der Londoner Straße nach Carlisle kommen, müssen Sie unbedingt zwischen ihnen hindurchgehen, und sie gehören zu den ersten Dingen, die jeden Gedanken zerstreuen, den der Fremde vielleicht mitgebracht hat, dass Carlisle wirklich „fröhlich" ist.

Das moderne Erscheinungsbild von Carlisle erinnert unwiderstehlich an einen zerlumpten Bengel, der die Hosen eines ausgewachsenen Mannes trägt. Viele Dinge sind zu groß für ihre Umstände. Zwei herausragende Dinge unter den vielen, die diesen Vergleich nahelegen, sind die unnötigen elektrischen Straßenbahnen und die noble Eden Bridge, die die Straße über den Fluss nach Stanwix führt. Die Brücke, die vor hundert Jahren erbaut wurde, ist monumental und sogar die Lampenständer, die gleichzeitig für sie entworfen wurden, sind in Ordnung. Aber die Oberleitungsdrähte sind eine Beleidigung für den Geist der Sache, und die Stadt Carlisle kümmert sich so wenig darum, dass in Abständen hässliche elektrische Lichtmasten angebracht werden, und die schönen alten Eisenlampen, die so einfach und ansehnlich aussehen könnten angepasst wurden, erfüllen nun keinen sinnvollen Zweck mehr.

XXVI

AUF DEM WEG nach Stanwix sind wir endlich an der Grenze, denn hier verlief die römische Mauer auf ihrem Weg von Wallsend in der Nähe von Newcastle-on-Tyne nach Bowness und trennte die damalige Zivilisation von der unbekannten Wildheit weiter nördlich . Es wurde etwa 121 N. CHR . auf Veranlassung des Kaisers Hadrian erbaut und hielt die bemalten, hautgekleideten „Pikten" über dreihundert Jahre lang in ihrem eigenen wilden Land und beschäftigte eine beträchtliche Garnison, um es zu patrouillieren und eine ständige Wachsamkeit entlang dieser Gebiete auszuüben bittere, windgepeitschte Meilen. Mancher tapfere Zenturio, der dazu verdammt war, auf diesen alten Märschen Wache zu halten, hat sich zweifellos vor langer Zeit über die Wälle der Mauer gebeugt und mit Blick auf den struppigen Wald und das Unterholz dahinter die „Vorwärtspolitik" in Rom verflucht. die die Grenzen des Imperiums in den gefrorenen Norden verschob, bevor die südlichsten Provinzen vollständig besiedelt waren. Hier gab es keine Gesellschaft und keinen Ruhm im Kampf gegen Wilde, der mit dem zu vergleichen war, der in Feldzügen gegen die Armeen Karthagos oder Griechenlands erlangt werden konnte.

Hier, an dieser Mauerfestung von *Convagata* , gab es jedenfalls die Nachbarschaft von *Luguvallum* , die offenbar gut besiedelt war, aber das einsame Leben dieser Wächter des alten Roms in den einsamen Meilenburgen der Mauer muss so gewesen sein Es wäre äußerst langweilig, dass die Gefahren eines gelegentlichen piktischen Überfalls willkommen wären.

Selbst in vergleichsweise modernen Zeiten wie dem Beginn des 17. Jahrhunderts war die Grenze kaum bekannt. Camden sprach von den nördlichen Ausläufern dieser Straße, bevor er 1607 Cumberland besuchte, als einem Teil des Landes, der „jenseits der Berge in Richtung des westlichen Ozeans liegt", und war mit den Gefahren, die sich auch nur in der Nähe dieser abgelegenen Festungen ergaben, sehr beschäftigt. Er näherte sich den Menschen in Lancashire mit „einer Art Angst"; aber im Vertrauen auf den Schutz Gottes beschloss er schließlich, „das Risiko des Versuchs einzugehen". Er kam tatsächlich an die Grenze, stellte jedoch bei der Erforschung der römischen Mauer, die England und Schottland trennte, fest, dass die Mauer nicht nur eine Trennung zwischen zwei Ländern darstellte, sondern auch die Grenzen der Zivilisation markierte . Dementsprechend kehrte er zitternd vor Besorgnis zurück und ließ seine geplante Arbeit unvollständig zurück.

CARLISLE.

Stanwix, Standort von *Convagata* , hat seinen Namen von dem „Steinweg",
den die Sachsen hier fanden. Um ehrlich zu sein, ist das moderne Stanwix
ein trauriger Ort, um über die vergangenen kolonialen Schicksale des
kaiserlichen Roms nachzudenken, denn die Mauer ist verschwunden und die
Kirche und der Kirchhof von Stanwix stehen an der Stelle der Festung. Auch
eine kostbare, hässliche Kirche wurde hier gebaut: Frühes Englisch nur mit
Absicht; mit einem düster überfüllten Kirchhof drumherum. Eines der
Grabinschriften erzählt eine erbärmliche Geschichte: „Hier liegen die
sterblichen Körper von fünf kleinen Schwestern, den geliebten Kindern von
AC Tait, dem Dekan von Carlisle, und von Catherine, seiner Frau, die alle
innerhalb von fünf Wochen abgetrennt wurden." ." Sie starben während
einer Scharlachepidemie im Jahr 1856. Ein Gedenkfenster für sie befindet
sich im nördlichen Querschiff der Kathedrale. „AC Tait" war natürlich
Archibald Campbell Tait, der spätere Erzbischof von Canterbury.

Aber wenn Stanwix so hässlich und alltäglich ist, so ist die Landschaft, in der
es platziert ist, äußerst schön. Umso größer ist das Verbrechen derjenigen,
die es zu dem gemacht haben, was es ist. Es gibt einen schönen, steilen,
grasbewachsenen Abstieg, der reichlich mit edlen Bäumen bewaldet ist und
vom Kamm von Stanwix bis zum Eden abfällt und so etwa eine Meile oder
länger am Fluss entlangführt. „Rickerby Holmes" ist der Name dieses
schönen Features. Von diesem Punkt aus haben Sie den schönsten Blick auf
Carlisle.

DIE GRENZE

Es ist ein flaches, eintöniges Land, das sich nördlich von Stanwix über neun
Meilen bis zur Grenzlinie erstreckt. Von Zeit zu Zeit entstehen elende

Dörfer, die lediglich aus Ansammlungen dürrer Hütten bestehen, kaum besser als Hütten, oft aus „Dubbin", *also* Lehm und Stroh, gebaut. Sie sind fast alle vergleichsweise neuzeitlich und weisen unmissverständlich darauf hin, dass es noch nicht so lange her ist, dass das Leben im umstrittenen Land gefährlich und für die Gesetzestreuen unvorstellbar war. Sehr gut geeignet für moosstreifende Vagabunden und Kuhdiebe, aber nicht für die Verantwortlichen oder diejenigen, die sich ein ruhiges Leben wünschen.

Vorbei an Goslin Syke , wo ein sumpfiger Bach die Straße kreuzt, kommen wir nach Kingstown, wo die Straße rechts und links abzweigt. Auf dieser letzten Etappe zur Grenze bedeutete diese Trennung der Wege viel für durchgebrannte Paare, die sich auf den Weg nach Schottland machten und gleich nach Erreichen schottischen Bodens heirateten.

Die Geographie von Gretna und der Grenze ist, was die Straßen betrifft, etwas kompliziert und bedarf einer sorgfältigen Erklärung. Bis 1830, als die ausgedehnten Sandstrände des Esk überbrückt wurden, verlief der Weg für Kutschen und den gesamten Straßenverkehr umständlich durch Longtown, rechts von der Stelle, an der sich heute die Straßengabelung befindet; Doch in diesem Jahr wurde die New Road oder die „Englische Straße", wie sie allgemein genannt wurde, eröffnet, was zu erheblichen Eingriffen in das führte, was die Einwohner von Springfield fast als ihre „erworbenen Rechte" betrachteten. Denn wie der beigefügte Plan zeigen wird, lag Springfield direkt an der Route nach Schottland; und Gretna Green nur auf einer Seite davon. Aber auch hier muss der Historiker vorsichtig sein und nicht voreilig annehmen, dass die ersten Ehen in Springfield geschlossen wurden und daher nach Springfield hätten benannt werden müssen. Merkwürdigerweise entstand dieses Dorf erst 1791, als es vom damaligen Grundbesitzer Sir William Maxwell erbaut wurde, der es nach einem dort stehenden Bauernhof benannte. Damals und noch lange danach war es die Heimat von Leuten, die vorgaben, Weber zu sein, in Wirklichkeit aber fast ausnahmslos eine Gruppe betrunkener Grenzgänger, die, wenn sie nicht hilflos betrunken waren, Schmuggler, Wilderer und Verschwender im Allgemeinen waren und dort lebten Die Märsche der beiden Länder respektierten die Gesetze von keinem.

Springfield nahm unmittelbar nach seinem Aufstieg den Großteil des Heiratsgeschäfts von Gretna weg, da es näher an der magischen Trennlinie lag.

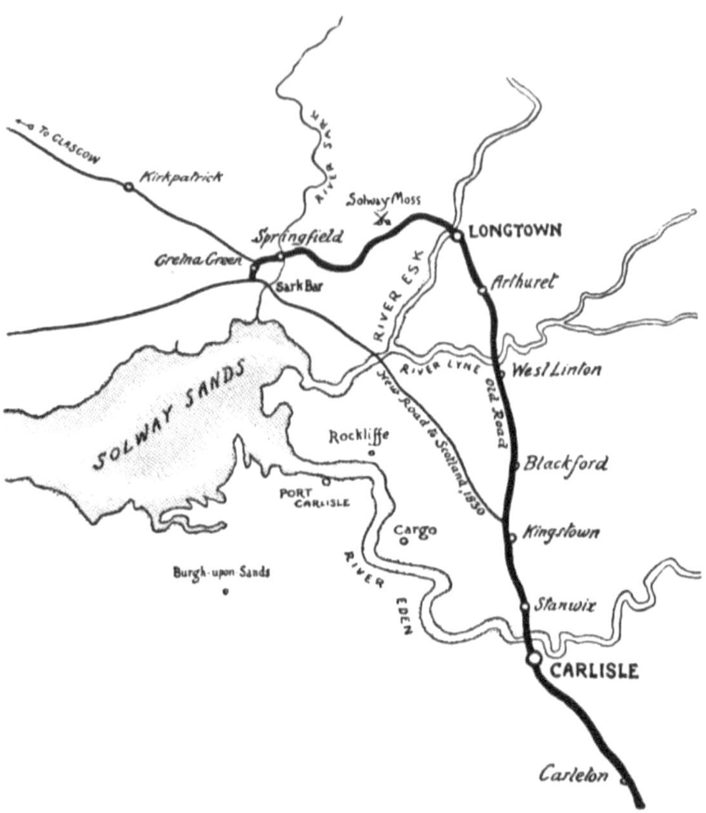

KARTE ALTER UND NEUER STRASSEN VON CARLISLE NACH GRETNA GREEN.

Blackford an der Longtown Road ist hier das einzige unveränderliche Muster, gefolgt vom Weiler West Linton am Fluss Lyne, wo sich ein Häuschen oder so, ein Bauernhof und das weiß getünchte „Graham's Arms" mit seinem Motto befinden „ N'Oublie " steht im Schlamm. Tannen und eine mit Lorbeerbäumen gesäumte Straße führen dann zu der Nebenstraße, wo die einsam stehende Arthuret- Kirche dem kirchenlosen Longtown dient, das eine halbe Meile entfernt liegt.

Auf dem Kirchhof von Arthuret ist ein zerbrochenes Kreuz zu sehen, das angeblich das Grab von Archie Armstrong markiert, dem berühmten Hofnarren von Jakobus dem Ersten und Karl dem Ersten. James brachte ihn von der Grenze nach Süden, wo er sich schon früh als Schafdieb in Eskdale hervorgetan hatte; und seine Unverschämtheit und unbesiegbare Unverschämtheit bescherten ihm eine lange Erfolgsperiode am Hof. Aber schließlich übertrieb er sich in seiner Feindschaft gegenüber Erzbischof Laud. Als er einmal in Whitehall das Gnadengebet hielt, rief er aus: „Großes Lob für Gott und wenig Lob für den Teufel", und der ganze Hof kicherte; Doch als er 1637 Laud traf, zu einer Zeit, als die Schotten sich gegen die Diktatversuche des Erzbischofs in religiösen Angelegenheiten auflehnten , und fragte: „Wer ist zum Narren, der Noo ?" Die Lizenz des Narren war nicht mehr erträglich, und er wurde entlassen. Er lebte viele Jahre länger und erlangte den Ruf eines äußerst wucherischen Geldverleihers, dem keine scharfen Praktiken schaden konnten. Das Kreuz, das seine Ruhestätte markiert, ist in Wirklichkeit ein Teil eines antiken skandinavischen Denkmals.

Eine andere, zu seiner Zeit sehr berüchtigte Persönlichkeit liegt auf dem Kirchhof: Sir James Graham aus Netherby , der 1844 Innenminister war, als auf seine Anweisung hin die Korrespondenz von Mazzini und anderen politischen Flüchtlingen im Generalpostamt geöffnet und gelesen wurde. Graham erhielt seine Befehle vom Earl of Aberdeen, dem Minister für auswärtige Angelegenheiten, aber es war Graham selbst, dem die ganze öffentliche Schmähung zufiel, und er bemerkte im wahren Geiste der Prophezeiung, dass alles andere, was er getan hatte, vergessen werden würde , und er würde nur durch diesen elenden Vorfall in Erinnerung bleiben. Es ist sicherlich eine bedauernswerte Sache und eine echte Tragödie des öffentlichen Dienstes, dass ein ehrenhafter Herr, der im Privatleben alles Gemeine verachtet hätte, als der Mann in die Geschichte eingeht, der die Heiligkeit der privaten Korrespondenz verletzt hat.

In Longtown gibt es keine architektonischen Besonderheiten. Jedes Haus ist wie sein Gegenstück und jede Straße gleicht jeder anderen Straße. Wie finden dann die verirrten Nachtschwärmer , die „ fou " nach Hause zurückkehren , den Weg zu ihren besonderen Wohnsitzen? Ein Versuch, die strenge Kantigkeit von Longtown zu mildern, den Straßen jedoch keine Abwechslung zu verleihen, zeigt sich in der relativ neuen Bepflanzung der Straßen mit Bäumen.

Viele Leute nehmen an, dass der Fluss Esk bei Longtown die Grenze zwischen England und Schottland darstellt. Die Annahme ist durchaus berechtigt, denn der eigentliche Teiler, der Sark, vier Meilen weiter, in der Nähe von Springfield, ist äußerlich ein sehr unbedeutender Bach. Die politische und gesellschaftliche Bedeutung war jedoch in der Tat von sehr ernster Bedeutung.

Unterwegs kommt man an Solway Moss vorbei. Turner hat es zum Thema einer der schönsten Tafeln in seinem *Liber Studiorum* gemacht und einige Berge, die es nicht gibt, in die Ansicht eingefügt, zusammen mit etwas Wetter, das, zum Glück für den jetzigen Autor, ebenfalls nicht vorhanden war, als er diesen Weg passierte .

SOLWAY MOOS

[*Nach JMW Turner, RA*

SCHLACHT VON SOLWAY MOSS

Solway Moss ist auf den Karten mit den üblichen gekreuzten Schwertern markiert, die auf eine Schlacht hinweisen. Es war keine epochale Schlacht, die hier am 24. November 1542 ausgetragen wurde, aber es war einer der vollständigsten englischen Siege, und die Geschichte davon ist von einem eigenartigen Schrecken geprägt. Die Schotten hatten die Grenze in großer Zahl überquert und waren auf ihren üblichen Feuer- und Plünderungslinien zum Angriff auf Carlisle unterwegs, als sie bei Arthuret von einer Armee unter Sir Thomas Wharton, dem tapferen Aufseher der Westmarken, getroffen wurden. Der Angriff der Engländer verwirrte die Invasoren, die in der zunehmenden Dunkelheit flohen. Zehntausend Flüchtlinge verirrten sich und landeten mit der Flut auf den verhängnisvollen Solway Sands. Einige warfen ihre Waffen weg und kämpften sich durch, Tausende ertranken und viele ergaben sich den Frauen. In der Zwischenzeit wanderte die Hauptmacht, verfolgt von den Engländern, in die andere Richtung über den Esk und stürzte in das Moor von Solway Moss, wo sie verschlungen, getötet oder gefangen genommen wurde. „Niemals", sagt Froude, „hat es in allen Kriegen zwischen England und Schottland eine vollständigere, plötzlichere oder schändlichere Niederlage gegeben." Jakobus der Fünfte von Schottland starb am 14. Dezember, untröstlich wegen der Katastrophe. Es war eine vollständige englische Rache für die Niederlage, die sie 1449, fast hundert Jahre zuvor, an der Sark erlitten hatten.

DIE STRAßE VORBEI AN SOLWAY MOSS.

Turner tut also richtig, wenn er das Thema so romantisch behandelt, und ich bin lediglich ein Bildreporter, der nur das niederschreibt, was ich sehe. Aber auch wenn Turner den Pilger vielleicht davon abbringen könnte, mit seinem Sturm über ihm und seinem unergründlichen Sumpf darunter, aus dem offenbar einige Unglückliche mit ihrem Leben fliehen, erkennt man auf der modernen Skizze, dass zumindest eine harte Landstraße vorbeiführt .

Nachdem wir nun zum Sark gekommen sind und über ihn in die lange Straße von Springfield und damit auch nach Schottland gelangt sind, ist es notwendig, ausführlich die Geschichte der „Gretna Green"-Ehen zu erzählen. Es könnte kaum in einer abweisenderen Umgebung erzählt werden, denn Springfield ist eine lange Straße voller dürrer, unaufgeräumter Alltäglichkeiten, und weder das einst berüchtigte „Queen's Head"-Gasthaus auf der rechten Seite noch das „Maxwell Arms" auf der linken Seite tragen dazu bei, das Ganze zu entschärfen im geringsten Maße. Aber der Teufel ist im Spiel, wenn die Liebe nicht einmal einer solchen Szene einen rosigen Farbton verleihen kann, und zweifellos sah Springfield für einige hinreißend aus.

XXVII

DIE Popularität von Gretna Green-Elopements geht auf die Verabschiedung des Marriage Act von Lordkanzler Hardwicke aus dem Jahr 1754 zurück, in dem es hieß: „Jede Person, die die Ehe an einem anderen Ort als einer Kirche oder einer öffentlichen Kapelle ohne Aufgebot oder andere Genehmigung zelebriert , soll: Bei einer Verurteilung wird er wegen eines Verbrechens für schuldig befunden und für vierzehn Jahre in den Gefängnissen verbannt, und alle derartigen Ehen sind ungültig.“

Flottenehen

Mit dieser Maßnahme sollte ausdrücklich den seit langem andauernden und wachsenden Skandalen um die sogenannten „Fleet-Ehen“ ein Ende gesetzt werden, die erstmals im Jahr 1674 Aufsehen erregt hatten. Die Fleet-Ehen wurden von den Kaplänen des Fleet-Gefängnisses in London durchgeführt , führte zu vielen Missbräuchen. Zwischen den dortigen Gefangenen, die wegen Schulden oder anderen Vergehen eingesperrt waren , und den Besuchern, denen im Rahmen der laxen Disziplin der damaligen Zeit freier Zutritt gewährt wurde, wurden spontan und spontan die schrecklichsten Bündnisse geschlossen, die im großen Stil geschlossen wurden. Betrunkene Gefangene, ausschweifende Frauen und Pfarrer, die es absolut verdient hatten, entkleidet zu werden, waren die Schauspieler in diesen Szenen, die fast genau mit den ähnlichen geheimen Ehen übereinstimmten, die auf Antrag zu jeder Tages- und Nachtzeit von den Kaplänen des Savoyen und von den Savoyern durchgeführt wurden Geistliche Besitzer eigener Kapellen in Mayfair.

Diese Heiratshändler erzielten erstaunliche Einkünfte. Aus den noch vorhandenen Aufzeichnungen über die Honorare eines Flottenpfarrers aus dem Jahr 1748 geht hervor, dass er allein im Monat Oktober nicht weniger als 69 12 Pfund Sterling erhielt . 9 *T.* für seine Dienste. Bei der Flotte kam es am 25. März 1754, einen Tag bevor Lord Hardwickes Gesetz in Kraft trat, zu einer feierlichen Abwicklung des Geschäfts, bei der 217 Hochzeiten gefeiert wurden.

Die im Gesetz vorgesehene Strafe war unter den gegebenen Umständen nicht allzu streng; denn angesichts der durch diese Praktiken verursachten Übel war es notwendig, diesen Verkehr so weit wie möglich zu unterbinden. Viel mehr als heute war eine einmal geschlossene Ehe unwiderruflich. Es gab keine Scheidungsgerichte für die Wiedergutmachung ehelicher Verletzungen, und die Betrunkenen und Rücksichtslosen, die sich so leichtfertig an einer

Flottenehe beteiligt hatten, wurden lebenslang an ihre Vereinbarung gebunden.

Aber das Gesetz, so wohltuend es auch war, wurde nicht ohne großen Widerstand verabschiedet, und selbst als es Gesetz wurde, blieb seine Wirkung auf England beschränkt; mit dem Ergebnis, dass die einzige Schwierigkeit auf dem Weg einer geheimen Ehe, die ausreichend legal sein sollte, darin bestand, England zu verlassen; Ob über den Ärmelkanal nach Calais oder auf die Isle of Man oder über die Grenze nach Schottland, war unerheblich. Die Isle of Man war für kurze Zeit ein beliebter Ort, aber das House of Keys, die gesetzgebende Körperschaft dieser Insel, verabschiedete 1757 ein Gesetz, das Ehen auf andere Weise als durch Aufgebote oder Sondergenehmigungen verbot, mit einer Strafe, die mit der der Engländer identisch war Handeln Sie für Geistliche, die dagegen verstoßen sollten; während jeder Laie, der eine solche Zeremonie durchführte, sehr hart behandelt wurde: Die Strafen in seinem Fall waren:

1. An den Pranger gestellt werden.

2. Seine Ohren verlieren.

3. Inhaftierung, bis der Gouverneur es für angebracht hält, ihn gegen Zahlung einer Geldstrafe von höchstens 50 £ freizulassen.

Nach der Verabschiedung dieses Gesetzes hören wir kaum oder gar nichts mehr über heimliche Eheschließungen auf der Isle of Man.

Die Kanalinseln und insbesondere Guernsey wurden damals gelegentlich bevorzugt , aber die schwierige Zugänglichkeit verhinderte, dass sie jemals bei den Liebeskranken beliebt wurden , die im Allgemeinen, obwohl sie bereit waren, viele Dinge zu erleiden, bei Seekrankheit die Grenze zogen.

Kindliche Zuneigung.

[Nach Rowlandson.

Tatsächlich war die Grenze vor allem dazu bestimmt, *der* Ort zu sein, zu dem flüchtende Paare rasten. „Als sich Großbritannien zuerst auf Befehl des Himmels aus dem azurblauen Meer erhob", war es an eine hohe Bestimmung gesiegelt; und als die Grenze zwischen den Königreichen England und Schottland festgelegt wurde, scheint sie zu unterschiedlichen Zeiten und Perioden ausdrücklich zu dem Zweck angelegt worden zu sein, Moosjägern, Viehtreibern und anderen Menschen Zuflucht und Lebensunterhalt zu bieten Gesetzlose Menschen der Grenzen. Es entsprach daher durchaus der alten Grenzgeschichte, dass es, als rohe Gewalt zum Einsatz kam und rechtliche Ungeheuerlichkeiten an ihre Stelle traten, der Zufluchtsort für durchgebrannte Liebende sein sollte, von denen ein großer Teil glücksjagende Halunken waren, die mit albernen, sentimentalen Dingen davonliefen Schulmädchen.

Der Flug nach Schottland bot außergewöhnliche Erleichterungen, denn das Heiraten jenseits der Grenze war (und ist) immer noch die einfachste Angelegenheit; Die größte Schwierigkeit besteht immer noch darin, wie Lord Eldon vor langer Zeit bemerkte, herauszufinden, was in Schottland *keine* Ehe darstellt. Mylord selbst sprach als doppelter Experte, denn er war nicht nur die große juristische Autorität seiner Zeit, sondern hatte auch jenseits der Grenze geheiratet. Tatsächlich war Lord Deas der Meinung, dass die bloße Zustimmung, selbst in Abwesenheit von Zeugen, eine rechtmäßige Ehe darstellte, genau wie in jenen primitiven Tagen, als der Mann nur zum Haus der Frau ging und sie zu sich nahm. Papst Innozenz III., der offenbar nicht so unschuldig war, wie sein Name vermuten lässt, machte diesem einfachen Plan im Jahr 1198 ein Ende.

Obwohl es absurd erscheinen mag, besteht die Schwierigkeit in Schottland nicht darin, zu heiraten, sondern wie nicht. Die bloßen mündlichen Bestätigungen, die ausgetauscht werden: „Dies ist meine Frau", „Dies ist mein Ehemann", sind völlig ausreichend und ebenso verbindlich wie die förmlichste Heiratsurkunde, die jemals ein Bischof seiner „lieben Geliebten" ausgestellt hat; und selbst im Scherz gesprochene Worte, ohne den Wunsch oder Wunsch, ernsthaft darüber nachzudenken, sind bindend. Es ist nicht anzunehmen, dass Romanautoren diese seltsamen Bräuche nicht kannten, und tatsächlich weisen Gretna Green im Besonderen und die schottischen Ehegesetze im Allgemeinen auf Wilkie Collins' „Man and Wife" und Mrs.

Henry Woods „Elster's Folly" hin und JM Barries „Little Minister" unter anderen Romanen.

„EIN FALSCHER ALARM AUF DER STRASSE: ES IST NUR DIE POST!"

[*Nach CB Newhouse.*

In engem Zusammenhang mit diesen Angelegenheiten stand der alte schottische Brauch des „Handfastens", der in den ersten Jahren des 19. Jahrhunderts noch praktiziert wurde, aber mit zunehmender Bildung und noch mehr praktiziert wurde und als Ursprung dieser besonders lockeren Methoden gilt das Wachstum des Komforts, das dann schnell abklingt. Diese barbarischen Bräuche, die in gewissem Maße einigen alten walisischen Bräuchen ähnelten, spielten für eine in Unwissenheit versunkene Bauernschaft kaum eine Rolle, aber mit der Zunahme der Lohn- und Eigentumsverhältnisse und dem daraus resultierenden Verantwortungsbewusstsein konnten sie auf keinen Fall überleben. Beim „Handfasten" handelte es sich um die Auswahl einer Frau oder eines Mannes, die nach Zustimmung ein Jahr lang vor Gericht zusammenleben sollten. Wenn sie am Ende des Jahres für beide Seiten zufriedenstellend waren, wurden sie für immer Mann und Frau; wenn nicht, trennten sie sich und konnten erneut wählen. Für Kinder, sofern vorhanden, war der unzufriedene Partner verantwortlich.

Die Grenze muss für Paare, die Lord Hardwickes Ehegesetz umgehen wollten, wie ein vom Himmel bereitgestellter Zufluchtsort erschienen sein, aber seltsamerweise wurde die ausreichende Tugend des ersten Schritts über die Trennlinie zunächst nicht allgemein anerkannt, und flüchtige Liebende galten ursprünglich nicht zufrieden, bis sie eilig nach Edinburgh kamen, wo sie im Canongate eine Menge schamloser Schurken vorfanden, die in fettigen und zerfetzten Genfer-Gewändern herumlungerten und sich als Geistliche ausgaben, die ihre Geschäfte um jeden Preis und unter allen Umständen für sie erledigten schien von einem Schilling und einem Glas Whisky bis zu fünf Guineen zu rechtfertigen. So heirateten 1759 der entlaufene Lord George Lennox und Lady Louisa Ker, die Tochter des Earl of Ancrum.

Obwohl also bereits 1753, ein Jahr bevor das Ehegesetz in Kraft trat, eine „Gretna-Green-Hochzeit" von Joseph Paisley, dem ersten „Gretna-Priester", durchgeführt wurde, dauerte es bis 1771, bis die Heirat in Gretna Green zu einem solchen Ausmaß kam eine anerkannte Institution, die mit der Führung von Registern begann.

Gretna steht weltweit für außer Kontrolle geratene Spiele, aber obwohl es bei weitem der beliebteste Ort war, war es keineswegs der einzige. Jeder Ort auf den langen, einsamen siebzig Meilen von Border diente demselben Zweck, und Lamberton Toll nördlich von Berwick und Coldstream waren nicht ohne Vorteile, insbesondere von Newcastle-on-Tyne aus, zu dem sie recht günstig lagen. Der zukünftige Earl of Eldon, der als Junge mit seinen Bessie Surtees durchgebrannt war, heiratete in Lamberton oder in Coldstream.

An dieser Westküste jedoch, auf der „neuen" Straße nach Gretna, erfolgt der eigentliche Grenzübertritt an der Passage des kleinen Flusses Sark, eine halbe Meile bevor Sie diesen bekannteren Weiler erreichen. Obwohl Gretna überaus berühmt ist und Springfield, knapp dahinter, in der öffentlichen Meinung an zweiter Stelle steht, könnte es ein gutes Argument dafür sein, Sark Bar in dieser seltsamen Geschichte eine herausragende Rolle zu geben.

Das schicksalhafte Zollhaus

Es ist nichts weiter als ein altes Zollhaus auf der nördlichen bzw. schottischen Seite des Flusses. Aber da ist der Haken. Es ist der erste Ort auf schottischem Boden und dementsprechend viel Tugend daran verbunden. Der Name Gretna verdunkelte in den Köpfen von Fremden die Namen aller anderen Orte, doch diejenigen vor Ort und alle Postboten zwischen Carlisle und der Grenze wussten es besser; und jene Ausreißer, die so bedrängt waren, dass die zusätzliche halbe Meile nach Springfield oder Gretna den entscheidenden Unterschied zwischen Erfolg und Misserfolg ausmachte, hatten Grund, die Sark Toll Bar oder Alison's Bank Bar, wie sie manchmal genannt wird, zu segnen. Dies war ein feindseliger Ort für Eltern und Erziehungsberechtigte und eine traurige Ernüchterung für alle Verfolger. Hier wurden Väter, die den Flüchtlingen dicht auf den Fersen waren, häufig im Handumdrehen vereitelt . In dem Moment, in dem er triumphierend dachte, sie würden ihre Beute auf dieser weiteren halben Meile überholen, trieb Simon Beattie, der Zollwächter, die flatternden jungen Dinger in sein unschuldig aussehendes, weiß getünchtes Zollhaus und in die Gegenwart der Die beiden notwendigen Zeugen, darunter der grinsende Postbote, stellten ihnen die einfachen Fragen, die ausreichten: „Waren sie Single?" und „Wollten sie Mann und Frau werden?" Als der schäumende Feind vor der vergitterten und verriegelten Tür fluchte und um sich schlug, war alles vorbei; und als Beattie den Riegel öffnete und das Frischvermählte vorstellte, blieb nichts anderes übrig, als zu versuchen, freundlich auszusehen, oder vielleicht im Extremfall den jungen Hoffnungsträgern eine Pferdepeitsche zu verpassen; was schließlich kaum politisch war.

Simon Beattie heiratete zwischen vier Uhr an einem Samstagmorgen und dem darauffolgenden Sonntagabend im November 1842 nicht weniger als 45 Paare in der Sark Toll Bar, und sein Nachfolger, John Murray, übte in einer Nacht dasselbe Amt aus einundsechzig. Kein Wunder, dass Murray es für möglich hielt, hier ein Vermögen anzuhäufen. Er errichtete das Gasthaus „Sark Bar" ganz in der Nähe, auf der englischen Seite des Sark, aber er hatte es noch nicht fertiggestellt, als Lord Broughams Gesetz von 1856 in Kraft trat, das all diese Flüchtlingsverfahren zunichte machte; und seine Hoffnungen hatten ein Ende.

EISENBAHN UND GRETNA GREEN

Aber es existierte offensichtlich bereits im Jahr 1852, denn in einem Artikel von Blanchard Jerrold in „ *Household Words*" aus diesem Jahr wird darauf Bezug genommen, der beschreibt, wie er Carlisle mit dem Zug verließ und zum Bahnhof Gretna kam, wo er ausstieg und ein Paar fand der gleichzeitig ausstieg und „von ein oder zwei Männern von gewöhnlichem Aussehen eifrig angesprochen wurde". Machen diese Personen Angebote für die Beförderung des Gepäcks des Paares? Der Bahnhofsvorsteher blickt mit einem sardonischen Grinsen auf die herzliche Konferenz; und lenkt mit einer schnellen Kopfbewegung die Aufmerksamkeit des Wachmanns auf die interessante Gruppe. Der Zug fährt weiter und die Konferenz wird aufgelöst. Einer der Männer führt die Dame und den Herrn zu einem kleinen Hotel aus roten Backsteinen in der Nähe; und die anderen ziehen sich unzufrieden zurück. Ich erkundige mich nach dieser Rivalität und erfahre, dass es sich um einen klerikalen Wettbewerb handelt. Das kleine Hotel aus roten Backsteinen ist Eigentum von Mr. Murray, der auch in der berühmten Mautstelle am schottischen Ufer des Baches wohnt. So stürzt sich dieser scharfsinnige Zollbeamte auf die Paare am Bahnhof; bringt sie zu seinem „Gretna Hotel" und fährt sie dann eine schmale Gasse entlang und über die Brücke zur Mautstelle, wo er sie heiratet. Auf diese Weise scheint es Murray gelungen zu sein, fünf Sechstel des Handelseheverkehrs zu monopolisieren . Es ist jedoch zu beachten, dass es eine Gretna-Station und eine Gretna-Green-Station gibt, und dass letztere der Punkt ist, an dem glückliche Paare gegenüber von Gretna Hall abgesetzt werden."

Offensichtlich war die Konkurrenz außerordentlich groß, denn sie ging so weit, einen Grenzheiratshändler dazu zu bewegen, auf der englischen Seite der Sark ein Hotel zu bauen, und seine Agenten und andere stritten und stritten sich auf einem Bahnsteig um Geschäfte. wie so viele Taxifahrer. Die Romantik von Gretna verschwand offensichtlich und ließ nur den schmutzigen Bodensatz zurück, als 1848–50 die Glasgow and South-Western Railway gebaut und mit Carlisle und ganz England verbunden wurde.

Maler und Graveure fanden die Romantik von Gretna sehr interessant, und es gibt zahlreiche Bilder von Szenen auf der Straße und in Gretna selbst. Zwei der auffälligsten sind die von CB Newhouse mit „A False Alarm on the Road: 'Tis only the Mail" und „One Mile from Gretna: The Governor in vision, with a Screw Loose". Im ersten sehen wir die Verliebten , die vor einem Gasthaus am Wegesrand anhalten, die Postboten, die mit frischen Pferden davonlaufen, während plötzlich die königliche Post im Eiltempo vorbeirast. Für den Moment denken sie, dass sie überholt sind, aber sie schrecken mit dem herzlichen Ausruf zurück: „Es ist nur die Post." Auf dem zweiten Bild sehen wir die Postboten, die die hektischen Pferde auspeitschen und anspornen, und den zukünftigen Bräutigam, der in der Kutsche steht und einen weiteren Anreiz zur Beschleunigung in Form einer Tasche hinhält, die aufgrund ihrer Größe scheint eine bescheidene Lebenskompetenz zu enthalten. Auf dem Gipfel eines entfernten Hügels scheint die Kutsche des

Gouverneurs einen Unfall gehabt zu haben, und die Verfolgungsjagd ist praktisch vorbei.

Der von George Cruikshank abgebildete „Gehörlose Postillon" scheint eine reale Person gewesen zu sein, und der Vorfall, den er beschreibt, hat sich wirklich ereignet. Er war stocktaub, und als er wütend ein besorgtes Paar zum Ziel ihrer Hoffnungen trieb, bemerkte er nicht, dass die Federn beim Schwanken und Senken der Kutsche gebrochen waren und den Körper zurückgelassen hatten, während er selig weiter eilte unbewusst von der Katastrophe, mit dem Vorwagen.

„Eine Meile von Gretna entfernt: Der Gouverneur in Sicht, mit lockerer Schraube."

[*Nach CB Newhouse.*

XXVIII

Der gehörlose Postjunge.

[Nach Cruikshank.

Gasthaus und Standesamt

IN den fröhlichen Tagen der Reise war Springfield wachsam. Die beiden Gasthöfe, das „King's Head" (wie es damals hieß) und das „Maxwell Arms", vereinten die Teile des Standesamtes und der Herberge: Die Gastwirte verdoppelten die Charaktere von „Priestern" und Gastgebern: Während in Gretna Green selbst Gretna stand Hall, ein äußerst komfortables und tatsächlich aristokratisches Hotel. Aber in der Tat konnte, wollte und tat jeder jeden heiraten, der irgendwo darum bat. Es herrschte absoluter Freihandel; Nur einige waren schärfer als andere, um das Privileg auszunutzen . Sogar Frauen könnten die einfache Formel anwenden, obwohl es nicht den Anschein hat, dass eine Frau dies jemals getan hat.

Die Gasthöfe hatten natürlich die Wahl; denn die Bequemlichkeit, müde von der langen Aufregung, von einem Land in ein anderes verfolgt zu werden, zu kommen, um unter einem Dach zu heiraten und sich zu erfrischen, war so offensichtlich, dass man nicht darauf bestehen musste.

Die Preise sind natürlich unterschiedlich. Sie regierten niedrig oder hoch, je nachdem, ob man arm oder wohlhabend, mäßig gemächlich oder in hektischer Eile wirkte, und Hochzeiten wurden „gefeiert" – die Umstände ließen die Verwendung des Wortes „feierlich" kaum zu – für die im einen Extremfall um ein Glas Whisky und ein nettes Wort willen, im anderen Extremfall für eine so hohe Gebühr von bis zu 100 Pfund, und „Verdammt, beeil dich!" Es gab sogar Zeiten, in denen das Angebot dieser Summe keinen Erfolg hatte; Wir können sicher sein, dass dies nicht der Fall war, weil die geistreichen Eingeborenen mehr herausragten, sondern einzig und allein aufgrund der unerträglichen Umstände. Sie müssen sich einen solchen Fall vorstellen: die Stunde Mitternacht; die mehr oder weniger unschuldigen Leute von Springfield und Gretna schlafen. Eine Kutsche erscheint in rasantem Galopp, dicht gefolgt von jubelnden Eltern. Das Dorf ist im Handumdrehen wach, denn es schläft immer mit gespitztem Ohr; und rivalisierende „Priester" beeilen sich, ihre Kleider anzuziehen, so schnell sie können, um ein Honorar zu verdienen, das den Umständen nach zu urteilen beträchtlich sein dürfte. Und während sie sich beeilen, hören sie eine heisere, verzweifelte Stimme, die auf der leeren Straße ruft: „Hundert Pfund für den Mann, der mich heiratet!" Es ist der werdende Bräutigam; Doch bevor sie ihn und seine Braut erreichen können, sind die Verfolger herangekommen und haben die Dame entführt.

DIE LEGENDE „SCHMIED".

Der „Schmied" ist ein Mythos, der zweifellos auf der mehr oder weniger poetischen Idee beruht, dass unauflösliche Bindungen geknüpft werden. Damals gab es hier keine Schmiedeschmieden, und trotz alter Drucke, die Paare zeigen, die sich über dem Amboss trauen, während ein Postbote zuschaut, scheint kein Schmied jemals als „Priester" bekannt gewesen zu sein. Dieser Begriff war natürlich eine absolut unhaltbare Annahme; Aber es gibt vielleicht diese Entschuldigung für die „Schmied"-Idee. Es scheint, dass sich unter denen, die Hochzeiten veranstalteten, ein gewisser „Tom the Piper", eigentlich Thomas Little, vom Gasthaus „Maxwell Arms" befand, der mit seinem Sohn auf den attraktiven Titel des Gasthauses „Gretna Wedding" stieß, und hängte ein bemaltes Schild auf, das die später berühmte Schmiedeszene darstellte.

Paisley, der bereits als erster „Priester" erwähnt wurde, war nichts weiter als ein betrunkener Grenzdieb und Taugenichts. Colonel Hawker schrieb 1812 über ihn: „Ich sollte erwähnen, dass der alte Mann, der fast vierzig Jahre lang für 40, 50 und manchmal 100 Pfund pro Job amtierte, nie ein Schmied war. Der alte Joe Paisley, so hieß er, war von Beruf Tabakhändler. Er war ein sehr großer, schwerer Mann und hätte im Wert einer Menge Geld sterben können; Aber da er ein unerträglicher Trunkenbold und ein sehr unsicherer Kerl war, ging sein Geld so leicht wie es kam, und nachdem er die Hochzeiten feierlich vollzogen und sein „Narrenpaar" entlassen hatte, konnten sie unmöglich eifriger ihrer Beschäftigung nachgehen als seine Ehrfurcht war, zu einem Whisky-Haus zu stapfen."

Im Jahr 1791 zog Paisley, der bis zu diesem Zeitpunkt in einem Cottage am Green lebte, nach Springfield, etwas näher an der Grenze, wo er das Gasthaus „King's Head" übernahm. Mit seiner Entfernung wuchs sein Geschäft erheblich. Er war lange Zeit ein Objekt der Neugier für Reisende . Zum Zeitpunkt seines Todes, etwa im Jahr 1814, war er eine übergroße Fettmasse mit einem Gewicht von mindestens fünfunddreißig Pfund; und er war völlig unwissend in seinem Denken und unerträglich grob in seinem Verhalten. Obwohl er ein gewohnheitsmäßiger Trunkenbold war, sah man ihn selten oder nie „im Schlechten" trinken und pflegte in den letzten vierzig Jahren seines Lebens täglich ein schottisches Pint, was drei englischen Quarts entsprach, Brandy zu trinken.

Einmal setzte sich ein Spirituosenkollege, ein gewisser „Ned the Turner", an einem Montagmorgen zu ihm zu einem Glas starken Cognacs, und vor dem Abend des folgenden Samstags warfen sie das leere Fass aus der Tür; Keiner von ihnen war betrunken, noch hatte jemand die Hilfe von irgendjemandem beim Trinken. Paisley wurde für seine überragenden Lungen und seine nahezu unglaubliche Muskelkraft gefeiert. Er konnte mit Leichtigkeit einen starken Schürhaken über seinen Arm spannen und war oft dafür bekannt, ein gewöhnliches Hufeisen in kaltem Zustand gerade zu richten.

Von ihm wurde erzählt, dass er einmal, als zwei Paare gleichzeitig seine Dienste in Anspruch nahmen, die falschen Bräute und Bräutigame geheiratet hatte. Sie waren bestürzt, aber nicht Paisley. „Na gut, dann könnt ihr scherzen Sortierung „Yersels ", sagte er. Er war kein idealer Beamter des Amors, denn man pflegte zynisch zu sagen, dass er, obwohl er für die Durchführung von Eheschließungen gut bezahlt wurde, in einer Woche ein Vermögen machen würde, wenn er ebenso leicht Scheidungen aussprechen könne.

Wir gehen nicht davon aus, dass durchgebrannte Paare einfach still und heimlich zur Grenze aufbrachen und sich auf der Reise Zeit lassen durften. Gar nicht; Und da sie wussten, dass Eltern und Erziehungsberechtigte ihnen bald auf die Spur kommen würden, taten sie normalerweise so viel Eile wie möglich. Ob Verfolger oder Verfolgte zuerst die Grenze erreichten, machte einen großen Unterschied, denn obwohl das schottische Gesetz Eltern und Erziehungsberechtigten nicht dabei helfen würde, die Zeremonie zu verbieten, war es für den cholerischen Vater einer sentimentalen jungen Dame immer möglich, sie zu ergreifen und dem jungen Lochinvar das zu geben Geschmack einer Pferdepeitsche.

Einige der Rennen für Gretna Green waren so knapp, dass selbst die aufgeregten Zuschauer der Verfolgungsjagd auf die Konkurrenten wetten konnten. Ein Fußgänger auf der englischen Landstraße im Umkreis von einer Meile von der Grenze zu Schottland wurde von einem leichten Reisewagen überholt, der mit einer Geschwindigkeit von sechzehn Meilen pro Stunde von vier der flinksten Postpferde gezogen wurde, die sich der Wirt von Carlisles Hauptgasthof leisten konnte . Jeder Postillion versetzte seinem Peitschenpferd bei jedem Sprung des wütenden Tieres einen Hieb mit der Peitsche, während er ebenso oft seine Sporen in die stinkenden Flanken des Tieres rammte, auf dem er ritt. Und als die Reiter in gefährlicher Geschwindigkeit an ihm vorbeifuhren, bleich wie der Tod in ihren Gesichtern, während sie wie Jockeys am Ende eines Kopf-an-Kopf-Derbys auspeitschten und die Sporen gaben, sah er den Kopf des Bräutigams an der Frontscheibe des Fahrzeugs , und höre ihn hektisch schreien: „Los! Los! Wir entkommen ihnen! Fünfzig Guineen für jeden von euch, wenn wir rechtzeitig dort sind!" Noch fünf Minuten, und die Verfolger – zwei rotgesichtige ältere Herren, die in einem ähnlichen Wagen, der von ebenso flinken Pferden gezogen wurde, im gleichen rasenden Tempo dahinwirbelten – würden an ihm vorbeisausen. „Wie weit voraus? Sollen wir sie fangen?" „Fünf Minuten vor dir – nicht länger." Kaum wäre die Antwort laut gerufen worden, würde der Zuschauer sehen, wie die Verfolgungsjagd abrupt durch den Sturz eines Pferdes, das Abreißen einer Spur, das Umkippen der Kutsche oder irgendein anderes Missgeschick endete, das den Flüchtlingen genauso gut hätte widerfahren können überließen den Sieg ihren Verfolgern.

Der älteste und berühmteste „Priester" nach Paisley war Robert Elliot, der Anfang 1811 Paisleys Enkelin Ann Graham heiratete und ab diesem Zeitpunkt im ehemaligen „King's Head" lebte. Als er 1842 seine „Memoirs" veröffentlichte, behauptete er, er sei in den vergangenen neunundzwanzig Jahren der „einzige und einzige Pfarrer von Gretna Green" gewesen; eine unverschämte Lüge, die durch die Existenz der von David Lang bis heute geführten Register widerlegt wird, der von 1792 bis 1827 eine große Anzahl von Menschen heiratete und besonders berühmt dafür war, Edward Gibbon Wakefield und Miss Ellen Turner geheiratet zu haben, die er 1826 entführte. David Lang war in seiner Jugend ein wandernder Tuchmacher gewesen. Auf seinen Reisen nach Süden, durch Lancashire, wurde er von der Press Gang entführt, um an Bord der Schiffe Seiner Majestät zu dienen. Nach vielen Abenteuern, darunter der Gefangennahme durch den Piraten Paul Jones, ließ er sich hier nieder und wurde im Laufe der Zeit von seinem Sohn Simon abgelöst, der 1872 starb und von Blanchard Jerrold beschrieben wurde, der Gretna besuchte im Jahr 1852 als „ein dürrer alter Mann, gekleidet mit einigen Ansprüchen auf Vornehmheit". Ihm wiederum folgte sein Sohn William Lang nach, der der örtliche Postbote war und einige schwache Ansprüche darauf hatte, als „Priester" zu gelten; Was auch immer solche Ansprüche wert sein mögen, an einem Ort, an dem, wie bereits gezeigt, jeder das unbestrittene Recht hat, jeden anderen zu heiraten.

Äußerungen wurde in der Geschichte viel über Gretna Green geschrieben : Das gedruckte Wort war selbst für diejenigen, die es besser wissen sollten, heilig. Die reine Wahrheit ist, dass es zur gleichen Zeit nicht weniger als vier bedeutende Einrichtungen gab, die sich dem Heiratsgewerbe widmeten. Diese Tatsache ist kaum bemerkenswert, wenn man die Zahl derjenigen bedenkt, die in Gretna oder Springfield die Ehe eingingen; damals durchschnittlich vierhundert pro Jahr. Elliot war nur einer. Er gibt an, wie viele Ehen er geheiratet hat, beginnend im Jahr 1811 mit 58 und endend im Jahr 1840 mit 42. Seine arbeitsreichsten Jahre waren von 1821 bis 1836 und die arbeitsreichsten 1824 und 1825, als er 196 bzw. 198 Paare heiratete. Insgesamt heiratete er nicht weniger als 3.872 Paare.

JOHN LINTON

Elliot wirft in seinen „Memoirs" einen Blick auf sein Gasthaus, das er mit seiner typischen Unverschämtheit „The Marriage House" nennt. Wenn es nun ein Ehehaus gab, das allen anderen um Längen überlegen war, dann war es sicherlich das von Gretna Hall, das 1710 von einem Mitglied der Johnstone-Familie erbaut wurde und dessen kunstvoll geschnitztes Wappen noch immer über der Tür hängt obwohl die Johnstones vor mehr als einem Jahrhundert verschwunden sind und obwohl das Anwesen in der Zwischenzeit viele Male den Besitzer gewechselt hat, ein Gasthaus war und wieder in den Zustand eines Privathauses zurückgekehrt ist. Ungefähr im Jahr 1793 wurde Gretna Hall zu einem Gasthaus: ein wirklich sehr hochwertiges Gasthaus mit drei Zugängen: ein Gasthaus, in dem die hübschesten „ordentlichen Postkutschen" standen und in dem die Kutschen hielten. So blieb es bis 1851. John Linton wurde 1825 Vermieter von Gretna Hall und regierte 26 Jahre lang. Er war Kammerdiener von Sir James Graham aus Netherby gewesen und galt allgemein als überlegener Mann. Er heiratete seine Gäste nicht persönlich, die natürlich aus der vordersten Reihe der Flüchtlinge stammten; aber im Allgemeinen stellte er David Lang ein, und als dieser würdige starb, ersetzte er ihn durch jemanden, der von Beruf Schuhmacher war und daher vielleicht dazu prädestiniert war, zwei leidenschaftliche Seelen miteinander zu vereinen. Er bezahlte seinen Gesellen kleine Summen für ihre Reisearbeit, so wie eure würdigen Geistlichen Pfarrer für ihre Arbeit bezahlen . Ungeachtet dieser persönlichen Enthaltung seitens Linton war er allgemein als „der Bischof " bekannt. Der Spitzname zeigt sofort die hohe Wertschätzung, die er und sein Establishment genoss, und beinhaltet eine implizite Satire auf die Hochwürdigen Kirchenväter in Gott. Ein Bericht, den John Linton seinen Gästen vorlegte, wäre eine Kuriosität, wenn er detailliert aufgeführt würde . Zweifellos war neben den unbedeutenden Posten für Essen und Licht auch eine stattliche Summe für die Heirat vorgesehen. Obwohl er nicht amtierte, führte er die Heiratsurkunden in seinem Haus; und sie existieren immer noch in Annan.

GRETNA HALL IN ALTEN TAGEN.

Eine Ehe, die in Wirklichkeit eine Entführung war und als solche zu außerordentlicher Berühmtheit gelangte, passend zur erstaunlichen Kühnheit des Mannes, der sie begangen hatte, war die von Edward Gibbon Wakefield und Ellen Turner im Jahr 1826. Die Form der Ehe war Aufgeführt am 8. März in der Gretna Hall. Wakefield war damals Witwer im Alter von dreißig Jahren. Er war an der Westminster School ausgebildet worden und hatte durch den Einfluss der Familie seiner ersten Frau eine Anstellung bei der britischen Gesandtschaft in Turin erhalten. Er gab dies auf und lebte von seinem Verstand in Paris, als er zufällig von Miss Turner hörte, einem schönen Mädchen von sechzehn Jahren und Erbin eines großen Vermögens. Sie war die Tochter eines wohlhabenden Kaufmanns – später Abgeordneter für Blackburn, 1832–41 –, der in Pott Shrigley in Cheshire lebte und zu dieser Zeit ein Internat in Liverpool besuchte. Wakefield erfand eine geniale und plausible Geschichte, um das Mädchen zu heiraten und so ihr Geld zu sichern. Als er nach England kam, besuchte er die Schule in Liverpool mit einem Brief, der angeblich von der Hand ihres Vaters stammte und ihm mitteilte, dass er krank sei und sie in Begleitung des Überbringers des Briefes nach Hause zurückkehren sollte. Es wurde kein Verdacht geweckt und das Mädchen durfte mit ihm gehen. Während der Fahrt mit der Postkutsche erzählte ihr Wakefield, der anscheinend ein Schurke von wunderbarer Ansprache war, dass die Krankheit ihres Vaters tatsächlich vermutet wurde und dass er damals, ein ruinierter Mann, vor seinen Gläubigern nach Schottland flüchtete. Sie sollten ihn in Carlisle treffen und gemeinsam die Grenze überqueren. In Carlisle war natürlich kein Vater zu finden, und Wakefield erklärte daraufhin, dass die Angelegenheiten so ernst seien, dass nur eine Heirat mit ihm ihren Eltern vor den Schrecken eines Schuldnergefängnisses bewahren könne. Wenn sie ihn heiratete, würde er ihrem Vater sofort 60.000 Pfund vorschießen. Die Geschichte schien von der gröbsten und wenig überzeugendsten Art zu sein, aber sie überzeugte Ellen Turner, und sie stimmte zu, Wakefield in Gretna zu heiraten, um ihren Vater zu retten.

Am Tag nach der Hochzeit begleitete Wakefield sie eilig quer durch England und nach Calais. Von diesem strategischen Punkt aus schlug er vor, mit dem Vater des Mädchens zu kommunizieren und sich zu einigen, doch Wakefield wurde sehr bald von der französischen Polizei verhaftet und nach England geschickt, um sich vor dem Lancaster Assizes den Prozess wegen der Entführung von Mr. Turner zu machen inzwischen beansprucht er seine Tochter.

Wakefield und ein Bruder, der ihm geholfen hatte, wurden zu einer sehr milden Haftstrafe von jeweils drei Jahren verurteilt. Im darauffolgenden Monat wurde die Ehe durch ein Sondergesetz des Parlaments annulliert. Während des Prozesses brachte Serjeant Cross für die Anklage einen merkwürdigen Punkt zur Sprache, der erklärte: „Wäre die Straftat auf englischem Boden begangen worden, wären die Angeklagten nach dem Gesetz zu einem schändlichen Tod verurteilt worden."

Wakefield wanderte anschließend nach Australien aus und fungierte 1838 als Sekretär von Lord Durham in Kanada. Apologeten haben erklärt, dass er seine frühen Fehler durch seine Nützlichkeit in den Kolonien wiedergutgemacht habe, aber den meisten wird es vorkommen, dass er ein

äußerst gefährlicher Mann war, mit dem nur zu nachsichtig umgegangen
wurde. Er starb 1862.

XXIX

ELLIOTS romantischste Kunden waren der Earl of Westmoreland und Miss Child, die 1782 durchbrannten. Der Vater der jungen Dame war der berühmte Londoner Bankier, dessen großes Vermögen und die Aussicht, ihn zu heiraten, den Earl ebenso faszinierten wie seine Schönheit seiner Tochter und Erbin. Sie verliebte sich in den edlen Verehrer, dessen Vorschlag sich jedoch für den Bankier nicht lohnte. „Dein Blut, mein Herr, ist gut", sagte er, „aber Geld ist besser"; und er verweigerte seine Zustimmung. Aber der enttäuschte Verehrer ließ sich nicht entmutigen, und das Liebespaar flüchtete in einer vierspännigen Kutsche; Seine schlaue Lordschaft hatte im Vorhinein die ganze Strecke über für Pferdestaffeln gesorgt: klugerweise stellte er am strategischen Punkt von Shap jedes Pferd ein, das dort zu finden war. Wütend folgte Mr. Child sofort. Mit allen Mitteln gelang es ihm schließlich, die Flüchtlinge in High Hesket umzuziehen; Er sprang aus seiner Kutsche, zog eine Pistole und schoss auf einen der Anführer ihres Transportmittels. Im selben Moment rannte einer der Diener des Grafen hinter Mr. Childs Kutsche und zerschnitt die Lederstreben, mit denen die Leiche aufgehängt war. Der Earl und seine Geliebte zogen mit drei Pferden weiter, während der Vater sie verfolgte. Allerdings dauerte es nicht lange, denn plötzlich stürzte der Körper um, und die Verfolger wurden zu einer rückständigen und hoffnungslosen Nachhut. Einhundert Guineen war das Honorar, das der Earl dem glücklichen Elliot zahlte. Mr. Child starb innerhalb eines Jahres nach der Affäre, vermutlich aus Enttäuschung und Wut über den Ungehorsam seiner Tochter. Rowlandson hat diesen Vorfall in seiner Karikatur „Filial Affection" mehr oder weniger ausführlich kommentiert. Der Bankier achtete sorgfältig darauf, dass keiner von ihnen sein Geld bekam, das er für die Angelegenheit der Ehe bereitstellte. Lady Westmoreland starb 1793 und hinterließ sechs Kinder, und der Earl heiratete erneut, worüber man instinktiv empört ist.

Die ältere Tochter von Lord und Lady Westmoreland, Lady Sophia Fane, erbte das Vermögen und heiratete den Earl of Jersey; und ihre Tochter, die Lady Adela Corisande Maud Villiers, folgte dem Beispiel ihrer Großeltern; flüchtete 1845 im Alter von siebzehn Jahren mit dem jungen Kapitän Ibbetson vom 11. Husarenregiment. Es war eine Novembernacht, als das leidenschaftliche Paar vom Haus der Dame in Middleton Park, Bicester, flitzte. Sie unterstützten Elliot nicht , sondern gingen nach Gretna Hall. Sie erreichten Mr. Lintons Niederlassung am 6. und heirateten ordnungsgemäß, wie aus dem erhaltenen Register hervorgeht. Lady Adela starb fünfzehn Jahre später, aber Kapitän Ibbetson überlebte bis 1898.

Jack Ainslie vom „Bush", Carlisle, war ein Erzfeind der Eltern und Erziehungsberechtigten. Er unterzeichnete ständig seinen Namen als Zeuge bei Eheschließungen und war in der Tat ein guter Ratgeber für verliebte Knappen und Jungfrauen. Ihn in seiner gelben Jacke auf dem Beifahrersitz zu haben, war ihnen genauso viele Punkte wert, wie es für Anwälte war, einen führenden KC zu behalten. Als er hart bedrängt wurde, wusste Jack um listige Seitenwege und Wälder, in denen er die verfolgten Paare verstecken konnte. und er hatte Besatzungsstraßen über Bauernhöfe und all diese geografischen Gegebenheiten immer zur Hand.

Einmal übertraf er sogar seine bisherigen Leistungen. Er hatte ein entlaufenes Paar nach Longtown gefahren, und da er der Meinung war, dass sie es etwas zu leichtfertig angehen würden, riet er ihnen dringend, die Grenze zu überqueren und zu heiraten, bevor sie zu Abend aßen. Sie waren müde und ließen sich nicht beraten, und so brachte er seine Pferde zurück nach Carlisle und hielt sie für „nur arme, dumme Dinger".

Er war noch nicht lange zurückgekehrt, als die Mutter des Mädchens und ein Beamter aus der Bow Street in einer Postkutsche zum „Bush" stürmten. Es gab keine Sekunde zu verlieren, und so sprang Jack, ohne mit irgendjemandem ein Wort zu sagen, auf ein Pferd und galoppierte nach Longtown. Er hatte kaum Zeit, die in einer Postkutsche zusammengedrängten Trödler zu sehen und seinen Platz einzunehmen und den „lang toun " zu räumen, als die Verfolger in Sichtweite auftauchten. Die Verfolgung war so heiß, dass die einzige Möglichkeit darin bestand, scharf in eine Spur abzubiegen. Von dort aus sahen sie, wie der Feind in Richtung Gretna und so weiter nach Annan flog, wo sie sich selbst als schuldig erkannten und die Verfolgung aufgaben. Da die Küste nun geräumt war, ließ sich Jack keinen Unsinn mehr gefallen, sondern sah, wie sein Paar ordnungsgemäß geheiratet und Zeugnis abgelegt hatte, bevor er nach Carlisle zurückkehrte. Die Unterschriften dieser Ehe wurden immer mit einem gewissen traurigen Interesse betrachtet, denn der Bräutigam wurde im nächsten Jahr in Waterloo getötet. Dies war Jacks „führender Fall". Man erinnerte sich lange an ihn als „zivilen alten Kerl, vielleicht eins siebzig, wenn man ihn ausstreckte, und mit so schönen krummen Beinen."

Eine der bemerkenswertesten dieser außer Kontrolle geratenen Hochzeiten war die des alten und verwitweten Ex-Lordkanzlers Erskine mit Sarah Buck, seiner Haushälterin, einer älteren Witwe mit zahlreichen Kindern, die sie begleitete.

DIE ALTE SCHMIEDE, GRETNA GREEN.

„Im Jahr 1818", sagt Elliot, „kam, soweit ich mich erinnern kann, Lord Chief Justice Erskine in einer Kutsche und vier Pferden, gekleidet in Frauenkleider, in Begleitung einer älteren Dame und vier Kindern nach Gretna." Als ich sie zum ersten Mal sah, hielt ich die ältere Dame für die Mutter der Kinder und den gelehrten Herrn für die Großmutter. Er stellte mir viele Fragen zu Gretna-Ehen, die ich ihm alle wie einer Frau beantwortete, bis ich zufällig einen Knopf seiner Weste durch die Öffnung eines Halstuchs erspähte, das er über der Brust trug. Als er herausfand, dass ich sein Geschlecht entdeckt hatte, lächelte er, sagte aber nichts. Danach wechselte er sein Kleid und ich heiratete ihn mit der Frau, die er mitgebracht hatte. Ich fragte ihn, warum er in Frauenkleidung gekommen sei; er antwortete, dass er seine eigenen Gründe dafür habe. Er gab mir zwanzig Pfund und nahm wieder seine weibliche Kleidung an. Zwölf Monate später wollte er sich auf Betreiben seiner früheren Ehefrau von seinen Söhnen nach schottischem Recht scheiden lassen, stellte jedoch im Prozess fest, dass er dazu nicht in der Lage war."

Erskine war für viele nicht der erste große Anwalt, der eine praktische Unsicherheit in Bezug auf das Gesetz an den Tag legte, so sicher er theoretisch auch sein mochte. Er unternahm keinen weiteren Versuch, die Rechtmäßigkeit der Ehe zu gefährden, und im Dezember 1821 wurde diesem seltsamen Paar ein Sohn namens Hampden Erskine geboren. Erskine starb 1823 in seinem dreiundsiebzigsten Lebensjahr.

KULMINIERENDE ROMANTIK

Zu den bekannteren Kunden der schlauen Heiratsvermittler von Gretna gehörten im Jahr 1812 der heldenhafte Cochrane, der zehnte Earl of Dundonald, und Miss Katharine Barnes. Ihnen folgte Viscount Deerhurst, Sohn des Earl of Coventry, dessen Honorar für die „ Priester" betrug 100 £. Sehr spät in Gretnas Geschichte kam es 1840 zur Heirat von Lord Drumlanrig, dem Erben des sechsten Marquis von Queensberry, und Miss Caroline Clayton. Der Vater der Dame, General Clayton, hatte wegen ihrer Jugend Einwände gegen die Heirat erhoben, denn sie war es damals erst neunzehn; und das Paar beschloss, bei der ersten Gelegenheit über die Grenze zu fliehen. Dies bot sich bald an, und sie ließen die altehrwürdige Postkutsche hinter sich und ritten den ganzen Weg zu Pferd, bis sie am 25. Mai ihren Zufluchtsort erreichten. Dieser tapfere Kavalier wurde siebter Marquis von Queensberry und wurde 1858 in Kinmont versehentlich erschossen , als er auf der Kaninchenjagd war. Die Marquiseurin überlebte ihn lange und starb erst im Februar 1904.

Die Umstände der Flucht von Lady Rose Somerset, der Tochter des siebten Herzogs von Beaufort, im Jahr 1846 mit Kapitän Francis Lovell zeigen, dass die alten Gefahren vorüber waren. Sie nahmen Bahntickets und kamen so ohne schaumbefleckte Pferde oder ängstliche Postboten nach Gretna.

Aber der mit Abstand romantischste Vorfall in den Annalen der „Über-die-Grenze"-Elopements war die Hochzeit von Miss Penelope Smyth am 7. Mai 1836 in Gretna Hall mit Charles Ferdinand Bourbon, Prinz der beiden Sizilien und Capua, Bruder und Erbe. mutmaßlich für Ferdinand den Zweiten, König von Neapel. Die ganze Angelegenheit liest sich wie die Äußerungen eines extravaganten Romanautors vom alten *Family-Reader-* Typ. Miss Smyth war ein wunderschönes Mädchen aus Exeter und wirkte für einen mittellosen Prinzen zusätzlich attraktiv, da sie ein Vermögen von 20.000 Pfund besaß. Die Umstände ihres Aufenthaltes in Italien werden nicht erwähnt, aber sie scheint in Lucca und erneut in Rom mit dem Prinzen verheiratet gewesen zu sein. Sie flohen aus Italien, um der Wut des Königs von Neapel zu entgehen, der die Rechtmäßigkeit der Ehe leugnete und behauptete, dass ein Prinz von königlichem Blut ohne die Zustimmung des regierenden Herrschers keine Ehe eingehen dürfe. Der Prinz schien sich auf die Zuneigung seiner Schwester, der Königinregentin von Spanien, verlassen zu haben, um die Angelegenheit zu glätten, wurde jedoch in Madrid abgewiesen, da die Königin sich weigerte, ihn oder seine Braut zu empfangen. Sie reisten dann nach Paris und anschließend nach England, nachdem eine dritte Zeremonie durchgeführt worden war, und flogen zu diesem unvermeidlichen Zufluchtsort, der Grenze. Als sie dann nach London kamen, beantragten sie eine Lizenz bei Doctor's Commons.

An den tugendhaften Absichten dieses ängstlichen und oft verheirateten Paares kann es überhaupt keinen Zweifel geben, und die Rolle des „Bösewichts" übernimmt der kühne, böse „Bomba", der berüchtigte König von Neapel, der perfekt handelte der Charakter des tyrannischen Bruders. Er wies den sizilianischen Botschafter an, gegen die Erteilung der Lizenz zu protestieren, woraufhin diese abgelehnt wurde. Das unerschrockene Paar wurde dann auf die übliche Art und Weise durch Aufgebote in St. George's, Hanover Square, getraut.

Die Tugendhaften lebten glücklich bis ans Ende ihrer Tage, und die Bösen erlitten die Vergeltung, die nach allen Regeln der dramatischen Kunst zu erwarten war, denn das Königreich Neapel wurde 1861 abgeschafft, und mit ihm gingen König Bomba und alle Fragen der Nachfolge .

GRETNA GRÜN.

GRETNA HALL IM JAHR 1852

Der Autor von „*Household Words*" aus dem Jahr 1852 stellte fest, dass John Linton tot war und der Ruhm von Gretna Hall bereits verflogen war; aber Mrs. Linton war da, und er schien mit einem nicht ungenießbaren Abendessen versorgt worden zu sein, während noch ein paar gute Zigarren übrig waren. Aber er kam nicht zum Abendessen oder zum Zigarrentrinken. Er wollte ein paar interessante Fakten für seinen Artikel. Er bekam welche, aber sie waren nicht so *sehr* saftig. Alles, was Sie sehen, sprach von der Vergangenheit, und er musste sich nur die „Register" zeigen lassen, die ihm die Witwe Lang voller Eifersucht zeigte. Sie waren in ein altes Seidentaschentuch gewickelt, und als sie losgebunden waren und er sie anfassen wollte, wich die misstrauische alte Dame sanft seine Hand zurück und drehte die Blätter selbst zu seiner Inspektion um.

Überall im Haus hatten verschwundene Besucher ihre Namen gekritzelt, obwohl auf dem Spiegel des Esszimmers der Hinweis „Bitte nicht an die Wände, Fenster oder Fensterläden schreiben" angebracht war. Auf eine Fensterscheibe war das offene Geständnis gekritzelt, das er vielleicht erst nach Jahren desillusioniert hatte: „John Anderson machte sich 1831 in Gretna lächerlich"; und in einem schmierigen Gästebuch fand er die üblichen anzüglichen Bemerkungen. Während die vorherrschende Atmosphäre der Trostlosigkeit auf allem lastete, fragte er, wie lange es her sei, seit dort die letzte Hochzeit gefeiert worden sei, und erwartete eine Antwort in Jahren; Aber die Wirtin wandte sich an die Magd, die das Tuch ausbreitete, und sagte: „War das letzte Dienstag oder Montag, als dieses Paar kam?" Das Dienstmädchen sagte, es sei „Montag".

Oh! Was fuer eine Ueberraschung.

Gretna Green selbst ist ein kleiner Ort und heute auch ein langweiliger. Das auf seinem Privatgrundstück gelegene Herrenhaus ist lediglich ein Landhaus. Die Offiziere der Garnison von Carlisle „kommen nicht mehr einmal in der Woche, um zu heiraten", wie mir die Dame dort freundlicherweise vorschlug; und niemand wird den Fremden ansprechen und andeuten, dass es ein schöner Tag für eine Hochzeit ist. *Eheu ! Fugen* .

XXX

DAS DUMFRIESSHIRE „AUXENT"

DER Dumfries-Bus zweigte in Gretna ab, aber heutzutage hält nur noch gelegentlich ein Auto im Dorf, sein Fahrer ist verwirrt über die Vielzahl der Straßen und, wenn er ein Südländer ist, nicht weniger verwirrt über den breiten Dumfriesshire-Akzent, mit dem er seine Erkundigungen einholt werden beantwortet. Denn plötzlich – so plötzlich wie die Trennlinie zwischen den beiden Ländern – waren die Schotten den Engländern zum Sieg verholfen. Sogar in Longtown sind die Leute Engländer; Hier und von nun an stehen schottische Gespräche und schottische Physiognomien im Vordergrund, wenn nicht sogar die Nationaltracht. Bis heute gibt es keine Vermischung.

Ich gehe nicht davon aus, dass die Leute aus Dumfriesshire die Existenz ihres Doric erkennen werden. Sie werden wie die Freunde des Bauern sein, der nach Süden zog und sich bei seiner Rückkehr darüber beschwerte, dass der „ English " „ Bemerkungen " zu seiner Rede machte. „Mo", sagten sie, „wir wussten es nicht ." Wir hatten eins auxent bei a'.'

Schottland war für die Engländer einst ein fast unbekanntes Land, und das blieb auch weitgehend so, bis Königin Victorias Vorliebe für Nord-Britannien eine modische Ausbeutung Kaledoniens nach sich zog; Aber eine solche Ignoranz wie die der Dame, die erklärte, sie sei „nie nach Schottland gereist, weil die Überfahrt sie seekrank gemacht hat", kann niemals üblich gewesen sein.

Thomas Kirke, der seinem Namen nach sicherlich selbst ein Schotte hätte sein müssen, veröffentlichte 1679 einen „Modern Account of Scotland", der entweder ein Witz (geschmacklos) oder ein Versuch war, diese Unwissenheit auszunutzen. „Schottland", schrieb er, „wird mit einer Laus verglichen, deren Beine und eingekerbten Kanten die Vorgebirge und Ausläufer darstellen – hinaus ins Meer, mit mehr Ecken und Winkeln als die eingebildetsten Custards meines Oberbürgermeisters; Auch der Vergleich entscheidet hier nicht; Eine Laus macht Jagd auf ihren eigenen Nähr- und Erhalter und produziert jene winzigen Tiere, die Nitts genannt werden ; Deshalb hat Schottland, dessen Nasenrüssel zu nahe an England heranragt , Northumberland die Nahrung entzogen. "

Man wird feststellen, dass Thomas Kirke die Schotten nicht liebte. Aber er könnte um einiges missbräuchlicher sein als das bereits zitierte Exemplar.

„ *Nemo ist immun Lœcessit* “, fährt er fort: „Das ist wahr: Wer sich mit ihnen beschäftigt, wird sicher davon profitieren ... Die Distel wurde dort hübsch platziert, teilweise um die ‚Fruchtbarkeit' des Landes zu zeigen, da allein die Natur viele dieser bunten Disteln hervorgebracht hat." Blumen; und teilweise als Wahrzeichen des Volkes, wobei die Spitze etwas die Farbe einer Blume hat, aber die Masse und Substanz besteht nur aus scharfen und giftigen Stacheln."

DER DUMFRIES-COACH.

[*Nach CB Newhouse.*

Den klassischen Seiten von Thomas Kirke können viele schöne, unzuverlässige Informationen entnommen werden. So heißt es: „Schottland stammt von Scota ab, der Tochter des Pharaos, des Königs von Ägypten. Dass die Schotten von den Ägyptern abstammen, kann aufgrund verschiedener erheblicher Umstände nicht bezweifelt werden : Die Plagen Ägyptens, die über sie verhängt wurden, und das von Lice (ein nicht aufgehobenes Urteil) sind ein hinreichendes Zeugnis. Diese liebevollen Tiere begleiteten sie aus Ägypten und bleiben bis zum heutigen Tag bei ihnen und lassen sie nie im Stich (außer wie Ratten ein Haus verlassen), bis sie in ihre Gräber fallen. Die Biles-and-Blains-Plage ist für sie vererbt und dient als Unterscheidungsmerkmal zum Rest der Welt, das (wie der gespaltene Huf des Teufels) alle Menschen warnt, sich vor ihnen in Acht zu nehmen. Das Urteil über Hagel und Schnee wird hier eingebürgert und Denizan befreit und setzt sich mit ihnen von der Sonne aus fort; erster Eintritt in den Widder, bis er den 30. Grad des Wassermanns erreicht hat .

„Die Plagen der Dunkelheit galten als dichte, spürbare Dunkelheit, an der diese Menschen zweifellos Anteil haben: Die Dunkelheit lässt sich auf ihr grobes und blockhaftes Verständnis anwenden (wie ich es von einem Gelehrten ihrer eigenen Nation erfahren habe).

„Sie haben keine Wälder: Das passt nicht zur Genügsamkeit der Menschen, die so weit davon entfernt sind, welche zu vermehren, dass sie diejenigen zerstören, die sie auf diesem politischen Staatsmaximum hatten, dass auf dem Land, das mit seinen Wurzeln geplagt ist, kein Mais wachsen wird, und Ihre Äste beherbergen Vögel und Tiere, deren bescheidene Unterhaltung nicht über die der hornlosen Vierbeiner hinausgeht ; heiraten, vielleicht lauern einige ihrer Häuser unter dem Schutz einer Baumgruppe (die Vögel wagen eine so hohe Anmaßung nicht), wie Hugh Peters Kater in Ihrer Majestät oder eine Eule in einem Efeubusch. Einige Tannenwälder gibt es im Hochland, aber so unzugänglich, dass sie zu keinem anderen Zweck als Höhlen für die gefräßigen Wölfe mit zwei Händen dienen, die ihre Nachbarschaft ausbeuten und sich unter diesem Versteck verstecken ; für den der Anblick eines Fremden ebenso überraschend ist wie der eines Nymphensittichs. Die Täler sind zum größten Teil mit Beer oder Bigg bedeckt und die Hügel mit Schnee.

„Wenn die Luft durch ihre Aufregung nicht so rein und gereinigt wäre, wäre sie so mit dem Gestank ihrer Städte und dem Dampf der bösen Bewohner infiziert, dass sie pestilenzial und zerstörerisch wäre.

„Die Menschen sind stolze, arrogante, prahlerische Prahler; Blutige, barbarische und unmenschliche Schlächter. Couzenage and Theft ist bei ihnen in Perfektion, und sie sind perfekte Englischhasser. Ihre Geister sind so gemein, dass sie selten rauben, sondern ihnen zuerst das Leben nehmen. Im Hinterhalt schießen sie eine Reihe von Kugeln durch den Körper des Reisenden , und um sicherzustellen, dass sie funktionieren, stecken sie ihre Durks in seinen leblosen Koffer.

„Ihre Grausamkeit geht auf ihre Tiere über, da es an manchen Orten Brauch ist, sich an einer lebenden Kuh zu erfreuen. Sie binden es in ihre Mitte, in der Nähe eines großen Feuers, und dann schneiden sie diesem armen lebenden Tier Stücke ab und braten sie auf dem Feuer, bis sie es ganz in Stücke gerissen haben; ja, manchmal schneiden sie nur so viel ab Das wird ihren gegenwärtigen Appetit stillen und sie gehen lassen, bis ihre gierigen Mägen nach neuem Nachschub rufen: eine so schreckliche Grausamkeit, wie sie auf der ganzen Welt kaum zu vergleichen ist.“

Sitten und Gebräuche

„Die Hochländer sprechen nur Erse, die Tiefländer verstehen und sprechen Englisch, aber sie sind so kurios, dass ein Fremder, wenn er auf Englisch nach dem Weg fragt, mit Sicherheit auf Erse antwortet und keine andere Sprache findet, bis man sie ihnen mit einem Knüppel aufzwingt. ”

Hoffen wir im Interesse der Reisenden , dass sie diesen Rat nicht befolgt haben. Aber folgen wir Herrn Kirke nach drinnen. Ihm zufolge handelte es sich dabei um ein schottisches Interieur: „Eine Küche zu betreten bedeutet, die Hölle lebend zu betreten: der Eintopf und der Gestank reichen aus, um einen zu ersticken", während „sie Musik haben, aber nicht die Harmonie der Sphären, sondern laute terrestrische Geräusche." , wie das Brüllen der Tiere: Der laute Dudelsack ist ihre größte Freude."

Was die Gasthöfe betrifft: „Sie nennen sie Umkleidekabinen, arme kleine Hütten, in denen man sich damit zufrieden geben muss, das zu nehmen, was man findet, vielleicht Eier mit Küken darin und etwas Long Cale; bei den besseren unter ihnen gibt es ein Gericht mit gehackten Hühnern, das sie für ein köstliches Gericht halten und es übel nehmen werden, wenn man nicht sehr herzhaft davon isst."

Seltsamerweise sagt er nichts über Haferbrei. Aber der heilige Hieronymus führte die Häresie des Pelagius auf seine Ernährung mit Haferbrei zurück, was möglicherweise für mehr religiöse Schwierigkeiten verantwortlich ist, als uns bewusst ist. Die Häresie des Pelagius (dessen richtiger Name Morgan war und er selbst daher vermutlich ein Waliser war) wurde in sechs Punkte unterteilt, von denen der wichtigste das ist, was man als „gesunde" Ansicht bezeichnen könnte, dass Adams Sünde auf die seine beschränkt war eigene Person. Der wagemutige Pelagius wurde im Jahr 418 N. CHR . als Ketzer verurteilt , aber er lebte trotzdem bis zum Alter von sechzig Jahren und zehn Jahren weiter: allen Berichten zufolge war er ein fröhlicher, dicker Mann und hatte eindeutig antizölibatäre Ansichten.

Heutzutage sieht man nur noch selten ein Plaid und auch nicht oft einen Kilt. Nirgendwo ist der Anblick zu sehen, der einst Reisende in Erstaunen versetzte: der Anblick von Landleuten, die barfuß gingen und aus Spargründen Schuhe und Strümpfe in den Händen trugen, bis sie den Rand einer Stadt erreichten, wo sie sie der Erscheinung halber hinlegten An. Darüber hinaus ist das einst arme Land stark gewachsen. Zur Zeit des Aufstands von 1745 waren Kilts jedoch das einzige Kleidungsstück, als eine unglückliche Rebellenabteilung sie als ziemlich peinlich empfand. Ein englischer Unteroffizier, der das Kommando über ein paar Männer hatte, hatte das Glück, eine zahlenmäßig überlegene Truppe von Rebellen zu sichern, und war völlig ratlos, was er mit ihnen auf dem Marsch nach Carlisle anfangen sollte; aus Angst, dass sie sich auf ihrem Weg, weil sie stärker werden, gegen seine kleine Truppe wenden und eine schreckliche Rache üben würden. Ihm kam die glückliche Idee, die Taillenbänder der Kilts der Gefangenen durchschneiden zu lassen, bevor der Marsch begann: und so gingen sie; Die Schotten waren zu sehr damit beschäftigt, ihre Unterröcke hochzuhalten, als dass sie irgendwie gefährlich gewesen wären.

Nur zu festlichen Anlässen ist der Kilt in all seinen barbarischen Tartan-Varianten zu sehen. Der „Royal Stuart"-Tartan ist ein atemberaubendes Muster aus leuchtendem Rot und einem Muster aus grünen, schwarzen, blauen und weißen Streifen, das jeden Ästheten in Ohnmacht fallen lässt . Der Macmillan-Tartan würde der alten Negerin gefallen, die „nichts Aufregendes: einfach nur Rot und Gelb" wollte. Es ist leuchtend gelb mit einem Karomuster in Hellrot. Einer der Macdonald-Clans trägt ein schönes Ding in Rot mit leuchtend grünen Mustern. Ein solcher Kleidungsgeschmack scheint im merkwürdigen Widerspruch zum grauen, calvinistischen religiösen Temperament Schottlands zu stehen und eine direkte Herausforderung für den trüben Himmel im Norden zu sein.

PRAKTISCHE SCHOTTISCHE

Es wäre ein Fehler, aus dieser alten Vorliebe für Farben in der Kleidung eine entsprechende Freude an Blumen zu schließen, denn im ländlichen Schottland gibt es in der Tat nur wenige Cottages des englischen Typs mit blühenden Rosen und Jasminblüten und einem sehr reichen Farbenreichtum in seinem altmodischen Garten . Überall in Dumfriesshire und Lanarkshire, 85 Meilen entlang der Straße nach Glasgow, sind die Landhäuser lediglich schmucklose Wohnkästen, und Blumengärten sind Eitelkeiten, denen man sich nicht hingibt. Vielleicht erkennen wir darin wieder einmal den schottischen praktischen Charakter Das hat Schottland auf dem Weg zu materiellem Wohlstand so weit gebracht, Glasgow zu dem gemacht, was es ist, und Schotten in Führungspositionen gebracht.

Die sprichwörtliche Hartnäckigkeit des Schotten hat viele gute Geschichten hervorgebracht, von denen die vom Bauern, der vom Markt zurückkehrt, eine der besten ist. Als er wegen des Goldes, das er bei sich tragen sollte, von drei stämmigen Raufbolden angegriffen wurde, kämpfte er verzweifelt und schlug einen seiner Angreifer mit einem Schlag nieder, der ihn bewusstlos machte, bis ihn schließlich ein gut getroffener Stoß in den Bauch zu Boden brachte; Daraufhin gingen die Fußpolster gründlich über seine Taschen. Doch obwohl sie fleißig suchten, konnten sie anstelle des erwarteten Reichtums nur ein Six-Penny-Stück finden.

"Meine Güte!" rief einer von ihnen und befühlte sein verletztes Gesicht, „wenn er achtzehn Pence gehabt hätte, hätte er uns drei getötet."

Die schlauen „schlauen" Qualitäten der Schotten wurden noch nie so bewundernswert veranschaulicht wie bei dieser Gelegenheit in der Fußballsaison 1905, als der Besuch der neuseeländischen Mannschaft, bekannt als „All Blacks", geplant war. Die Glasgower Behörden hatten zu diesem Zeitpunkt noch keine annähernd richtige Vorstellung von den Qualitäten der Neuseeländer und auch nicht von der großen Menge an

Zuschauern, die jedes Spiel, an dem sie beteiligt waren, anziehen würde; Deshalb lehnten sie das Angebot der Hälfte des Eintrittsgeldes vorsichtig ab und verlangten eine Garantie von etwa 50 Pfund, wobei sie den Besuchern das „Eintritt" überließen .

Auf dieser Grundlage wurde eine Einigung erzielt, aber als die Saison voranschritt und die außergewöhnlichen Triumphe der Neuseeländer anderswo deutlich machten, dass das „Tor" beim Glasgow-Spiel phänomenal sein würde, unternahmen die Glasgower heldenhafte Versuche, die Vereinbarung zu ändern – ohne Erfolg.

Unglaublich viele Saxpences flossen in diese Angelegenheit, denn die Leute von Glasgow erhielten 50 Pfund und zahlten über 1.000 Pfund, die an den Toren eingenommen wurden. Und die Neuseeländer gewannen das Spiel und holten sich zusätzlich den Boodle. Schottland war Sair Ihr wißt, habt den Tag gemildert und ihn sauer gezeigt. Die Neuseeländer kamen ohne Empfang in die Stadt, wurden auf dem Feld „ausgebuht" und verließen das Land inmitten einer Art feindseliger Demonstration.

XXXI

ES auf diesen ersten paar Kilometern überhaupt nichts. Das Land wird angenehm hügelig, hier und da liegen Dörfer entlang der Straße, und eine Eisenbahn verläuft gemütlich vorbei, an der der Bach Kirtle Water grenzt . Kirkpatrick ist das erste Dorf. Dahinter zweigt die alte Straße aus der Zeit vor Telford fast zwei Meilen nach rechts ab und mündet bei Merkland wieder in die moderne Straße , vorbei an einem alten Grenzkreuz aus Granit, das von Stechpalmenbüschen umgeben ist. Wer nach Informationen am Wegesrand sucht, kann über dieses Kreuz sehr viel höchst unglaubwürdige „Geschichte" erfahren. In der Schmiede am Straßenrand ganz in der Nähe erzählen Ihnen die Schmiede, dass es sich um das Denkmal eines Mannes handelt, der vom Robgillt Tower – oder „Toe-er" in der lokalen Aussprache – erschossen wurde . Ob der Mann, der erschossen wurde, das Denkmal wert war, kann niemand sagen, aber der Schuss selbst hätte sicherlich ein Denkmal verdient. In der Tat ein langer Weg, denn bis zum Robgillt Tower ist es eine gute Meile! Der näher gelegene Bonshaw Tower scheint wahrscheinlicher. Eine andere Geschichte, die in der Nachbarschaft sehr beliebt ist , besagt, dass die Männer dieses Viertels ihre Frauen hier verkauft haben.

Vorbei an Kirtlebridge und seinem Bahnhof und über Kirtle Water und Mein Water kommen wir durch eine sehr hübsche Wald- und Parklandschaft nach Ecclefechan : heute ein sehr berühmter Ort und seit dem Tod von Thomas Carlyle im Jahr 1881 ein Wallfahrtsort. Nach Ecclefechan war das Heimatdorf dieses neuzeitlichen Propheten, Heldenanbeters und Apostels der Arbeit.

Aber links von der Straße, an der Zufahrt zu Mein Water und dem Park of Burnfoot , liegt ein wenig bekanntes Wahrzeichen von Carlyle, das beachtet werden sollte. Auf dem kleinen Friedhof von Pennersaughs befinden sich unter anderem die Gräber seines Großvaters und seines Urgroßvaters.

Ecclefechan wurde viel gestritten . „Ecclesia Fechanis " soll der Ursprung des Namens sein; Aber wer St. Fechan war, wer hier die ursprüngliche Kirche gegründet haben soll, ist mehr als irgendjemand mit Sicherheit sagen kann. Die Skeptiker bezeichnen ihn entschieden als einen Mythos: eine heilige „Mrs. Harris"; während Waliser erklären könnten, dass „ Ecclefechan " „ Eglwys" sei vychan ", *also* „Kleine Kirche", und keiner würde in der Lage sein, sich als richtig zu erweisen.

ECCLEFECHAN: ZEIGT GEBURTSORT VON THOMAS CARLYLE.

Carlyle erklärte einmal in einem denkwürdigen Ausbruch, dass „das Malerische" für ihn „einfach langweilig" sei und dass „einfache Hügel und Felder mit Bächen und Hecken dazwischen" für seinen Geschmack das Beste seien. Wenn dies echt war und nicht reine carlyleische Perversität, warum war dann Ecclefechan , sein Heimatdorf, der ideale Geburtsort, denn es ist die bloße Negation von Schönheit und Malerischem? Dennoch hat es eine gewisse interessante Qualität. Es hat „Charakter". Denn man könnte kein einzelnes Haus herausgreifen und auf seine Anmut hinweisen, aber obwohl Ecclefechan in seinen Einzelteilen aus genau den gleichen Materialien besteht wie fünfzig andere Annandale-Dörfer, hat es eine unverwechselbare Persönlichkeit, die selbst dann offensichtlich wäre, wenn das anregende Assoziationen mit Carlyle waren nicht vorhanden. Ein rauschendes Feuer geht über eine Straßenseite, und die Mauersegler fliegen und kreischen über ihnen hinweg. Unter den unscheinbaren weißen und grauen Häusern befindet sich eines mit einem Torbogen und darüber einem malerischen Fenster mit quasi-jakobinischem Charakter. Es handelt sich um das Wohnhaus, das Thomas Carlyles Vater und seine Onkel um 1791 erbaut hatten, und über der Tür befindet sich die schlichte Inschrift „Geburtsort von Carlyle, 4. Dezember 1795". Neben dem Eingang selbst steht ein Felsbrocken, in den jetzt ein charakteristisches Carlylean-Zitat eingraviert ist:

„Dieser müßige Felsen"; und immer hört man über dem Kreischen der Mauersegler das Murmeln des Baches ein paar Meter entfernt: „Der kleine Kuhbach strömt freundlich vorbei."

„Das Bogenhaus", wie es vor Ort genannt wird, wurde mit diesem zentralen Torbogen gebaut, damit die drei Maurerbrüder James, Frank und Tom die Materialien ihres Handwerks bequem lagern konnten. Dort zogen sie ihre verschiedenen Familien groß.

„Das Nest dieses schändlichen Mannes", nennt Carlyle es: und es war auch ein sehr gut gefülltes Nest. Heute ist es für alle offen, und die Menschen, die hierher kommen, sind vielfältig und vielfältig. In dem Jahr, das am 31. August 1905 endete, wurde das Haus von 1.700 Menschen besucht, die mit Ehrfurcht, Neugier oder schlichter Geisteslosigkeit – je nach Art – die bescheidenen Innenräume betrachteten.

„Und ist das wirklich das Zimmer, in dem Carlyle geboren wurde?" fragte jemand aus dieser ersten Kategorie vor vielen Jahren mit ehrfürchtiger Stimme.

„Ja", sagte die Gattin , die allerdings den inneren Sinn dieser ganzen Heldenverehrung nicht richtig begriff; „Und auch Maggie wurde hier geboren."

Homerisches Gelächter, zweifellos, an diesem Ort, an dem sich die literarischen Unsterblichen versammelten.

IM GEBURTSHAUS

Professor Wilson, „Christopher North", und seine Kollegen bei der *Edinburgh Review* behaupteten, sie würden die Literatur mit ein wenig Haferbrei kultivieren, aber dieser Anspruch sollte besser auf den Autor von „Friedrich der Große" und „Sartor Resartus " erhoben werden. Ein schlichtes Leben und hohes Denken prägten sein Leben, das kann man kaum übersehen. Ein wirklich sehr einfach lebender, heimeliger Mann, wie all seine intimen Besitztümer deutlich zeigen. Sein schlichtes, gewöhnliches Tintenfass mit der letzten Feder, die er benutzte, sein einfacher Schreibtisch mit seiner ursprünglichen Tischdecke, sein Tabakglas und ein Tabakschneider, mit dem er seinen eigenen Tabak schnitt, sind allesamt die billigsten freundlich, und wenn ich sie anschaue, schäme ich mich stellvertretend für die modernen Autoren von „Meisterwerken", die sich den damaligen Literaturzeitschriften zufolge nicht „inspiriert" fühlen können, wenn sie nicht mit allem Luxus umarmt werden. Carlyles Filzhut ist unter Glas eingeschlossen; sein Strohhut hängt an der Wand, und Sie können ihn sich selbst auf den Kopf setzen. Die meisten Leute tun es. Unter den vielen Hommagen an sein Genie sticht vor allem der große Lorbeerkranz hervor, den der deutsche Kaiser 1895 anlässlich seines 100. Geburtstags schickte. Es handelte sich natürlich in erster Linie um eine Hommage an den heldenverehrenden Autor von „Friedrich dem Großen".

ALTE TABLETTE BEI ECCLEFECHAN.

Carlyle selbst liegt auf dem düsteren kleinen Friedhof von Ecclefechan , unter seinen Verwandten und fern von seiner Frau, deren Grab sich im dachlosen Kirchenschiff der Haddington Abbey befindet. Wie bei den meisten schottischen Kirchhöfen sind die Tore mit Ketten versehen und verschlossen.

„ Entepfuhl " als Carlyle in „Sartor Resartus " stilisiert Ecclefechan , ist stolz auf ihn, vor allem, vermute ich, weil er erkennt, dass die Welt jenseits von Annandale so viel von „Tam Carl" hält. Es gibt einen „ Resartus- Lesesaal", ziemlich schäbig mit heruntergekommenen Stühlen, die leider wieder neu aufgestellt oder, noch besser, komplett erneuert werden müssten.

Eine seltsam gestaltete alte Haustafel, die kürzlich von den vielen Putz- und Tüncheschichten befreit wurde, die sie lange Zeit verdeckt hatten, ist heute ein Merkmal des Hauses neben dem Carlyle-Geburtshaus und vielleicht der einzige merkwürdige Gegenstand im Dorf.

Ecclefechan einen Bahnhof , aber das Dorf ist wahrscheinlich ein ruhigerer Ort als in den frühen Tagen von Carlyle, als die Glasgow Mail vorbeiraste und die örtlichen Busse zweimal am Tag die Straße belebten. Zum einen liegt der Bahnhof ein beträchtliches Stück entfernt, an der Stelle, die einst die neue Straße war, als Telford sie vor so langer Zeit baute, und die bis heute als „neu" bezeichnet wird.

Es handelt sich um eine Art sanften Anstieg auf dem Rücken von Ecclefechan und so entlang der sechs Meilen nach Lockerbie, vorbei am Bauernhaus von Mainhill , wo Thomas Carlyles Vater im Alter von siebenundfünfzig Jahren begann, Landwirt zu werden, und sich dort bemühte zehn Jahre, von 1815 bis 1826. Dann kommt der wunderschöne Park von Castlemilk , Sitz der Familie Jardine, gefolgt von der Milk Bridge, die den gleichnamigen Fluss überquert, und dem eleganten Vorstadteingang nach Lockerbie.

Die Stadt Lockerbie ist ein blühender Ort, dessen Ordnung und Sauberkeit insgesamt bemerkenswert sind: eine tatsächliche Veränderung gegenüber der Zeit, als dieser Reim möglich war:

Lockerbie ist ein schmutziger Ort,

Eine Kirche ohne Kirchturm,

Ein Müllhaufen an der Ilka-Tür –

Aber eine Menge Leute.

Neues Erscheinungsbild, mit einem modernen Rathaus in einer blumigen Version des schottischen Baronialstils und einem Hauch von Wohlstand. Hier, an diesem stattlichen Ladenlokal, entdeckt der Südstaatler, der Schottland nicht kennt, zum ersten Mal, was die schottische Nation an Scones, Samenkuchen, Pflaumenkuchen, Baps und Bannocks zu bieten hat , ganz zu schweigen von Shortbread. Es ist in seiner besonderen Art eine liberale Ausbildung.

Fünf Meilen nördlich von Lockerbie passiert man Jardine Hall, auf der anderen Seite des Parks liegt die verwunschene Ruine von Spedlin's Tower. Nach einer weiteren Meile, bei Dinwoodie Green, teilt sich die Straße erneut in eine alte und eine neue Straße. Die alte Straße, die auf der rechten Seite durch die Stadt Moffat, über Ericstane Brae und hinunter zur Elvanfoot Bridge verläuft, eine Entfernung von 23 Meilen, ist immer noch eine ausgezeichnete Straße, führt aber über schroffe und bergige Höhen hinauf, während die „ Die neue Straße, bei der Moffat gänzlich umgangen wird, liegt auf ihrer höchsten Höhe 500 Fuß unter dem Gipfel der alten. Zwischen den beiden Straßen auf dem Weg nach Moffat fließt der Fluss Annan, und hier und da gibt es Täler, die zu unterschiedlichen Zeiten Covenantern und pferderaubenden Schurken Zuflucht boten. Wamphray Glen war eine der Festungen der Johnstones: Der Ort war seit jeher reich an Johnstones und Jardines. Es gab einen Johnstone, der früher in Lockerbie in einem der zahlreichen verteidigungsfähigen Türme des Bezirks lebte. Er spielte eine mehr oder weniger ritterliche Rolle in der Schlacht von Dryfe Sands in der Nähe, während zu Hause seine sanfte Dame mit ihren eigenen schönen Händen Lord Maxwells Schlüssel mit den Schlossschlüsseln in den Kopf schlug.

Die neue Straße führt mit wenigen Besonderheiten auf einem allmählichen Anstieg weiter nach Beattock und überquert den Annan an der Johnstone Bridge, einem hübschen Waldstück mit einem Postamt am Wegesrand.

Beattock war in den alten Postkutschenzeiten wichtig, denn hier, neben der Straße, an einem sonst einsamen Ort, stand das Beattock Inn. Zwei Meilen die Straße hinunter lag Moffat. Es gab nichts anderes als die Umkleidekabine für Postkutsche und Bühne. Das Haus ist auch heute noch erhalten, aber kein Gasthaus mehr, und daneben befindet sich der Bahnhof Beattock der Caledonian Railway, die vor über fünfzig Jahren den Busverkehr auf dieser Straße abgeschafft hat.

Heutzutage gibt es auf den dreißig Meilen zwischen Lockerbie und Crawford, an dieser modernen Straße, die Moffat umgeht, kein öffentliches Vergnügungslokal, außer dem Erfrischungsraum am Bahnhof Beattock : Das Dorf, das in letzter Zeit hier entstanden ist, ist an nichts davon völlig unschuldig Art.

XXXII

DIE Stadt Moffat weiter unten hatte im Schema der Telforder Carlisle und Glasgow Road keinen Platz. In den Räten der Post hatte es kaum Bedeutung; Glasgow, Carlisle, Manchester und London waren Orte, deren Bedürfnisse die Unzufriedenheit vor Ort bei weitem überwogen; und die neue Straße führte direkt von Beattock weg und ließ die kleine Stadt beiseite.

DIE STRASSE NEU MACHEN

Vor den Anfängen des Coachings, als Glasgow seinen Bedarf an direkter und schneller Kommunikation mit dem Süden zum Ausdruck brachte, ging die Londoner Post mit berittenen Postboten durch Edinburgh. Zu dieser Zeit führte die Straße nach Glasgow durch Moffat und steil hinauf über Ericstane Brae, wo sie um 1776 ausgebaut oder „ausgebaut" wurde, aber anscheinend nicht sehr wesentlich verbessert, denn es wird berichtet, dass „siebzig Karren Die wöchentliche Nutzung von Handelswaren hatte dazu geführt, dass es verfiel. Dies blieb der Zustand der Dinge, als anderswo Postkutschen eingerichtet wurden, und gab der wachsenden Handelsstadt Glasgow Hoffnung, einen eigenen Direktdienst zu erhalten. Ein solcher Dienst bedeutete für das damalige Glasgow, das bereits kommerziell wichtig geworden war, große Bedeutung. Das Postamt wurde darauf hingewiesen, dass die Glasgow and Carlisle Diligence bereits seit 1776 die Möglichkeit gefunden hatte, diese Route zu befahren; und was für private Unternehmen möglich war, sollte auch für die Regierung möglich sein. Um die Post dazu zu bewegen, über Carlisle einen Postweg über Carlisle einzurichten, gingen die Glasgower Kaufleute und die Handelskammer sogar so weit, großzügige Abonnements abzuschließen, um die geringen Löhne der angebotenen Auftragnehmer auszugleichen, und auf dieser Grundlage wurde im Juni die Post eingerichtet 1788. Doch die Post war nicht zufrieden. Die Straße war im Allgemeinen holprig und steinig, und der Sekretär drohte ständig, die Kutsche zurückzuziehen, wenn die schlimmsten Stellen nicht repariert würden. Im Jahr 1795 wurde Provost Dunlop darüber informiert, dass die Post von Carlisle und Glasgow möglicherweise zugunsten der alten Route über Edinburgh eingestellt werden müsste , was einen Verlust von einem ganzen Tag bedeuten würde. Glasgow appellierte an die Regierung, dieser drohenden Katastrophe Einhalt zu gebieten und die Straße südlich von Elvanfoot zu reparieren . Es wurde darauf hingewiesen, dass Lord Douglas 4.000 Pfund für die Straße zwischen Lesmahagow und Hassockwell Burn in der Nähe von Devil's Beef Tub ausgegeben hatte und dass die Stadt bereits viel dafür getan hatte. Es wurde hinzugefügt, dass es sich bei der Straße schließlich nicht um eine örtliche Landstraße, sondern um einen Teil der großen nationalen Nord-Süd-Route handele und als solche zu Recht die besondere Aufgabe der Regierung sei. Da er durch die wilde, wenig befahrene Wasserscheide zwischen Clyde und Annan führte, konnte er mit den Einnahmen aus etwaigen Mautgebühren, die erhoben werden konnten, nie ausreichend repariert werden . Es wurde weiter darauf hingewiesen, dass die Regierung selbst die Straße verarmt habe, da die Postkutschen per Gesetz von allen Mautgebühren befreit seien und daher Passagiere billiger befördern könnten als die Postkutschen, die teuer zahlten und auf der Straße nicht mithalten könnten Gleichberechtigte waren zwischen 1788 und 1795 von der Strecke vertrieben worden. So verloren die Schlagbäume auf Schritt und Tritt ihre Gebühren.

Die Post blieb gegenüber all dem taub. Das Ministerium wusste genau, wie sehr Glasgow die Beschleunigung seiner Post um einen Tag zu schätzen wusste, und war überzeugt, dass seine Kaufleute erhebliche Opfer bringen würden, um den Vorteil zu behalten. Das Ministerium hatte völlig recht. Auf Antrag der Handelskammer von Glasgow wurde ein Gesetz erlassen, das die Evan Water Trustees ermächtigte, anstelle der alten Straße bei Ericstane Brae, die im Gesetz beschrieben ist, eine neue Straße über die Wasserscheide zu bauen und zu unterhalten. George der Dritte , C. 21, 1798, als „sehr steil und gefährlich für Allradkutschen und gefährlich für Reisende ".

, die Treuhänder dazu zu „befähigen", und eine ganz andere und gar nicht so einfache , das Geld aufzutreiben. Es wurde schließlich durch Abonnements aufgebracht. Die Kaufleute von Glasgow, die öffentlichen Institutionen der Stadt und eine Reihe englischer Mühlenbesitzer zeichneten insgesamt 6.000 Pfund, und der Weg wurde begonnen; zuerst von Elvanfoot bis Summit Level und von dort hinunter Evan Water nach Beattock , wo sie sich mit den Turnpikes Edinburgh, Moffat und Dumfries verbinden; und zweitens eine Fortsetzung dieser Straße in einer diagonalen Linie über das ebene Tal von Annan nach Dinwoodie Green, elf Meilen südlich von Moffat, an der Autobahn Glasgow, Moffat und Carlisle.

Die Arbeiten wurden, wie bereits erwähnt, begonnen und der erste Abschnitt, von Elvanfoot bis Beattock , wurde 1808 fertiggestellt; Aber dann waren die Mittel erschöpft, und die Menschen in Dumfriesshire, von denen erwartet worden war, dass sie den Rest erledigten, wollten oder konnten es nicht tun. Die Straße musste also doch um Moffat herumführen ; Bei Langbedholm , zwei Meilen nördlich von Beattock , bog er scharf nach links ab und ging von dort über Chapel Brae nach Moffat und weiter nach Süden, wie zuvor, über Wamphray , Woodfoot und Dinwoodie Green.

DIE GLASGOW-POST.

[Nach James Pollard.

Sogar dieser halb verwirklichte Plan war der rauen Runde von Ericstane Muir vorzuziehen; aber kaum war die neue Straße gebaut, wurde die alte Frage der Reparaturen erneut aufgeworfen. Die Mautgebühren reichten nicht aus, um die Kosten zu decken, und der Verschleiß der Elemente und des Verkehrs konnte nicht ausgeglichen werden. Wie es im Jahr 1812 aussah, erfahren wir aus den Schriften von Colonel Hawker, der damals auf dieser Route reiste und beschreibt, dass es mit großen, weichen Bruchsteinen ausgebessert worden sei, zunächst wie Ziegelsteine und später wie Sand. So schlimm das auch war, es war das Beste, was mit den verfügbaren Ressourcen erreicht werden konnte; und das Postamt fuhr hartherzig fort, Hasker, der Superintendent der Postkutschen, drohte ständig, die Post abzuziehen und über Edinburgh herumzuschicken. Im Jahr 1810 hatten sich die verschiedenen betroffenen Trusts erfolglos an das Parlament gewandt, um eine Wiedergutmachung ihrer Beschwerden zu erhalten, doch schließlich wurde 1813 ein Gesetz verabschiedet, das die Befreiung von Postkutschen von der Maut in Schottland, wo sich die Bevölkerung befand, aufhob (Endlich zugegeben) spärlich, und die Mautgebühren brachten eine erbärmlich kleine Summe ein.

SCHACH UND SCHACHMATT

Aber das Postamt hatte so viele Wendungen wie ein alter und oft gejagter Hundefuchs, und da es sich nicht davon abhalten ließ, verletzte es den Geist dieser Konzession durch einen genialen Trick. Was durch das Gesetz vorgesehen war, nahm das Ministerium durch die einfache Maßnahme wieder weg, das Porto für Briefe nach Schottland um jeweils einen halben Penny zu erhöhen, was einer Erhöhung von 6.000 Pfund pro Jahr entspricht. Es war fast wie eine Schachpartie.

Auf diesen Schritt reagierten die Scottish Trusts mit einer Erhöhung ihrer Gebühren für die Post, was zur Folge hatte, dass das Postamt jährlich 12.000 Pfund mehr zahlen musste. Sie riefen metaphorisch, wenn nicht sogar tatsächlich: „Check!" Der nächste Schritt erfolgte mit dem Superintendenten, der daraufhin als Warnung nach Glasgow eine Reihe der Postsendungen abnahm.

Schachmatt!

Das war natürlich als Kraft- und Ausdauertest sehr interessant, aber schließlich war es ein wenig unwürdig und kaum die Art und Weise, die Geschäfte einer Nation zu führen. Diese Tatsache schien tatsächlich bald erkannt worden zu sein, denn am 7. Dezember 1814 nahm die Regierung die ganze Angelegenheit auf, und das Finanzministerium wies Telford an, „eine ordnungsgemäße Untersuchung, einen Plan und eine Schätzung vorzunehmen", um den gesamten Kurs zu ändern der Straße zwischen Carlisle und Glasgow zu planen und einem Sonderausschuss des Unterhauses Bericht zu erstatten. Telford untersuchte die Straße und berichtete 1815: „Die bestehenden Gefälle, die Richtung und die Bauweise sind so schlimm, dass die Straße viele Jahre lang nur mit Mühe offen gehalten werden konnte." Er legte detaillierte Pläne für seine Verbesserung vor und versicherte dem Komitee, dass sie, wenn sie angenommen würden, die Entfernung von damals 102½ Meilen um fast 9 Meilen und die für die Reise benötigte Zeit um mindestens den Gegenwert von 9 Meilen verkürzen würden.

Haskers Aussage vor dem Ausschuss zeigte, dass die Post ernsthaft darüber nachdachte, die Post über Edinburgh zu verschicken – eine sechs Stunden längere Reise in jede Richtung.

Ein lobenswertes Merkmal dieser Zeit war, dass, als es endlich zur Ernennung eines Ausschusses kam , sehr bald Ergebnisse erzielt wurden. Am 28. Juni 1815, nicht lange nachdem Telfords Bericht eingegangen war, berichtete das Komitee seinerseits einstimmig, dass sein Plan ausgeführt werden sollte und dass die Regierung erhebliche Kostenbeihilfen gewähren sollte, die auf 80.000 Pfund geschätzt wurden. Ein Jahr später, am 1. Juli 1816, wurde ein „Gesetz über einen Zuschuss von 50.000 Pfund für die Straße von der Stadt Glasgow nach Carlisle" verabschiedet; Die Arbeiten sollen von den bereits bestehenden Commissioners of Highland Roads and Bridges verwaltet werden. Unter den Parlamentspapieren jener Zeit gibt es umfangreiche Berichte mit Plänen, die zeigen, wie die Arbeiten bis zu ihrem Abschluss voranschritten; und der Reisende von heute, der die Bezirke zwischen Carlisle und Glasgow erkundet, wird anhand des Kontrasts zwischen den extravaganten Steigungen der alten Straße in der Nachbarschaft von Moffat und dem leichten Auf und Ab der neuen Autobahnabschnitte von Telford selbst sehen, wie gründlich die Arbeit durchgeführt wurde.

XXXIII

MOFFAT , heutzutage ein gepflegtes und ruhiges Städtchen, das für seinen Wohlstand auf das Wasser seines Schwefelbrunnens angewiesen ist, liegt in einer Senke der Berge. Was die sauberere und sauberere Variante von beiden angeht – Lockerbie oder Moffat –, werde ich nicht so voreilig sein, eine Meinung zu äußern, aber niemand wird wahrscheinlich die Tatsache bestreiten, dass „Moaffet" der leisere ist. Einerseits ist diese Ruhe einer ihrer Hauptvorteile, und obwohl es einen Bahnhof gibt, wird die Tatsache, dass es sich lediglich um die Endstation einer zwei Meilen langen Abzweigung von Beattock handelt, als Beweis dafür ausreichen, dass die Ruhe dadurch nicht wesentlich gestört wird Züge.

Außer dieser bemerkenswerten Sauberkeit und der Breite seiner Hauptstraße ist am Erscheinungsbild von Moffat nichts besonders Auffälliges; Das Zentrum der Stadt ähnelt in seiner Mischung aus Geschäften und Villen und der allgegenwärtigen Geräumigkeit tatsächlich den gewöhnlichen Vororten weniger erholsamer Orte. Aber ein einzigartiges Objekt, das weder den Anspruch auf Antike noch auf Schönheit erhebt, steht mitten auf der breiten Straße und erzählt dem Fremden, dass Moffat und seine Nachbarschaft für etwas anderes als ein Heilbad und eine große hydropathische Einrichtung berühmt sind. Dies ist der Colvin-Brunnen, der der Stadt von William Colvin aus der Nachbarschaft geschenkt wurde Craigielands und darüber das Bildnis eines nachdenklich wirkenden Widders als Anspielung auf die Schafzucht, die dem Bezirk Wohlstand beschert hat.

Die Auld Kirk of Moffat, die einer ganz anderen Ära angehört, steht angemessen abgeschieden auf dem alten Kirchhof, der verschlossen und für den zufälligen Zutritt verriegelt ist. Die Auld Kirk liegt in Trümmern, und das ist auch angemessen; Denn welches Band der Sympathie kann es zwischen dem eher selbstgefälligen, selbstzufriedenen Charakter der modernen Hypochonder geben, die metaphorisch (und manchmal tatsächlich) in Watte geschleckt haben und jetzt zu Moffat greifen, und den strengen Covenanters, die in der Umgebung herumgedrängt wurden? Braes und auf den rauen Fjälls und verbrachten eine Nacht im Gefängnis im Auld Kirk, bevor sie zu den kleinen Gnaden geführt wurden, die sie in Edinburgh erwarteten? Nein: Das historische Gebäude wird zu Recht seinen Erinnerungen überlassen.

Aber diese gründliche Sperrung der alten Kirchhöfe in Schottland ist für einen Engländer ein wenig abstoßend. Es scheint bis zur Gefühllosigkeit die

Tatsache zu betonen , dass der Tag der Toten tatsächlich vorüber ist; und deutet an, dass sie nicht nur keinen Anteil an der Welt haben, sondern auch keinen Anteil an den Gedanken ihrer eigenen Verwandten.

Hier liegt der große Straßenreformer John Loudon Macadam, und nur wenige wenden sich ab, um sein Epitaph zu suchen, und bemühen sich weiter, die Tore aufzuschließen . Macadam wurde 1756 in Ayr geboren und starb 1836 im Duncrieff House, Moffat, nachdem er sich in den Annalen der Straße einen unvergänglichen Namen gemacht und der Sprache ein neues Verb, „to macadamise ", hinzugefügt hatte.

Moffat lag an einer der beiden Straßen von Carlisle nach Edinburgh und hatte einst eine ganze Reihe von Gasthäusern. Unter ihnen waren die „Annandale Arms" und die „Spur" unmittelbare Konkurrenten. Es gibt Burns-Assoziationen mit dem „Spur", aber viel intimere mit dem Gasthaus „Old Black Bull", das noch immer dasselbe schlichte, weiß getünchte Steinhaus ist wie zu Zeiten des Dichters. Die Geschichte erzählt, wie er mit einigen Kumpane auf einer Fensterbank des Gasthauses trank, als sie zwei Damen auf Pferden vorbeireiten sahen; eine von ihnen war so hübsch und so klein, dass man sie als „eine der Grazien im Miniaturformat" bezeichnete. „Seltsam", sagte einer der Gastwirte, „dass einer so klein und der andere so groß sein sollte"; woraufhin Burns an eine Fensterscheibe schrieb:

Fragen Sie, warum Gott den Edelstein so klein gemacht hat,

Und warum ist der Granit so riesig?

Weil Gott meinte, dass die Menschheit untergehen sollte

Je größer der Wert darauf ist.

Ein sehr hübsches Kompliment für die kleine Dame, aber implizit ungemein hart für die ausgewachsene Dame. Die Glasscheibe wurde schon vor langer Zeit entfernt und soll sich nun in Dumfries befinden.

Der berühmte Schwefelbrunnen liegt anderthalb Meilen von Moffat entfernt in einem Chalet im Schweizer Stil auf einem schroffen Hügel 300 Fuß über der Stadt. Manche gehen zu Fuß dorthin, andere reiten, und für zwei Pence kann man von dem fast unglaublich ekligen Wasser so viel trinken, wie man möchte. Das erste Glas ist geschmacklich und riechend (es riecht nach „Wahleiern" oder Assafœtida) mehr als genug für den stärksten Magen und scheint in einem inneren Laboratorium der höllischen Regionen gebraut worden zu sein. Aber das zweite Glas – wenn Sie krank genug oder mutig genug sind, ein zweites zu trinken – scheint nicht so schlimm zu sein, und

Besucher werden nach und nach zu perfekten Vielfraßen dafür. Das Wasser wirkt unter anderem gegen Rheuma und Gicht und war bereits im Jahr 1633 bekannt, als Rachel Whiteford, die Tochter des Pfarrers von Moffat, davon profitierte. Im Jahr 1659 schrieb Dr. Matthew McKaile aus Edinburgh eine lateinische Broschüre über seine Vorzüge, und danach hat sich der Ruhm des Brunnens von selbst eingestellt. Aber die belebende Luft der Berge hat zweifellos mindestens ebenso viel zur Wiederherstellung der Gesundheit vieler Invaliden beigetragen.

Die raue und abweisende Landschaft rund um Moffat gipfelt auf der Edinburgh Road in der düsteren Hügelmulde namens „Devil's Beef Tub", die ihren Namen angeblich dadurch erhalten hat, dass sie früher ein beliebtes Versteck der Viehdiebe war ihr gestohlenes Vieh. Der „Beef Tub" ist wirklich eine tiefere und robustere Version des „Devil's Punch Bowl" auf der Portsmouth Road. Sir Walter Scott, der romantisch sagt: „Es sieht aus, als würden vier Hügel ihre Köpfe zusammenlegen, um das Tageslicht vor dem dunklen, hohlen Raum zwischen ihnen zu schützen", erzählt in „Redgauntlet", wie ein Gefangener an der Stelle vorbeigeführt wird und sich von seinen Wachen löst Er entkam, indem er sich hinabwarf und zu Boden *rollte* .

TRAGÖDIE DES SCHNEES

Dieses wilde Land war am 1. Februar 1831 Schauplatz einer Postkutschentragödie, als die Post von Dumfries und Edinburgh in Moffat einschneite . Voller Eifer, ihre Pflicht zu erfüllen, beschafften der Kutscher und der Wachmann Reitpferde und warfen die Postsäcke über sie, aber nach wenigen Minuten Anstrengung erwies sich, dass es unmöglich war, mit den Pferden voranzukommen, und die beiden unerschrockenen Männer schickten sie nach Moffat zurück und gingen alleine zu Fuß weiter. Es war ein Unternehmen der hoffnungslosesten Art, das unmöglich zu verwirklichen war. Sie sanken erschöpft in der Nähe dieser Schlucht und starben im Schnee. Ihre Leichen wurden eine Woche später gefunden und die Postsäcke, die sie sorgfältig an einem Schneepfosten am Wegrand in der Nähe aufgehängt hatten.

Heute sind auf dem alten Kirchhof von Moffat zwei Steine zum Gedenken an diese tapferen Männer, „treu bis zum Tod", mit der Inschrift zu finden:

1835 im Abonnement errichtet.

Heilig zum Gedenken an James MacGeorge, Garde der Dumfries und der Royal Mail von Edinburgh, der leider im Alter von 47 Jahren in der Nähe von Tweedshaws nach den anstrengendsten Anstrengungen bei der

Ausübung seines Dienstes während dieses denkwürdigen Schneesturms am
1. Februar 1831 ums Leben kam.

Und

> Zum Gedenken an John Goodfellow, Fahrer der Postkutsche von
> Edinburgh, der am 1. Februar 1831 auf der Errick Stane in einem
> Schneesturm ums Leben kam, als er seinem Leidensgenossen, der Garde,
> freundlicherweise beim Transport der Postsäcke half.

Die damalige Lokalzeitung *Courier* beschrieb die Tat dieser hingebungsvollen
Postangestellten mit mehr Wahrheit als Gefühl als „übertriebenes
Pflichtgefühl".

Wenn Sie weit genug an Devil's Beef Tub und Tweedshaws vorbeigehen, wo
der Fluss Tweed entspringt, kommen Sie auf dieser alten Straße nach
Edinburgh zum Gasthaus „Crook", wo der Dichter Campbell ein
merkwürdiges Erlebnis hatte. Er nahm ein großzügiges Glas Bier und ging
zu Bett. Plötzlich klopfte es an der Tür und das hübsche Mädchen, das ihm
das Abendessen serviert hatte, trat ein. „Bitte, Sir, könnten Sie einen
Nachbarn mit in Ihr Bett nehmen ?"

„Von ganzem Herzen", rief der Dichter und fuhr fröhlich auf.

"Danke mein Herr; denn der Moffat-Transporter ist angekommen, und es
gibt keinen einzigen anderen Ort.

Das hatte der Dichter nicht erwartet. Der große, stinkende Mann kam herauf
und die kleine Frau verließ den Raum.

XXXIV

DIE alte Glasgower Straße , die von Moffat über Meikleholmside und über Ericstane Muir führt , ist alles, was eine Straße nicht sein sollte. Es ist steil, schmal, exponiert und schroff und, außer als Anschauungsbeispiel für das, was unsere Vorfahren ertragen mussten, ein sehr unerwünschter Weg, auf dem sich niemand befinden möchte. Es hat nicht einmal den Vorzug, malerisch zu sein.

Der Weg, den Telford eingeschlagen hat, setzt sich von Beattock aus in höflicherer Weise fort. Sie folgt neun Meilen lang dem Tal von Evan Water, und alle drei – Straße, Fluss und Caledonian Railway – führen freundschaftlich Seite an Seite unter den Hügeln zum Beattock Summit und hinunter nach Elvanfoot, wo sich heute das Elvanfoot Inn befindet steht als Schießhütte.

KAPUTTE BRÜCKE.

Die Elvanfoot Bridge, die die Straße über den Evan (*d. h.* Avon) Water führt, blickt auf eine hübsche Szenerie aus rauschenden Bächen, Felsbrocken und Farnen oder „ Furruns “, wie ein Schotte das Wort aussprechen würde.

Ein Schlag in die Dunkelheit

Hier ereignete sich spät in der stürmischen und regnerischen Nacht des 25. Oktober 1808 der schrecklichste und dramatischste Unfall, der jemals den Postkutschen widerfuhr. Wir haben es nicht ohne gebührende Überlegung und Wortwahl als dramatisch bezeichnet, denn das Ereignis hatte genau den aufregend spektakulären Charakter, den Theatermanager schätzen, deren Publikum nach Sensation verlangt.

Der Evan Water stand in dieser schwarzen und stürmischen Nacht unter Wasser und tobte in seinem steinigen Bett wild an der neu errichteten Brücke, die den Wildbach überspannte. Durch die wilde Dunkelheit von den Höhen über Douglas Mill kam die Post aus Glasgow nach Carlisle, und kaum hatten die Pferde einen Fuß auf die Brücke gesetzt, stürzte sie ebenso plötzlich und vollständig ein wie jedes Bühnengeländer. Es war fast zehn Uhr, das Innere hatte sich auf den Anschein von Schlaf eingestellt, den Busreisende befehlen konnten, und das Äußere hatte sich in seine Mäntel gehüllt und sich so auf angenehmere Umstände als das Reiten im Regen konzentriert In einer kalten Oktobernacht bemerkten sie ihre Umgebung praktisch nicht mehr, als sie plötzlich mit der Kutsche, dem Kutscher, den Pferden und dem Wachmann in das schäumende Wasser unter dem zerbrochenen Bogen stürzten. Es gab zwei Passagiere von außen: einer ein Kaufmann aus der Stadt namens Lund, der andere ein Mr. Brand aus Ecclefechan . Beide wurden sofort getötet. Die vier Inneren, eine Dame und drei Herren, hatten mehr Glück und kamen mit blauen Flecken und einem Schrecken davon. Die Pferde litten schwer, die Anführer kamen bei dem Sturz ums Leben und einer der Radler wurde, als er unten lag, von herabfallenden Steinen aus dem bröckelnden Bogen zu Tode gequetscht. Die Kutsche und das Geschirr wurden völlig zerstört, und Alexander Cooper, der Kutscher, überlebte die Verletzungen, die seine Wirbelsäule erlitten hatte, nur wenige Wochen, obwohl er vor dem Wegschwemmen durch zwei riesige Felsbrocken geschützt aufgefunden wurde. Der Wachmann, Thomas Kingham, wurde mit aufgeschnittenem Kopf aufgefunden, erholte sich jedoch bald. Er war immer davon überzeugt, dass er dem Tod entkommen konnte, weil er sich in jener verhängnisvollen Nacht nicht an seinem Sitz festgeschnallt hatte, so dass er, statt mit der Kutsche in Kontakt zu kommen, aus der Kutsche herausgeschossen wurde und ins Wasser stürzte.

Es war der Geistesgegenwart der Passagierin zu verdanken, dass die Daunenpost, die gerade an dieser tragischen Stelle vorbeifahren sollte, nicht das Schicksal ereilte, das diese unglückliche Kutsche bereits ereilt hatte. Sie hatte eine vorübergehende Zuflucht auf einem freundlichen Felsen gefunden, der sich inmitten des wogenden Wassers erhob, und als sie dort hockte, sah sie die Lampen der entgegenkommenden Kutsche durch Nebel und Regen grell leuchten. Sie schrie in höchster Lautstärke und erregte glücklicherweise die Aufmerksamkeit des Kutschers, der kurz vor der Zerstörung stand.

Bescheidenheit ist fehl am Platz

Die erste Aufgabe der Wache des Neuankömmlings bestand darin, diese Dame aus ihrer Position zu befreien. Hugh Campbell war nicht wie die konventionellen Helden des Theaters, die sich nichts daraus machen, die Heldin um die Taille zu packen, ihr eine Haltung zu verleihen und sie so an einen Ort der Sicherheit zu bringen, mit einer Miene, die an eine skurrile Kombination aus Chesterfield und Mut erinnert böser Bandit. Nein, er ging mit einer bescheidenen Zurückhaltung an die Aufgabe, die die Dame selbst etwas verärgerte. Er kletterte mit zusammengezurrten gebrochenen Zügeln hinunter, damit die oben stehenden sie hochziehen konnten, und fragte zweifelnd: „ Was soll ich sie packen?"

„Ergreife mich , wie du willst", sagte sie, „aber ergreife mich noch schlimmer"; und er fesselte sie entsprechend sicher und sie wurde ohne weiteres auf die Straße oben gehievt.

Das Downmail kehrte mit einer schweren und traurigen Ladung nach Moffat zurück, einschließlich der toten und verletzten Passagiere des Up-Wagens. Das einzige unverletzte Pferd wurde hinterhergeführt.

Viele Jahre lang wurde die Brücke nicht ordnungsgemäß repariert, da die Mittel für diese Straßen knapp waren. und weil die Post dadurch langsamer wurde, verlor sie bei jeder Fahrt fünf Minuten. Der Teil, der einstürzte, lässt sich möglicherweise noch an den kürzeren Kalkstalaktiten erkennen, die am reparierten Bogen hängen. Sie ist neben „Milestone Brig" auch heute noch als „Broken Bridge" bekannt, da auf ihr ein Meilenstein steht, der die halbe Strecke zwischen Carlisle und Glasgow markiert: „Carlisle 47½ Meilen". Glasgow 47 Meilen."

Die Caledonian Railway, die sich dieser Szene nähert, überquert den Evan Water auf einer Brücke, die aussieht, als wäre ein normannischer beratender Architekt von den Toten auferstanden, um sie zu entwerfen. Es verläuft in einem flachen Einschnitt über einem struppigen Moor und ist auf beiden Seiten durch eine dichte Holzpalisade vor dem Einbetten in den Winterschnee geschützt.

Die Straße macht jetzt, mit Crawford in der Ferne, eine scharfe Kurve und überquert den jungen Clyde bei New Bridge.

Crawford liegt in einem breiten Grasland oder grünen Tal, wo mehrere Bäche in den Clyde münden, und ist ein verstreutes Dorf, dessen weiße Häuser aus großer Entfernung angenehm zu sehen sind. Es ist ein beliebter Ort unter den wohlhabenderen Glasgowern, die Urlaub auf dem Land mögen. Das New Crawford Inn aus der Zeit der Postkutschen, ein stattliches, herrenhausartiges Gebäude, das 1822 nach Fertigstellung dieses Teils der neuen Straße von Telford eröffnet wurde, wird noch immer als

„Cranstoun Hotel" geführt . Die alte Straße von Elvanfoot verläuft gerader als die neue nach Abington, weist jedoch starke Steigungen auf. während der neue seinen gleichmäßigen Weg entlang des Flusses bis nach Abington fortsetzt, wo er sich endgültig vom Clyde verabschiedet, bis er Bothwell erreicht.

„BRIG O'CLYDE."

Abington ist ein typischer schottischer Anglerort: nur ein winziger Ort mit einem Gasthaus, einem Postamt, ein paar Cottages und ein oder zwei schönen Parks; sehr gepflegt, sehr ruhig und sieht sehr teuer und exklusiv aus. Ein Wildhüter oder ein Angler in Wathosen, mit Rute und Angelkorb sind fast die einzigen Figuren, die hier auf der Straße zu sehen sind.

Hinter Abington biegen sowohl der Fluss als auch die Schiene ab und verlassen die Straße der Einsamkeit. Nicht einmal Telfords Genie im Straßenbau konnte den schrecklichen Anstieg über das trostlose und tierische Moor verhindern, das sich zwischen diesem Punkt und Douglas Mill erstreckt. Sie steigen trügerisch dorthin hinab, zur Denighton Bridge, überqueren einen kleinen Bach, der von Crawfordjohn das Tal hinunterfließt , steigen dann aber auf ein exponiertes, einsames Plateau auf, das trostloser als Shap und uninteressant ist. Unten an der Denighton Bridge, wo der Blick über das düstere Tal reicht, in dem die Covenanters lauerten und die Soldaten von Montrose sie jagten, weiden im Frühling die Schafe und die Lämmer. Sogar ein nasser und kalter Radfahrer (der sich nicht so leicht amüsiert) muss über die Possen der Lämmer vor Lachen schreien, die um einiges lustiger sind als die aller schlechten Komiker, die ich je gesehen habe. Es ist auch nicht nötig, ihnen eine Zugabe zu geben, denn sie machen den ganzen Tag weiter, oder zumindest so lange, bis man, erschöpft vom Lachen, aufbricht, um sich dem Muir oben zu stellen.

Der Himmel schenke dem Reisenden , der aus eigener Kraft hierher reist, schönes Wetter und Rückenwind, sonst ist sein Vorankommen ein langsames Märtyrertum entlang acht Meilen zitternder Einsamkeit, und dreimal willkommen ist der ersehnte Abstieg nach Douglas Mill.

Der Douglas Water verläuft in einem tiefen und wunderschön bewaldeten Tal bei Douglas Mill, wo sich in der Postkutschenzeit das Douglas Mill Inn am Wegesrand befand und hinter einem imposanten Kiesweg der Eingang zum wunderschönen Park des Earl of Home zu sehen ist. Fünf Meilen lang führt ein weiterer Abschnitt der alten Straße nach rechts über Broken Cross Muir bis nach Lesmahagow : Die neue Straße nimmt einen ereignisreichen Verlauf, vorbei am Newfield Inn.

Lesmahagow , *das heißt* der Hof oder Ort von Mahego , einem frühen gälischen Heiligen, war einst der Standort einer Abtei. Heute ist es eine kleine, aber wohlhabende Stadt, die sehr neu und gepflegt aussieht, obwohl sie am Rande des Lanark-Kohlenreviers liegt. Der Reisende , der einen beharrlichen Weg entlang der Straße verfolgt und weder nach rechts noch nach links schaut, wird nichts von Lesmahagow wissen , das etwas links liegt; und ich bin sicher, dass ihm nicht viel entgehen wird. Aber durch die Kreuzung alter und neuer Straßen hier, an der Überbrückung des kleinen Flusses Nethan und mit der in der Nähe verlaufenden Eisenbahnlinie entsteht eine einzigartige Komplexität der Wege.

DAS LANARKSHIRE-KOHLENFELD

Von diesem Punkt an bis zu den Außenbezirken von Glasgow zeigen die großen Industriebezirke von Lanark dem Reisenden ihre Aktivitäten auf unmissverständliche Weise. Vorbei an Blackwood gelangt man in Larkhall ins Zentrum des Zechenbezirks, und die hauptsächlichen Wanderer sind Bergleute, die auf dem Weg zur und von der Arbeit sind. Die Kohle der Lanarkshire-Gruben ist von minderwertiger Art und keineswegs gut für den häuslichen Gebrauch geeignet. Sie brennt matt und neigt dazu, in explosiver rotglühender Glut auf Teppiche und Herdvorleger zu fliegen. Aber es handelt sich nicht um eine gashaltige Kohle, und die Bergleute können mit offenem Licht ihrer Arbeit nachgehen. Daher die kleine Öllampe, die an seiner Mütze befestigt ist und das Markenzeichen jedes Kohlesammlers in Lanark ist.

HAMILTON-PALAST.

Hamilton, die Hauptstadt dieses gesamten Bezirks, ist eine sehr bedeutende Stadt und eine seltsame Mischung aus herzoglicher Würde und aufstrebendem Industrialismus. Es steht vor den Toren des großen Parks des Herzogs von Hamilton und drängt sich auf eine Weise an diesen würdigen Ort, dass die einsiedlerischen Herzöge von Bedford vor Entsetzen in Ohnmacht fallen würden. Aber die Herzöge von Hamilton, die Douglases sind und aus weitaus angesehenerer Abstammung als die Russells , scheinen unter diesem Kontakt mit der Welt nicht besonders zu leiden: obwohl sicherlich der prächtige Alexander, der zehnte Herzog, die alten Straßen entdeckte der Stadt so nahe an seinem Wohnsitz, dass die Bergarbeiter und Weber des Ortes seine häuslichen Angelegenheiten leicht beobachten konnten. Das war zu viel, nicht nur für einen Herzog: Selbst eine so verhältnismäßig kriecherische Sache, dass ein gewöhnlicher Gutsherr sich geweigert hätte, sich damit abzufinden: und so wurden die allzu benachbarte Straße und sogar das alte Tolbooth gekauft. Das Tolbooth steht noch heute im Park, und die Vorderwände der ansonsten abgerissenen Häuser mit zugemauerten Türen und Fenstern bilden eine seltsame Begrenzungsmauer.

DER PRÄCHTIGE HERZOG

Der zehnte Herzog war wirklich großartig. Er wusste, was seinen Erdbeerblättern zusteht, und da er ein Mann von immensem Reichtum war, sorgte er dafür, dass er auch das bekam, was ihm zusteht. Für einen Mann mit achtzehn Titeln und fünf Residenzen und Millionen von Geld , um sie angemessen zu unterstützen, ist viel möglich . Er baute den Palast im Jahr 1828 kostspielig aus und verschönerte ihn nicht nur und füllte ihn mit wunderbaren Kunst- und Literatursammlungen, sondern gab auch 130.000 Pfund für ein großes Mausoleum aus, damit er im Sterben angemessen untergebracht werden konnte. Er importierte sogar den schwarzen Marmorsarkophag eines altägyptischen Monarchen; Dieser scheint jedoch von geringerer Statur gewesen zu sein als der fürstliche Herzog Alexander, denn das Ding war ein Außenseiter, und als Seine Gnaden endlich zu seinen Vätern versammelt wurden, musste sein Körper auf sehr abfällige Weise verdoppelt werden. Die riesigen Sammlungen im Hamilton Palace wurden schließlich 1882 von einem extravaganten und mittellosen Nachfolger von Herzog Alexander verkauft und erzielten bei einer Auktion einen Erlös von 400.000 Pfund.

Der Park und das Mausoleum können zu bestimmten Jahreszeiten besichtigt werden, und manchmal auch das Miniaturschloss von Châtelherault , das 1732 in Anlehnung an das Schloss in Frankreich erbaut wurde, von dem die Herzöge von Hamilton ihren französischen Titel „Herzöge von Châtelherault" erhielten .

Hamilton Town ist ein fröhlicher Ort mit Farbe und Ornamenten in seinen neuen Gebäuden: ganz anders als die heruntergekommenen Straßen von Glasgow, denen wir uns jetzt nähern. In seinem gegenwärtigen, wohlhabenden Zustand werden viele alte Gebäude abgerissen, aber der Passant wird eine malerische Tafel über einem alten Haus in der Hauptstraße bemerken, mit drei schnauzbärtigen Löwenköpfen, den Initialen „AS" und der Inschrift :

Der . Luft . von . Weben. Ist . entsagt . Also .

Das . reich . noch . arm . ohne . Es . kann nicht . gehen .

Ein sehr breiter und gut instandgehaltener Straßenabschnitt führt von Hamilton zum Clyde an der Bothwell Bridge: dem berühmten Brig, wo am 22. Juni 1679 die für die Covenanters so unmittelbar verheerende Schlacht ausgetragen wurde. Die Brücke stellt die Brücke dar, die den Fluss so überspannt hat Es wurde vor langer Zeit im Jahr 1826 erbaut und weder es noch die Straße ähneln auch nur im Entferntesten den alten Verhältnissen des Ortes. Als die Schlacht ausgetragen wurde, war die Straße über Bothwell Brig steil und nur zwölf Fuß breit. Die Covenanters verloren den Tag vollständig aufgrund der internen Meinungsverschiedenheiten zwischen ihren eigenen Streitkräften. Jeder Offizier wollte Kommandant sein, und während sie über diesen Punkt erbittert stritten, kamen die Royalisten-

Streitkräfte unter dem Herzog von Monmouth und dem „verdammten Claverse ", ansonsten Graham von Claverhouse , dem „Bonnie Dundee" der berühmten Ballade. Die Covenanting-Armee war für die Verteidigung gut aufgestellt , und unter anderen Umständen hätte der Tag zu ihren Gunsten ausgehen können , aber so wie es war, wurden sie besiegt, wobei dreihundert Menschen getötet wurden. Es wurden 1200 Gefangene gemacht. Einige davon wurden hingerichtet, viele wurden auf die Plantagen auf Barbados verschifft . Damit wurde die anfängliche Niederlage der Royalisten durch die Covenanters bei Drumclog am 1. Juni gerächt.

Erst 1903 wurde der hohe Obelisk errichtet, der heute an der Nordseite der Brücke steht, zum Gedenken an die Covenanters, die „zur Verteidigung der bürgerlichen und religiösen Freiheit, für die Krone und den Bund Christi" kämpften und fielen.

BOTHWELL-BRÜCKE.

Im benachbarten Park des Earl of Home stehen die roten Ruinen des alten Schlosses Bothwell. Die kleine Stadt Bothwell mit ihrer wunderschön wiederaufgebauten Kirche grenzt an die Straße: Auf dem Kirchhof steht ein äußerst dekoratives Denkmal aus Terrakotta und Mosaiken zum Gedenken an Joanna Baillie, der Dichterin, mit Zitaten, die die Landschaft rund um Bothwell loben. Die Landschaft ist (was davon noch übrig ist) immer noch schön, aber seit dem Tag, als Joanna Baillie in Bothwells Hosen umherwanderte und mit Sir Walter Scott korrespondierte, haben die Vororte von Glasgow die Szene überschwemmt; und von nun an ist der Weg nach Glasgow nicht mehr ländlich.

Doch obwohl Glasgow, gemessen an seiner Bevölkerungszahl, nach London die „zweite Stadt des Imperiums" ist, ist es keineswegs das Zentrum einer so großen Anzahl kleinerer Townships wie Manchester und demzufolge die Anlaufstelle entlang überfüllter Straßen ins Stadtzentrum ist nicht so lang. Bothwell, am weitesten entfernt, ist die Grenze und liegt neun Meilen von der Börse in Glasgow entfernt. Es folgen Laurel Bank und der Vorort Uddingston, und bis zu diesem Rand reichen heutzutage elektrische Straßenbahnen. Diesen Stadtmärschen folgten Broomhouse und einige geschäftige abgelegene Zechen der Lanarkshire-Kohlefelder, des Bahnhofs Mount Vernon und von Tolcross . Bei der Annäherung an Tolcross , kurz nachdem die Postkutsche nach London eingerichtet worden war, wurde ein verzweifelter Versuch unternommen, die Post zu zerstören und auszurauben. Die Straße führte damals durch einen kleinen Tannenwald , wo ein starkes Seil über die Straße gespannt und an beiden Enden sicher an Baumstämmen befestigt war, auf der Höhe der Plätze, die normalerweise von Kutschern und Wachen besetzt waren; aber zufällig kam statt des schneller fahrenden Lieferwagens zuerst ein langsam fahrender Heuwagen , und der Fuhrmann erlebte eine ziemliche Überraschung.

XXXV

BEI Tolcross , der Reisende ist endlich in Glasgow angekommen und gelangt durch eine gemeine Hintertür in die wohlhabende Stadt. Tolcross und seine lange Fortsetzung, Gallowgate, sind ein langgezogener Slum und verhalten sich daher schamlos zum Kern der Dinge: der Kreuzung von Trongate , Saltmarket und High Street, wo sich zu Zeiten des Busbahnhofs das alte Stadtzentrum von Glasgow befand Kreuzen.

Hier ist Glasgow am geschäftigsten, und die eiligen Menschenmassen wirken, als hätten sie wenig Zeit für Gefühle. Doch die Einwohner von Glasgow haben natürlich ein Interesse an Sir Walter Scott, und es gibt einige, die dem Fremden das Haus, einst ein Gasthaus, in der King Street, am Ausgang von Trongate, zeigen können, das Scott einst besuchte . Es war vielleicht das Original von „Luckie Flyter's Hostelry" in *Rob Roy* . Der Pilger wird gebeten, einen Blick auf den Eisenring zu werfen, an dem Sir Walter, wie viele andere Reisende auch , sein Pferd befestigte.

Aber davon gibt es kaum genug: alte und neue Eisenbahnen; Eisenbahnen oben und Eisenbahnen unten und elektrische Straßenbahnen an der Oberfläche sind die wichtigsten Dinge, die man sieht.

Hier sehen Sie die Cross-Station der U-Bahn, direkt neben der alten Reiterstatue von Wilhelm dem Dritten, die Ihnen ohne weitere Umschweife die alte Whigg-Politik Glasgows verrät: der hohe Kirchturm des alten Tolbooth und die Aussicht auf die Stadt der Bürgersteig, der Turm der Tron-Kirche. Der Tron selbst (es war eine öffentliche Waage) gab es schon vor sehr langer Zeit, zusammen mit der angenehmen Sitte, den Handwerkern, die wenig Gewicht gaben, die Ohren daran festzunageln.

Zwischen diesem Punkt und Candleriggs befanden sich die Hauptbusbüros. Von Walkers Kutschenbüro an der „Tontine" startete der Postbus nach London gegen 1 Uhr morgens, rief beim Postamt in der Glassford Street an, um die Taschen zu holen, ließ dort um 1.15 Uhr ab und hielt wieder an der „Tontine" an Frachtbrief, und dann machte er sich ernsthaft auf den Weg, seine fünf Lampen leuchteten durch die Dunkelheit. Der erste nennenswerte Stopp erfolgte im Beattock Inn, wo das Frühstück vor einem lodernden Feuer mit finnischem Schellfisch, Koteletts, Schinken und Eiern, Brötchen und Buttertoast die Passagiere für vieles entschädigte. Dies waren bis Anfang 1848 die Ausgangsbedingungen der langen Reise nach London.

Die Poststationen von Glasgow waren in der Gallowgate, der Cross und der Argyle Street verteilt. Das wichtigste davon war der „Saracen's Head", ein für seine Zeit großes Gebäude mit einer Front von 30 Metern zum Gallowgate. Zur Zeit seiner Erbauung im Jahr 1754 erfreute es sich großer Bewunderung. Nach modernen Vorstellungen handelte es sich um eine besonders düstere und streng gestaltete Fassade aus Stein, die Reisende begrüßte, die hier Rast machten, in dem damals mit Abstand bedeutendsten Gasthaus der Stadt von Glasgow.

DER „SARAZENENKOPF"

Es stand direkt an der Stelle, an der der Osthafen im Gallowgate die alten Grenzen der Stadt in dieser Richtung markierte, und verdankte seinen Ursprung der Expansion Glasgows im Anschluss an die sesshafteren Zeiten, die nach der Unterdrückung der „Fünfundvierzig" folgten. Die Glasgower Magistrate veranlassten 1749 die Entfernung des alten Gallowgate-Hafens und scheuten in ihrem Eifer für die Erweiterung der Stadt nichts. der Abriss des benachbarten Erzbischofspalastes aus dem 14. Jahrhundert und die Schändung der Kapelle und des Kirchhofs von St. Mungo ohne die Mauern. Im Jahr 1754 kündigten sie ihre Bereitschaft an, den alten Kirchhof zum Zwecke der Fehde zu verkaufen , und boten besondere Anreize für jeden Spekulanten, der die Errichtung eines Hotels in Angriff nehmen wollte , das damals in Glasgow dringend benötigt wurde; wo es bis dahin nur Gasthäuser mit zweifelhaftem Charakter und einem unhygienischen Zustand gab, der keinerlei Zweifel zuließ. Der Spekulant war gebührend entgegenkommend, in der Person von Robert Tennent, damaliger Vermieter des Gasthauses „White Hart" in Gallowgate, der am 24. November 1754 das Land des Kirchhofs kaufte, unter der Voraussetzung, dass er ein bauen ließ Hotel nach zu vereinbarenden Plänen. Als zusätzlichen Anreiz warfen die Verkäufer die Steine des abgerissenen Erzbischofspalastes zu und daraus wurde der „Sarazenenkopf" errichtet.

Tennent begann sofort mit dem Bau und errichtete sein Hotel auf dem Gelände des Kirchhofs. Skrupelloses Ausplündern und Zerstören der Grabsteine der Altbürger von vor zweihundert Jahren. Bis Dezember 1755 hatte er das Gebäude fertiggestellt und das „White Hart" verlassen: Im *Edinburgh Courant* vom 18. Dezember machte er Werbung, dass sein neues Haus ein „bequemes und hübsches neues Gasthaus" sei, das er im Auftrag der Magistrate von Glasgow selbst gebaut habe . Er nutzte die Gelegenheit, um „allen Damen und Herren" mitzuteilen, dass er über „36 Feuerräume verfügt, die jetzt für die Aufnahme von Mietern geeignet sind". Die Schlafgemächer sind alle getrennt, keines von ihnen gelangt durch das andere, und sie sind so konstruiert, dass es nicht nötig ist, durch die Türen zu gehen, um zu ihnen zu gelangen. „Die Betten sind alle sehr gut, sauber und frei von Ungeziefer" – was offensichtlich nicht häufig der Fall war, sonst hätte es für ihn keinen Grund gegeben, dies zu betonen.

Ungeachtet der besonderen Vorzüge seines Hauses – seiner Unabhängigkeit von Keating oder seinen Vorgängern und der Bequemlichkeit, dass Gäste nicht aus der Tür gehen mussten, um zu ihren Schlafzimmern zu gelangen – scheiterten Tennents Spekulationen, und am 3. Februar 1757 wurde er starb hoch verschuldet. Seine Gläubiger wussten nicht, was sie mit dem Haus anfangen sollten, und vermieteten es seiner Witwe zu einer Miete von 50 Pfund pro Jahr. Als sie 1768 starb, wurde es an James Graham vom „Black Bull" verkauft, der es mit großem Erfolg bis zu seinem Tod im Jahr 1777 weiterführte hatte in anderer Richtung Pech und ging bankrott. Ihm folgte seine Witwe nach, die 1791 einen gewissen Buchanan heiratete, der offenbar ein ziemlich wilder Mensch gewesen war, und der tatsächlich 1791 selbst bankrott ging und zwei Jahre später starb.

1792 wurde der „Sarazenenkopf" von William Miller gekauft; der es später in Geschäfte und Mietshäuser umwandelte.

Das Wahrzeichen des Hauses war ein riesiges halbfiguriges Bild eines Sarazenen mit Turban, mit glitzernden Augen, der grimmig seinen Krummsäbel zückte und in einem weinroten Kleid gekleidet war, das mit einer roten Schärpe verziert war .

Dieses Haus war als literarisches Wahrzeichen außerordentlich berühmt. Im Oktober 1773 blieben Johnson und Boswell nach ihrer Rückkehr von den Hebriden zwei Nächte; Es wird angenommen, dass der Dichter Gray die Brüder Foulis, die berühmten Glasgower Drucker, getroffen und hier Vereinbarungen für die Ausgabe seiner Gedichte getroffen hat, darunter die berühmte *Elegie* . Dorothy Wordsworth erzählt in ihrem „Journal" vom 22. August 1803, wie froh sie und ihr Bruder waren, endlich die müde Kutsche zu verlassen und sich im „stillen kleinen Hinterzimmer" des „Saracen's Head" wiederzufinden .

Die Richter waren damals eine gesellige Gruppe von Männern, die sich gerne im „Magistrates' Room" versammelten, und ihre Fähigkeit, ausgiebig zu trinken, lässt sich anhand der Größe der berühmten Punschschüssel des Etablissements beurteilen, die fünf Gallonen fasste. Mit dem Stadtwappen geschmückt, wurde es normalerweise schulterhoch vom Grundbesitzer selbst herbeigebracht und mit großer Zeremonie vor dem Vorsitzenden und den Richtern platziert, die wahrscheinlich zu einem späteren Zeitpunkt der Sitzung selbst nach Hause getragen oder schlafen gelassen wurden weg von den Effekten unter dem Tisch. Die Schüssel ist seit vielen Jahren aus den Augen verloren. Es wurde 1860 zum letzten Mal gesehen und es wird angenommen, dass es nicht mehr existiert.

Das Gebäude „Sarazenenkopf" verschwand 1904 endgültig.

Das „Black Bull", das nach dem „Saracen's Head" das zweite ist, wurde 1758 in der Nähe des West Port in der Argyle Street erbaut und erhielt seinen Namen von einem alten Gasthaus auf der gegenüberliegenden Straßenseite, das damals betrieben wurde von James Graham, der später den „Sarazenenkopf" erwarb. Der Bau des „Black Bull" war eine kluge Spekulation der Highland Society, die 1757 das Grundstück für 260 £ 11 *s kaufte*. 6 *Tage* Es enthielt dreiundzwanzig Schlafzimmer und sechs Empfangsräume und war mit ausreichend Kellern ausgestattet: sechs an der Zahl. Seit einigen Jahren soll die Miete 100 £ pro Jahr betragen haben. Bis 1788 war es auf 140 Pfund gestiegen, und im Rahmen eines neunzehnjährigen Pachtvertrags von 1789 bis 1808 betrug es 245 Pfund. Im Jahr 1825, als im Erdgeschoss Geschäfte eröffnet wurden, war die Gesamtmiete für Geschäfte und Hotel auf 1.168 £ gestiegen; wodurch es den Anschein hat, als hätte sich die Highland Society von ihrer Investition von 260 Pfund im Jahr 1757 das volle Maß und die Fülle gesichert.

Im Jahr 1849 wurde der „Black Bull" geschlossen, als er in eine Textilfabrik umgewandelt wurde. Das Gebäude steht an der Ecke Virginia Street und wird jetzt von den Herren Mann, Byars & Co. bewohnt.

DIE „TONTINE"

Etwas später und mit höherem Komfort entstand das „Tontine Hotel", das ursprünglich 1781/82 als Glasgow Exchange erbaut wurde. Dank seiner zentralen Lage am Cross wurde es schließlich zum führenden Hotel in Glasgow. Es wurde an einen „Mr. Smart" im Jahr 1784 als Hotel ; ein Kaffeehaus und imposante Lesesäle bilden wichtige Ergänzungen.

Die Ankunft der Londoner Zeitungen in den Tontine Reading Rooms war früher das Signal für stürmische Aufregung. Unmittelbar nach Erhalt der Papiertüte von der Post schloss sich der Kellner in der Bar ein. Nachdem er die verschiedenen Papiere sortiert und zu einem Stapel zusammengelegt hatte, schloss er die Tür auf, stürzte plötzlich in die Mitte des Zimmers und warf den ganzen Stapel bis zur Decke hoch. Dann kam ein unaufhaltsamer Ansturm und Durcheinander der Abonnenten, von denen jeder nach vorn stürmte, um eine Zeitung zu ergattern. Manchmal sicherte sich ein glücklicher und flinker Bursche fünf oder sechs und rannte in eine Ecke, um seinen Favoriten auszuwählen: immer verfolgt von einem halben Dutzend der enttäuschten Kletterer, die ohne Umschweife den ersten wegschnappten, den sie ergattern konnten, ganz gleich, was auch immer Es wird im Wettbewerb zerrissen. Bei diesen Gelegenheiten konnte man oft eine Schar

Herren beobachten, wie sie auf dem Boden lagen und sich gegenseitig über den Rücken kletterten, wie so viele Schuljungen.

Der Name des Hotels leitet sich vom finanziellen, lotterieähnlichen Prinzip der Tontine ab, mit der die Baugelder aufgebracht wurden.

1781 wurden einhundertsieben Anteile zu je 50 £ gezeichnet; die Zinsen für die Investition wurden in regelmäßigen Abständen gezahlt, und das Eigentum ging nach und nach mit dem Tod der Mitglieder der Tontine auf die Hinterbliebenen über; die abnehmende Zahl der zu teilenden Personen erhöht *proportional* den Wert des Hinterbliebenenbesitzes.

Das „Tontine Hotel" war vor vielen Jahren kein Hotel mehr und ist heute das Lagerhaus der Herren Moore, Taggart & Co.

XXXVI

HIER sind wir also am Ende dieser langen Reise angekommen, in die tosenden, überfüllten Straßen des modernen Glasgow.

Ich werde nicht versuchen, den Glasgower zu beschreiben: Es gibt so viele Spielarten von ihm. Auch nicht sein Akzent, der sich einer Charakterisierung entzieht . Der Londoner, der daran gewöhnt ist, dass seine eigene Stadt geschäftig und überfüllt ist, wird bei seiner Ankunft in Glasgow feststellen, dass er noch einiges über verstopfte Straßen lernen muss. Lassen Sie ihn zum Beispiel zum Hauptbahnhof der Kaledonischen Eisenbahn zurückgreifen (die Pfeifen der preußisch-blau gestrichenen Lokomotiven haben einen eigenen Akzent), und er wird eine Flut an Leben erleben, die für ihn neu ist.

TRONGAT.

Was das antike Glasgow betrifft, weiß ich nicht, wo ich Sie bitten soll, danach zu suchen, es sei denn, es befindet sich in der Kathedrale, und das ist in der Tat uralt. Der Rest ist sehr neu, aber dennoch sehr grau und düster, denn die immensen kommerziellen Interessen Glasgows haben nicht nur die Erweiterung der Stadt, sondern auch den vollständigen Umbau ihres Zentrums erzwungen und dazu geführt, dass sie ausschließlich aus Stein wieder aufgebaut wurde . Die Hauptstraßen bestehen aus Stein, sind mit Steinen gepflastert und haben bemerkenswert hohe Gebäude, und das gilt auch für die Seitenstraßen. Der einzige Unterschied besteht darin, dass in den Hauptverkehrsstraßen zwar Geschäfte liegen, jede von ihnen ausgehende Seitenstraße jedoch mehr oder weniger eine Straße ist schmutzige Slums, in denen schmutzige kleine Jungen und Mädchen mit nackten Beinen und zerlumpten Schwänzen auf der Straße spielen oder aus dem Fenster auf den vorbeikommenden Fremden spucken. Ich nehme an, dass die angesehenen Leute ihre Geschäfte in der Stadt erledigen und außerhalb der Stadt leben.

gibt es keine Farben , und wenn man einmal außerhalb des Lärms und der Hektik der Geschäftsstraßen ist, ist es ein sehr deprimierender Ort. und ich denke, das Lob des Schotten: „Mann , du solltest in Glesca leben, da gibt es so tolle Gesichter , die es zu entdecken gilt." o't ", muss das unbewusst mitgezählt haben.

Auf eine Art und nur auf eine Art ähnelt Glasgow London. Dies liegt an der Art und Weise, wie der Clyde es in Norden und Süden teilt. Im Norden liegt das alte Glasgow und seine unmittelbaren Erweiterungen; Im Süden liegen die abhängigen Bezirke Hutchesontown , Laurieston , Gorbals, Govanhill und ein Dutzend weitere.

HEILIGER KENTIGERN

Der Clyde und die Nachbarschaft des Kohlereviers Lanarkshire sind die entscheidenden Faktoren, die Glasgow zu dem gemacht haben, was es ist. Doch obwohl sein Reichtum und seine Größe von modernem Wachstum geprägt sind, ist es kein Parvenu, ein aufstrebender Ort ohne Geschichte. St. Kentigern oder St. Mungo, der Schutzpatron von Glasgow, kam bereits im Jahr 543 n. CHR . HIERHER , aber so früh er auch war, war Glasgow bereits hier, in Gestalt eines Weilers am Molendinar Burn, wo heute die Kathedrale steht und ein weiteres näher am Clyde.

Und hier, mit dieser Erwähnung von St. Kentigern, ist es notwendig, den Strom der historischen Erzählung für eine Weile in den interessanten Rückstau der Heiligenbiographie umzuleiten und so die Geschichte zu erfahren, wie die Stadt zu ihrem einzigartigen Wappen kam.

Kentigern, der Gründer des Stuhls, wurde im Jahr 518 oder 527 N. CHR. geboren und war von Geburt an eine keineswegs bescheidene Person, da er der Sohn von Ewen ap Urien, einem Prinzen von Strathclyde, und von Thenewth, der Tochter von Loth, war. König von Northumbria. Kentigern wurde in Culross geboren, wo er als Jugendlicher in die Kirche eintrat, unter der Führung und dem Schutz von St. Serf, dem alten Bischof von Culross, der ihm große Zuneigung entgegenbrachte und ihn innig „Munchu" nannte „ ein Spitzname, der angeblich von Wörtern abgeleitet ist, die „lieber, wohlerzogener kleiner Kerl" bedeuten. Kentigern war nicht nur weltgewandt, sondern auch fromm und schon früh so heilig, dass er Wunder vollbringen konnte. Die erste davon bestand darin, ein Rotkehlchen seines Gönners wieder zum Leben zu erwecken, das versehentlich von anderen Jungen im Kloster getötet worden war, die ihm die Schuld für den Unfall gaben. Er nahm den toten Vogel in die Hand und machte das Zeichen des Kreuzes, erwachte zu neuem Leben und flog zwitschernd zu seinem Herrn.

Das nächste Wunder geschah, um seine schelmischen jungen Gefährten zu tadeln, die, als sie sahen, wie er über einem geweihten Feuer, an dem er teilnehmen musste, einschliefen, es löschten. Als Kentigern erwachte, ging er lediglich nach draußen und fand einen gefrorenen Haselnusszweig, den er im Namen der Dreifaltigkeit anhauchte, woraufhin er in Flammen aufging.

Die frühreife Heiligkeit und die erstaunlichen Wunder von Kentigern beeindruckten St. Serf so sehr – so gut sie es auch konnten –, dass, als der dem Kloster angehörige Koch zur Erntezeit plötzlich starb und die Schnitter zu einem Abendessen zurückkehrten, das nicht vorbereitet worden war, der Bischof lediglich stellte ihn vor die Wahl, das Abendessen zu kochen oder den Koch von den Toten aufzuerwecken. Was auch immer Kentigern sonst noch war, er war kein *Koch*, und so tat er das, was für ihn am einfachsten war, und erweckte den Koch zum Leben, der zweifellos dankbar war: aber wahrscheinlich nicht so dankbar wie die Schnitter, die nur knapp dem Verderben ihres Abendessens entgangen waren.

Aber das waren nicht seine berühmtesten Heldentaten; und waren bloße Nebenschauplätze im Vergleich zu dem berühmten Abenteuer der Königin von Cadzow, das er davor bewahrte, zur Tragödie zu werden. Es scheint, dass der König von Strathclyde seiner Gemahlin einen Ring von großem Wert und einzigartiger Schönheit geschenkt hatte, aber sie schenkte ihn wiederum einem Ritter, mit dem sie eine besondere Freundschaft pflegte. Wie es das Unglück wollte, entdeckte der König es am Finger des Ritters und empörte sich darüber, dass sein Geschenk weitergegeben worden war, riss es ihm ab und warf es in den Clyde. Dann fragte er sie, ohne etwas über das Geschehene zu sagen. Sie entschuldigte sich vorübergehend und wandte sich in ihrer Verzweiflung an Kentigern, der geduldig zuhörte und sie dann anwies, eine Angelschnur in den Fluss werfen zu lassen, wenn sich herausstellte, dass der erste Fisch, der gehakt wurde, den fehlenden Ring im Magen hatte .

DIE WAFFE VON GLASGOW.

Die Leine wurde ausgeworfen, der Fisch gefangen und der Ring ordnungsgemäß gefunden und dem König zurückgegeben, der somit völlig hinters Licht geführt wurde. Unser Mitgefühl gilt wegen dieser Angelegenheit eher dem König als der Königin oder der Heiligen, die den Tränen einer Frau oder dem Wunsch nach Angeberei offenbar nicht widerstanden hat; obwohl es sich um eine fragwürdige Sache handelte.

Aber er war jedem Notfall gewachsen. Als er einmal vor einer großen Menschenmenge predigte, für die er aufgrund des ebenen Bodens, auf dem er stand, fast unhörbar und unsichtbar war, ließ er einen Hügel unter seinen Füßen wachsen und prophezeite, dass Glasgow sich ebenso erheben würde wie der Hügel.

Schließlich starb er im Jahr 603 n. CHR . und wurde an der Stelle begraben, an der die Kathedrale von Glasgow steht.

DIE WAFFE VON GLASGOW

Das Wappen von Glasgow illustriert viele dieser Geschichten, wurde jedoch erst gegen Ende des 16. Jahrhunderts übernommen. Die früheste Darstellung davon wurde 1592 über dem Eingang zum Tron Kirk skulpturiert gefunden. Sie wurden in der Neuzeit heraldisch formuliert , und in der Sprache der Herolde lauten: „Argent, auf einem Berg im Sockel, eine eigentliche Eiche: Stamm und Stamm davon, gekrönt von einem Lachs auf dem Rücken, ebenfalls echt, mit einem Siegelring im Maul." , oder; oben auf dem Baum ein Rotkehlchen und auf der unheilvollen Spitze eine antike Glocke, beide ebenfalls richtig." Die Glocke bezieht sich auf eine Glocke, die er angeblich aus Rom mitgebracht hat. Das Wappen enthält eine halbe Figur des Heiligen im Segensakt, und die Träger sind zwei Lachse.

KATHEDRALE VON GLASGOW UND DIE NEKROPOLE.

Obwohl die Wappen modern sind, tauchten auf dem gemeinsamen Siegel von Glasgow bereits in früher Zeit dieselben oder ähnliche Elemente auf: Der Hügel ist jedoch eine vergleichsweise neue Ergänzung, die durch die Entstehung des Haselnusszweigs durch einige ungeklärte Arten der Evolution notwendig geworden ist , eine Eiche. Die früheste Darstellung des Hügels soll die auf der Glocke von Tron Kirk gezeigte sein, die auch erstmals das berühmte Motto von Glasgow zeigt, das in seiner ursprünglichen und ungeklärten Form lautet: „Herr, lass Glasgow gedeihen durch die Verkündigung des Wortes und." „Deinen Namen preisen" steht über dem Eingang der Blackfriars Church.

Der theologische und missionarische Charakter dieses Anspruchs geriet 1699 völlig in Vergessenheit, als die abgekürzte Form erstmals als Stadtmotto verwendet wurde: Für satirische Geister lautete die Schlussfolgerung nun „Lass Glasgow aufblühen – auf jeden Fall."

Der Unglaube der Bevölkerung an diese wundersamen Dinge kommt in den Zeilen zum Ausdruck:

Dies ist der Baum, der nie spross,

Das ist der Vogel, der nie gesungen hat,

Das ist die Glocke, die nie geläutet hat,

Das ist der Fisch, der nie geschwommen ist.

Die 1780 erbaute St. Enoch-Kirche und die St. Enoch-Endstation verdanken
ihren Namen in gewisser Weise Kentigern. Der heilige Henoch ist ein Name,
den Sie in der Hierarchie der Heiligen nicht finden werden . Es gab nie eine
solche Person, der Name war lediglich eine Verfälschung des Namens von
Thenewth , der Mutter von Kentigern.

Die Kathedrale selbst ist Kentigern gewidmet, unter dem Kosenamen , den
ihm der heilige Leibeigene gegeben hat.

Die St.-Mungos-Kathedrale steht an der Stelle, an der der Heilige vor etwa
dreizehnhundertfünfzig Jahren neben dem „ Glas -Coed" oder „dunklen
Holz" der ursprünglichen Siedlung seine hölzerne Missionskirche errichtete,
und ist der Nachfolger mehrerer Gebäude die an Ort und Stelle errichtet
wurden und in ihrer jetzigen Form aus dem stammen, was wir gewohnt sind,
die frühe englische Periode der Mitte des 13. Jahrhunderts zu bezeichnen. Es
besteht aus einem Kirchenschiff mit einer Länge von 155 Fuß und einem
Chor von 97 Fuß; mit Gängen, Marienkapelle und Kapitelsaal; während die
Krypta unter dem Chor eines der auffälligsten Merkmale des Gebäudes ist.

Die Kathedrale, die den höchsten Punkt von Glasgow einnimmt, befand sich
früher inmitten einer sehr schönen Landschaft, aber heutzutage ist sie von
den ärmsten Vierteln umgeben und obwohl man von ihr einen einigermaßen
weiten Ausblick hat, besteht dieser nur aus Dächern, Schornsteinen und dem
einst hübscher Hügel, heute dicht besiedelt mit den größeren oder kleineren
Denkmälern des Friedhofs, der „Nekropole" genannt wird. Der alte
Molendinar- Brunnen, der in der Mulde zwischen der Kathedrale und dem
überfüllten Golgatha verlief, wurde vor langer Zeit abgedeckt und sein
Verlauf in eine Straße umgewandelt, die von der Brücke überspannt wurde,
die zum Friedhof führte und „Seufzerbrücke" genannt wurde. Über allen
anderen Denkmälern auf diesem heimgesuchten Hügel sticht die hohe Säule
hervor, die von einem Bildnis von John Knox gekrönt wird. Der Domhof
selbst ist ein trostloser Ort. Dort liegen in einem dichten Pflaster die
Denkmäler vieler verstorbener Bürger Glasgows: zerbrochene und räudige
Steine: Kaufleute, die Gutsherren und Misthaufenjunker drängeln, deren
heraldische Errungenschaften in den meisten Fällen fast bis zur
Unkenntlichkeit verwittert sind; und eines dieser wilden, anprangernden
Covenanters-Denkmäler, mit denen jeder Besucher Schottlands bald vertraut
wird.

Sie werden es am Tag der Auferstehung wissen,

Saints zu ermorden war kein schönes Spiel.

So lautet der wilde Reim.

Die Kathedrale wird wie andere kirchliche Gebäude in Schottland vom Office of Works unterhalten und um zehn Uhr morgens von einem uniformierten Beamten geöffnet. Von außen ist es schwarz und von innen äußerst dunkel: Die Krypta ist aufgrund der Dunkelheit und des Säulenlabyrinths ein Ort, an dem der Fremde gezwungen ist, sich herumzutasten. Kurz gesagt, ein Gebäude von exquisiter Schönheit, aber bis zu einem gewissen Grad feucht und dunkel. Ein großer Teil dieser Dunkelheit wird durch die schlechten, halbundurchsichtigen, stark gefärbten heraldischen und anderen Glasmalereien verursacht, die vor einem halben Jahrhundert eingesetzt wurden.

Glasgow war schon immer stolz auf seine Kathedrale. Sir Walter Scott wiederholt diese Einstellung in „Rob Roy", wo er Andrew Fairservice sagen lässt: „Ein tapferer Kirk – keiner von euch ." Whigmaleeries und Curliewurlies und Opensteek - Säume drumherum – ein solides, gelenkiges Mauerwerk , das so lange standhalten wird wie der Krieg , Hände und Schießpulver behalten wird aff es."

Als der Sauerteig der Reformation wirkte, wäre es mit diesem „festen, gegliederten Mauerwerk" schlecht geworden, wenn die Glasgower, die stolzer auf das Gebäude als auf die Religion, für die es stand, nicht eine kühne Front gegen das Gebäude aufgestellt hätten Der Zorn der umliegenden Townships und ihrer eigenen Vororte, die alles daran setzten, es völlig zu zerstören. Noch einmal, um es mit den Worten von Andrew Fairservice zu sagen: „Es war nicht aus Liebe zum Papier – na , na !" Niemand von den Handwerkern in Glasgow könnte das jemals sagen. Dann einigten sie sich darauf, die götzendienerischen Heiligenstatuen (Trauer sei mit ihnen) aus ihren Häusern zu nehmen . Und die Teile der Stane - Idole wurden durch einen heiligen Beschluss in Stücke gerissen und in die Molendinar-Brennstelle geworfen, und die alte Kirche stand da wie eine Katze, als die Flöhe von ihr vertrieben wurden , und alle waren gleichermaßen erfreut."

CROMWELL

Die Kathedrale wurde dann so gebaut, dass sie den Bedürfnissen von nicht weniger als drei Gemeinden gerecht wurde: eine Versammlung im Chor, eine weitere im Kirchenschiff und eine dritte in der Laigh Kirk oder Low Church (dh der Krypta). Der alte Haufen war nicht ohne dramatische Momente, als im Oktober 1650 Cromwell selbst hier ungerührt mit Herrn Minister

Thurlow saß, während ein wütender Prediger, Dr. Zachary Boyd, eine ähnliche Heldentat von John Knox vor der Königin nachahmte Maria predigte ihn viele Jahre zuvor zwei Stunden lang als „Sektierer und Gotteslästerer".

„Soll ich ihn an den Ohren packen und ihn mit einer Pistole erschießen?" flüsterte Thurlow, während seine Wut die Oberhand über seine Anwaltsinstinkte gewann.

„Nein", antwortete der Mann der Gewalt und der Waffen ungewöhnlich, aber grob diplomatisch. „Er ist ein Narr und du bist ein anderer: Ich werde ihn mit seiner eigenen Münze auszahlen."

Er lud Boyd zum Abendessen ein und sprach nach dem Essen ein anstrengendes dreistündiges Gebet. Nach dieser homöopathischen Behandlung „Gleich heilt ähnlich" kroch Dr. Boyd benommen nach Hause, ins Bett und hatte einen Albtraum: Aber es wäre sicherlich viel ärgerlicher gewesen, wenn Cromwell drei Stunden *vor* dem Abendessen gebetet hätte.

Der Cathedral Square grenzt an eines der heruntergekommensten Viertel Glasgows, aber hier steht auch das älteste Wohngebäude der Stadt. Die Aufmerksamkeit des Fremden wird zunächst durch die Legende „Provands Lordschaft" auf sich gezogen, die auf die verwitterte Steinfassade über dem Friseurladen gemalt ist, der einen Teil des Erdgeschosses einnimmt. Wenn er dann einen Blick auf das hohe Satteldach und die Corbie -Stufengiebel wirft, die für die alte schottische Architektur charakteristisch sind, wird er erkennen, dass er tatsächlich ein sehr ehrwürdiges Gebäude im Auge hat. Tatsächlich wurde es ursprünglich während der Episkopatschaft von Bischof Muirhead (1455-73) als Pfarrhaus für bestimmte Geistliche der Kathedrale errichtet, und in diesem Teil des Gebäudes ist noch immer ein Schild mit dem Wappen des Bischofs zu sehen: drei Eicheln eine Kurve. Im Jahr 1570, kurz nachdem die Reformation die Geistlichen von ihren Besitztümern enteignet hatte, fügte William Baillie, dem 1565 von Queen Mary Ländereien und Häuser der Provand's Lordship zugesprochen worden waren, den Flügel hinzu, der jetzt an der Straße liegt. Hier übernachtete die Königin im Jahr 1565, bevor dieser Anbau erfolgte, bei ihrem Besuch in Glasgow. Der Besucher, der die alten und interessanten, aber erbärmlich ungemütlichen Räume erkundet, wird mehr denn je vermuten, dass die Güte der „guten alten Zeit" ein Mythos ist.

PROVANDS LORDSCHAFT

Aber warum „Provands Lordschaft"? Sie könnten den ganzen Tag auf dem überfüllten Domplatz stehen und alle Passanten befragen; und doch könnte

es Ihnen niemand sagen, es sei denn, Sie treffen tatsächlich auf einen der
führenden Geister des „Provand's Lordship Literary Club", Dr. Robert B.
Lothian, Herren RH Arnott, Thos. Lugton und Jas. Murphy, die die
Immobilie gerade gekauft haben.

DAS ÄLTESTE HAUS IN GLASGOW.

Diesen und anderen Behörden zufolge wurde das Haus zunächst als
Wohnsitz für den Priester errichtet, der das St.-Nikolaus-Krankenhaus
leitete, und wurde später zur Residenz eines der Domherren – des Pfarrers
von Balarnock , dessen Prebend umfasste einen langen Landstreifen, der sich
von der Kathedrale bis nach Cowlairs und Provanhall , fünf Meilen östlich,
erstreckte, wo noch immer das Landhaus von ihm und seinen Nachfolgern
steht. Er war Herr des Herrenhauses von Provan, und das galt auch für seine
weltlichen Nachfolger. So erklärte „Provand's Lordship", ein Titel, den Lord
Rosebery im Oktober 1907 bei einem Abendessen des „Provand's Lordship
Literary Club" sprach, er könne ihn nicht verstehen. Aber was diese traurige,
flüchtige Figur des politischen Versagens nicht begreifen kann, ist, wie sich
zeigen wird, doch nicht so schwer zu begreifen.

XXXVII

UND nun zurück zur säkularen Geschichte von Glasgow, die so lange unterbrochen war. Im Jahr 1136 war das Dorf für den Standort der ersten Kathedrale wichtig genug geworden, und so wuchs es im Laufe der Jahrhunderte und behielt bis zum Beginn des 18. Jahrhunderts den Ruf eines „überaus schönen kleinen Ortes". Es stand schon früh für Recht und Ordnung und bevorzugte die Hannoveraner gegenüber den Stuarts, sowohl in den 15er- als auch in den 45er-Jahren: Beim ersten Mal stellte es sich dem Old Pretender mit 600 Mann und beim zweiten Mal Prinz Charlie mit der doppelten Anzahl entgegen. Aber die Stadt musste die Rebellen von 1745 mit 5.000 Pfund Gold und Munition im Wert von 500 Pfund versorgen. Die Einwohnerzahl betrug damals etwa 50.000. Im Jahr 1768, als die moderne Handelskarriere Glasgows begann, zählte die Einwohnerzahl bei den damals durchgeführten Arbeiten zur Vertiefung des Clyde etwa 70.000. Zu Beginn des 19. Jahrhunderts war die Zahl auf 83.769, 1851 auf 360.000 gestiegen und wird heute auf knapp eine Million geschätzt.

DER CLYDE

Das kommerzielle Genie und die weitsichtige Energie des schottischen Volkes haben die einst flache, schlammige Mündung des Clyde in eine belebte Wasserstraße verwandelt, die ihresgleichen auf der Welt sucht. Als Fluss hat der Clyde nie eine große Bedeutung gehabt, aber als Flussmündung war er schon immer von Bedeutung; Diese Bedeutung wurde jedoch leider durch die Untiefen zunichte gemacht , die seit den frühesten bekannten Zeiten den Durchgang versperrten. Sogar in fernen Tagen unternahm Glasgow Versuche, das Fahrwasser freizumachen, und im Jahr 1565 wurden Anstrengungen unternommen, um die Tiefe des Kanals zu erhöhen und seinen Verlauf zu korrigieren, „der ziellos in seinen Wanderungen und gefährlich durch Ufer und Treibsand" war . Aber es wurde wenig getan, und im Jahr 1651 wurde berichtet, dass es jeden Tag immer voller wurde. Zu dieser Zeit konnte kein bedeutendes Schiff näher an Glasgow herankommen als Dumbarton, vierzehn Meilen entfernt, und die Tonnage des Hafens betrug lediglich 957 Tonnen. Dieser Zustand blieb bis 1740 bestehen, als John Golborne, ein Ingenieur aus Chester, mit dem Ausbaggern und dem Bau von Stegen beauftragt wurde.

Broomielaw bei Hochwasser immer noch eine Tiefe von nur fünf Fuß, und bei Niedrigwasser waren es nur 18 Zoll. Heute herrscht an derselben Stelle eine Wassertiefe von 25 Fuß, und an den überfüllten Kais liegen die größten Hochseedampfer.

Aber es gibt hier keine Endgültigkeit. Wenn ja, würde Glasgow darüber nachdenken, den Laden zu schließen. Die Ausbaggerungsarbeiten sind noch im Gange und der bodenlose Loch Long erhält immer noch den daraus resultierenden Schlamm. Unterdessen steigen die Einnahmen des River Clyde Trust rasant. Vor 150 Jahren waren es 1.500 £ pro Jahr. Im Jahr 1898 betrug der Betrag 430.000 Pfund und übersteigt inzwischen zweifellos deutlich eine halbe Million Pfund Sterling. Der Broomielaw, einst vor langer Zeit eine wilde Ufersiedlung, in der Ginster und Heidekraut blühten, ist heute eine Kombination aus Thames Street und Blackfriars, London, wobei die Ähnlichkeit durch die Ähnlichkeit der Glasgow Bridge und der Gitterträger-Eisenbahnbrücken noch verstärkt wird diejenigen, die die Themse überspannen.

Die Schönheit dieser Unterläufe des Clyde ist daher verschwunden; Aber obwohl der Fluss in Glasgow wie ein Abwasserkanal aussieht und riecht, sind die Glasgower stolz darauf, und das haben sie auch zu Recht, denn es ist ihr Eigentum. Es wird die Geschichte eines solchen Besitzers aus Glasgow erzählt, dem von einem Kanadier versichert wurde, dass ein Dutzend Clydes zum St. Lawrence hinzugefügt werden könnten, und es sei kein Unterschied festzustellen. „Weel, mebbe", soll der Glasgower gesagt haben; „ Der St. Lawrence ist das Schiff der Allmächtigkeit, aber wir haben die Clyde - Armee gemacht."

Die Werften in Clyde sind heute die ersten der Welt, und am Flussufer, von der Stadt Glasgow bis nach Port Glasgow und Greenock, ertönt das Klirren der Hämmer und der Lärm der Nietmaschinen, die eifrig die maritime Tonnage des Landes vergrößern.

Nördlich der Kathedrale liegt das ungewöhnlich unschöne Viertel Port Dundas, wo sich neben den beiden Kanälen, die dem Viertel den eher prachtvollen Namen „Port" geben, allerlei Lagerhäuser und Manufakturen befinden. Dies ist auch der Bezirk St. Rollox . Ich weiß nicht, wer St. Rollox war, aber sein Name deutet darauf hin , dass er heiliggesprochener Bootsmeister war. Der Ort ist für den hohen Schornstein der Chemiefabrik von Townsend bekannt: „St. Der große Schornstein von Rollox ist mit einer Höhe von 489 Fuß der höchste Schornstein der Welt. In einem wütenden Sturm schwankt es wie ein Fahnenmast. Nach fünfzigjähriger Existenz wurde der hohe Schornstein im August 1907 neu verputzt, als John Goldie, ein Kirchturmheber, vom Gipfel stürzte und natürlich ums Leben kam, wobei ihm jeder Knochen seines Körpers gebrochen wurde.

DIXONS BLAZES.

Sowohl der Süden als auch der Norden haben ihre industriellen Sehenswürdigkeiten. Auf der anderen Flussseite in Hutchesontown liegt das bekannte „Dixon's Blazes": eine große Eisenhütte, die nachts einen höllischen Glanz über die Straße und die vorbeifahrenden Straßenbahnen wirft. Kein Glasgower lässt den Fremden jemals freiwillig gehen, ohne „Dixon's Blazes" gesehen zu haben: Aber Middlesbrough kann schließlich größere Sehenswürdigkeiten dieser Art zeigen.

Schließlich sind die lehrreichsten Ansichten Glasgow an einem Samstagabend und der gleiche Ort (aber so verändert, dass man sich fragt: *Kann* es derselbe sein?) am Sonntag. Am Samstag um Mitternacht ist Glasgow brüllend betrunken und die Viertel Trongate und Central Station sind regelrechte Pandämonien : Aber am Sonntag müssen diejenigen, die nicht nachdenklich genug sind, um einen privaten Laden mit alkoholischen Getränken anzulegen, zwangsläufig durstig werden, denn Schottland ist das Land strenger Sonntagsschließung. Die einzige Möglichkeit, diese barbarische Pflicht zu umgehen, besteht darin, sich mit einem Rezept eines gefälligen Arztes auszustatten, das Folgendes enthält:

Sp. Vini. Galle. oz. ich

Aqua Sodæ Brausetabletten . oz. iv

Sonstiges .

In jeder Apotheke präsentiert, ergibt dies seltsamerweise ein Präparat, das sich nicht von dem unterscheidet, was an Wochentagen in den öffentlichen Bars als „Whisky und Soda" verkauft wird.

Entlang der Great Western Road und im Park von Kelvingrove zeigt sich Glasgow am Sonntag von seiner schönsten Seite: Denn dort befinden Sie sich in den Wohnvierteln, und die schönsten Federn werden dann für die Kirchenparade erwartet. Das Malerische wird durch die stattliche Gruppe der Universitätsgebäude, die zwischen 1866 und 1870 errichtet wurden, noch malerischer.

GEORGE-QUADRAT

Da Glasgow den Ruf hat, die „am besten regierte Stadt Großbritanniens" zu sein, ist es für den Fremden angebracht , zumindest einen Blick in seine großen Straßenbahnen, Gas-, Wasser- und Elektrizitätsversorgungsunternehmen und ähnliche kommunale Aktivitäten zu werfen das bürgerliche Zentrum des Ortes. Das ist George Square. Ein Bürger von Glasgow – ich glaube, er war ein Lord Provost oder zumindest ein Gerichtsvollzieher – hat eine Geschichte von George Square geschrieben, auf deren Seiten Sie erfahren können, wie (wie Großbritannien auf Befehl des Himmels aus dem azurblauen Main ersteht) Der George Square entstand aus einem erbärmlichen Malebolge heraus , auf den erhabenen Willen des Stadtrats hin. Es ist eine Geschichte, die große Themen berührt, und wenn sie mein Herz nicht schneller schlagen lässt, ist das meine eigene Unzulänglichkeit.

Für einen Londoner, der seinem Laster des Vergleichens nicht widerstehen kann, ist der George Square ein anderer und kleinerer Trafalgar Square. Um die Ähnlichkeit zu verbessern und die Kleinheit des Maßstabs zu bestätigen, befindet sich hier in der Mitte eine Spalte . Sir Walter Scott, und nicht Nelson, ist es, der als Abbild den Gipfel besetzt. Das Ding sieht so aus, als ob es mit ein wenig vernünftiger Bewässerung und sorgfältiger Kultur eines Tages zu einer Nelson-Säule werden könnte. Rundherum stehen weitere Statuen: Reiterbilder von Königin Victoria und Prinz Albert; und Colin Campbell, Thomas Campbell, Peel, Livingstone, Sir John Moore, Burns und andere zu Fuß. Auf einer Seite des Platzes befinden sich die „City Chambers": das, was wir in England „Rathaus" nennen würden. Dies ist ein großer Pfahl, der von William Young, dem Architekten des neuen Kriegsbürogebäudes in London, entworfen wurde. und im gleichen klassischen Renaissance-Stil, mit den gleichen alten Pfefferstreuer-Pavillons an beiden Enden: den üblichen kleinen (für Cayennepfeffer) in der Mitte und dem unvermeidlichen Giebel und dem unverzichtbaren Turm. Die Kosten beliefen sich auf 540.000 £, das Gebäude wurde 1888 eröffnet, und dieses dritte oder vierte Rathaus von

Glasgow, jedes nacheinander größer als sein Vorgänger, ist bereits zu klein. Das gilt auch für das unbequeme General Post Office-Gebäude in der Nähe , das 1876 eröffnet wurde.

Im Zusammenhang mit der bronzenen Walhalla der Helden am George Square ist anzumerken, dass Glasgow im Allgemeinen reich an Statuen und Denkmälern ist. Die wahrscheinlich majestätischste Statue von Wellington, die es gibt, ist die vor der Börse, ein Reiterbildnis von Marochetti . An Nelson hingegen erinnert ein hoher Obelisk auf dem Glasgow Green.

Fußnote

1 Fleisch und Miete.

DAS ENDE
